D1747555

Fielden · Der Weinbetrug

Christopher Fielden

Der Weinbetrug

Etikette und Inhalt

Müller Rüschlikon Verlags AG, Cham

Aus dem Englischen übersetzt von Daniela Brechbühl.
Titel des englischen Originals: Is This the Wine you Ordered, Sir?, erschienen bei Christopher Helm, London. Copyright © by Christopher Fielden, 1989. – Deutsche Ausgabe: © 1991 by Müller Rüschlikon Verlags AG, Cham. – Nachdruck, auch einzelner Teile, verboten. Alle Nebenrechte vom Verlag vorbehalten, insbesondere die Filmrechte, das Abdrucksrecht für Zeitungen und Zeitschriften, das Recht zur Gestaltung und Verbreitung von gekürzten Ausgaben und Lizenzausgaben, Hörspielen, Funk- und Fernsehsendungen sowie das Recht zur foto- und klangmechanischen Wiedergabe durch jedes bekannte, aber auch durch heute noch unbekannte Verfahren. –
ISBN 3.275.01015.8 – 1/5-91. – Printed in Germany.

Für Peggy, die während all der Jahre am Gericht
zu ihrem Leidwesen nie einen Weinskandal
behandeln mußte.

Inhaltsverzeichnis

Vorwort von John Arlott 9
Einleitung 11
1. Woran erkennt man einen »ehrlichen« Wein? 15
2. Bordeaux-Brühe 38
3. Burgunder aus aller Herren Länder 61
4. Schäumende Träume 90
5. Einen Würfel oder zwei? 105
6. Ein bißchen Zucker – und auch Liebfrauenmilch rutscht lieblich durch die Kehle 119
7. Geschichten aus dem Wienerwald 132
8. Ein Gläschen Port in Ehren 147
9. Familie Sherry und ihre unehelichen Nachkommen 167
10. Ernte-Eskapaden 183
11. Erlaubte Zusätze? 197
12. Man nehme ein Pfund Bananen... 213
13. Weshalb bloß...? 232
Bibliografie 248
Register 249

Vorwort von John Arlott

Was Sie hier in der Hand halten, ist das Buch eines passionierten Weinliebhabers, der sich mit ganzem Herzen, mit viel Sachverstand und einem unheimlich breiten Hintergrundwissen dem Wein verschrieben hat. Sie werden während der Lektüre Dinge erfahren, die kaum zu glauben sind, wahre Horrorgeschichten aus der Welt der Weinherstellung angesichts der Machenschaften bei Weinbauern, Weinhändlern, Lebensmittelhändlern, Weinmischern, Zwischenverkäufern, Etikettenherstellern, Fabrikanten, Vertretern und auch Kellnern; letztere verkauften eine Zeitlang sogar gebrauchte Champagnerkorken. So unglaublich Ihnen manches vorkommen mag: Es entspricht leider den nackten Tatsachen.

In erster Linie ist dieses Buch das maßgebende Werk eines Mannes, der das Thema »Wein« aus den verschiedensten Perspektiven erlebt hat. Christopher Fielden hat nämlich ganz unten angefangen: Kaum alt genug, um ins Ausland zu gehen, half er bei der Traubenernte in Frankreich mit, arbeitete dann in verschiedenen Weinproduktionsbetrieben und wurde schließlich Vertreter für Spirituosen und Wein. Er kann sich rühmen, als einziger Engländer im Komitee einer der mächtigsten französischen Weinproduktionsfirmen gesessen zu haben, für eine große spanische Weinfirma britischer Alleinvertreter gewesen zu sein und natürlich die Weinregionen auf der ganzen Welt besucht zu haben, wobei er stets Augen und Ohren offen hielt.

Außerdem hat Christopher Fielden die Geschichte der Weinerzeugung aufs gründlichste studiert, und dabei ist über die Jahre hinweg eine eindrückliche Sammlung an Weinbüchern entstanden, wie die Bibliografie im Anhang dieses Buches zeigt. Er hat im Laufe seiner Karriere als Weinsachverständiger alle anfallenden Arbeiten beim Rebbau und im Weinverkauf in der Praxis kennen gelernt und sich gleichzeitig mit nie erlahmender Begeisterung das theoretische Wissen angeeignet. Mit geschärften Sinnen und prüfendem Gaumen hat er unzählige Weine gekostet. Wenn er uns zum Beispiel mitteilt, daß die Bundesrepublik bis ins Jahr 1971 Wein unter 30000 verschiedenen Namen verkauft hat, macht er uns bereits auf die Teutonisierung des Weins innerhalb der Europäischen Gemeinschaft aufmerksam. Bei solchen und ähnlichen Themen lernt der Leser die Vielfalt und den Tiefgang von Christopher Fieldens Wissen erst richtig schätzen.

Es ist sicher kein Zufall, daß Fielden ausgerechnet in Frankreich seine ersten Erfahrungen sammelte, denn Frankreich ist nun mal das klassische Weinland mit einem einmaligen Know-how, einer ungeheuren Vielfalt und einem großen Reichtum an Weinen, und so verwundert es nicht, daß der Autor in diesem Land wertvolle Lehrjahre absolvierte. Er hat aber andererseits auch alle großen Weinberge der Welt besucht und die neuesten Entwicklungen im Weinbau verfolgt. Seine Weinbibliothek enthält denn auch unter anderem nicht nur eine französische Abhandlung aus dem 17. Jahrhundert, sondern ebenso sehr eine spanische Studie über die neuesten technischen Errungenschaften in der Weinproduktion.

All dies mag einen reichlich wissenschaftlichen Beigeschmack haben, und natürlich handelt es sich im Grunde genommen auch um eine exakte Wissenschaft. Trotzdem wird es jedem Leser dieses Buches passieren, daß er unvermutet von seiner Lektüre aufsieht und zu einem zufällig Anwesenden sagt: »Hast du das gehört?«, denn oft ist Christopher Fieldens Buch ganz einfach spannend und unterhaltsam – sei dies, wenn er über die ersten Vorschriften zur Weinherstellung berichtet, über die zahlreichen (erlaubten und verbotenen) Zusatzstoffe oder die Praxis der letzten Jahre, welche ab und zu unter der Schlagzeile »Weinskandal« oder »Unglaubliche Weinpanscherei« in der Presse erscheint.

Aber es gebührt einem Vorwort-Schreiber nicht, dem Autor die Show zu stehlen – und Christopher Fielden hat wahrhaftig keine schlechte Show zu bieten. Begnügen wir uns also zum Schluß mit der Feststellung, daß ihm bei allem Schreiben über das weitverbreitete Panschen, Verfälschen und manchmal ganz und gar »weinlose« Fabrizieren von »Wein« die schiere Freude am Weintrinken nicht abhanden gekommen ist.

Einleitung

Ich hoffe, daß die Leser dieses Buch nicht als verbittertes Pamphlet über die geheimen Machenschaften der Weinerzeugung ansehen, denn das entspricht gewiß nicht meiner Absicht. Der Wein und seine ganze Thematik sind mir in den letzten dreißig Jahren zum Brotberuf erwachsen, und wenn ich jemals in den Genuß eines Eintrags im *Who's Who* kommen sollte, so würde ich das Thema »Wein« ohne Zögern auch als mein Hobby angeben. Dabei ist das Trinken des Weins nur die eine Seite des Vergnügens; eine andere ist für mich die Lektüre über den Wein oder das Sammeln von alten Weinbüchern. Dieser letzte Aspekt ist es auch, der mich zum Schreiben dieses Buches angeregt hat, denn je mehr man sich in die alte Literatur über den Wein vertieft, desto bewußter wird einem, wie viel sich inzwischen verändert hat – und wie Vieles beim alten geblieben ist.
Der heutige weltweite Trend zu gesünderem Essen und Trinken und die immer detaillierteren Deklarationen in bezug auf die Zusammensetzung der Lebensmittel sind eigentlich nur die logische Folge von dem, was schon zu Königin Victorias Zeiten gesagt und geschrieben wurde. In dieser ganzen Thematik stellt die mißbräuchliche Weinmanipulation nur einen Teilaspekt dar; sie ist aber in der Öffentlichkeit immer auf großes Interesse gestoßen und hat mit dem österreichischen »Frostschutzmittel«-Skandal einen vorläufigen Höhepunkt gefunden. Solche Geschichten sind aber keineswegs neu, denn Mißbrauch hat es immer gegeben und wird es immer geben. Mit diesem Buch hoffe ich, immerhin etwas Licht ins Dunkel der Weinmanipulation zu bringen.
Einige meiner Berufskollegen bezweifelten erst einmal, ob es klug sei, ein solches Buch herauszugeben, als ihnen zu Ohren kam, daß ich darüber schreiben wollte. Würde ich damit nicht die ganze Weinbranche in Verruf bringen? Sobald ich aber klargestellt hatte, was ich mit meinem Buch erreichen wollte, waren alle noch so gerne bereit, ihr Scherflein zum Beispiel in Form einer Anekdote dazu

beizutragen. Eine meiner liebsten will ich jetzt gleich erzählen, da sie später eigentlich nirgends mehr ins Buch paßt. Einer meiner besten Freunde hat seine Weinkarriere vor über dreißig Jahren bei einem »feinen« Weinhändler in Manchester angefangen. Damals wurde der meiste Wein in Fässern importiert, und beim Rotwein gab es nur eine einzige Sorte. Fragte jemand nach Beaune oder Beaujolais, so bekam er ihn in einer Burgunderflasche; verlangte jemand Saint Julien oder Saint Emilion, bekam er ihn in einer Bordeauxflasche. Wenn dem Händler von Zeit zu Zeit eine bestimmte Etikettensorte ausging, wurde dem Kunden einfach eine andere Weinsorte ans Herz gelegt. Aber was machte das schon: Es war ja alles ein und derselbe Wein. Offenbar hat nie jemand reklamiert.

Dieser mangelnde Sachverstand beim Weinkunden ist natürlich keineswegs auf die Stadt Manchester beschränkt, sondern kommt auch in »gehobeneren« Kreisen vor. Auch ich habe schon einen alten Burgunder mit altem Bordeaux verwechselt und umgekehrt. Und Owen Redman, der bekannte australische Weinproduzent, hat mir erzählt, daß er mit ein und demselben Wein – einmal in der Burgunderklasse und einmal in der Bordeauxklasse – in Australien an Wettbewerben Preise gewonnen hat, je nachdem, welche Flaschen er beim Lieferanten erhalten konnte.

Mißbrauch kommt im Weingewerbe also sicher vor, aber ich glaube, es gibt ihn auch in jedem anderen Gewerbe. Daß er im Weingewerbe vielleicht offensichtlicher als anderswo auftritt, hängt wohl damit zusammen, daß das Weingewerbe sehr streng kontrolliert wird. Für die Produktion und das Abfüllen von Wein existieren wahrscheinlich mehr Vorschriften als für jeden anderen Konsumartikel. Wenn einer eine besonders praktische und billige Mausefalle erfindet, wird er gefeiert. Wenn einer auf besonders praktische und billige Art Chambertin herstellt, macht er sich strafbar.

Trotz allem habe ich dieses Buch mit viel Liebe und einer Portion Humor geschrieben. Natürlich gibt es die Geschichte des Weinpanschens nur in bestimmten Momentaufnahmen dessen wieder, was im Weingewerbe so alles üblich war und noch heute ist. Und natürlich kann es diese Geschichte nur unvollständig widergeben, denn das Ende ist noch offen. Noch während ich dies schreibe, sind mir drei laufende Wein-»Skandale« geläufig, die noch weitgehend in der Gerüchteküche gären, denn ihre Protagonisten sind zwar erkannt, jedoch noch nicht vor Gericht zitiert worden – und werden es vielleicht auch nie. Dies ist denn auch eine der irritierendsten Tatsachen an der illegalen Weinmanipulation: Weil der Weinhandel in vielen Ländern ein wichtiger Wirtschaftsfaktor geworden ist, sind die Behörden oft gar nicht so sehr darauf erpicht, daß ein Weinskandal aufgedeckt wird.

Lassen Sie mich ein Beispiel dafür nennen. Zur Zeit steht einer der mächtigsten Muscadet-Händler unter der Anklage, auch andere Weine als Muscadet deklariert zu haben. Obwohl die Firma schließen mußte, führt der Sohn des Angeklagten in den von ihm gemieteten Räumlichkeiten des Vaters das Geschäft weiter wie zuvor. Weil der Exportanteil für Muscadet, vor allem nach Japan, in letzter Zeit enorm gestiegen ist, empfänden es viele Leute in der betroffenen Region als Katastrophe, wenn die Angelegenheit vor Gericht käme und in der Presse ausgebreitet würde.

Ich möchte an dieser Stelle allen danken, die die Entstehung dieses Buches ermöglicht haben. Als erstes denke ich dabei an die Tausende von Menschen, denen ich im Laufe meiner dreißigjährigen Laufbahn im Weinhandel begegnet bin – darunter waren sehr viele anständige und nur ganz wenige Gauner; zweitens denke ich an all die Schriftsteller, die vor mir Weinbücher geschrieben haben, denn auf ihren Erfahrungen basiert dieses Buch zu einem großen Teil. Ein Freund, der meinen Textentwurf gelesen hat, fand, daß er zu viele Zitate enthalte. Dafür finde ich leider keine Ausrede, aber eigentlich hätte ich gerne gesagt, das sei es ja gerade, was dieses Buch so authentisch mache. Aber da fällt mir ein, daß »authentisch« wohl nicht eben der passende Ausdruck bei der vorliegenden Thematik ist, behandelt sie doch in weiten Teilen das pure Gegenteil davon...

Wenn es mir mit diesem Buch gelingen sollte, dem einen oder andern Leser auf die Spur eines gepanschten Weins zu helfen, oder sein Vergnügen am Wein zu intensivieren, oder seine Hintergrundkenntnisse über den Wein zu vertiefen, dann habe ich damit erreicht, was ich wollte, und es hat mir erst noch Spaß gemacht.

1. Woran erkennt man einen »ehrlichen« Wein?

Vor etwas mehr als hundert Jahren schrieb jemand im »New Quarterly Magazine«: »Die an diesem Gewerbe interessierten Leute sind die falschen, um in einem Buch die Öffentlichkeit aufzuklären.« Der Weinkenner Charles Tovey hat diesen Satz zitiert und auch kritisiert, und zwar in der Einführung zu seinem Buch »Wine and Wine Countries«, in dem er viele der zweifelhaften Praktiken anprangerte, die zu seiner Zeit im Weingewerbe üblich waren. Ich schließe mich der Kritik Toveys an dem unbekannten Autor an, denn ich finde, gerade wenn man sich im Weingewerbe auskennt, kann man wie kein anderer die Mißbräuche beurteilen, die schon in der Frühgeschichte betrieben wurden, das heißt, seit es Wein gibt, und die bis zum heutigen Tag betrieben werden. Es hat keinen Sinn, die Tatsache zu verleugnen, daß es im Weinhandel wie in jedem anderen Gewerbe Leute gibt, die die Konsumenten gerne übers Ohr hauen.

Anläßlich eines Seminars über die Kontrollen im britischen Weinhandel definierte ein Weinhändler die Rolle des Weinimporteurs folgendermaßen: »Er soll ehrliche Weine in gleichbleibender Qualität beschaffen und dem Kunden in seinem Marktsegment den bestmöglichen Gegenwert für sein Geld bieten.«

Im vorliegenden Buch möchte ich mich ganz auf zwei Worte in diesem Zitat konzentrieren, nämlich auf »ehrliche Weine«, indem ich aufzuzeigen versuche, was denn »unehrlich« ist. Man sollte annehmen, daß ein Wein entweder ehrlich oder unehrlich ist, aber die Trennlinie verläuft nicht immer so eindeutig. Heute ist es zwar leichter geworden, das eine vom andern zu unterscheiden, denn jedes Land kennt nun haufenweise Gesetzesparagraphen, die definieren, was man Wein nennen darf und was nicht. In früheren Jahrhunderten wurde das sehr viel liberaler gehandhabt, und obwohl zum Beispiel schon das klassische Griechenland theoretisch Sanktionen gegen Verstöße im Weingesetz kannte, waren sie wohl in der Praxis sehr schwer durchzusetzen.

Die Weingesetze variieren nicht nur von Land zu Land, sondern auch von einer Weinregion zur andern ganz gehörig. So ist zum Beispiel im Burgund und in der Champagne die sogenannte Trockenzuckerung erlaubt (das heißt, das Beigeben von Zucker in den Traubenmost, um den Alkoholgehalt zu erhöhen), während dies in Südfrankreich strengstens verboten ist. Ähnlich darf man in Kalifornien bei Regenmangel Wassersprinkler in den Rebbergen verwenden, während dies in Europa nicht zugelassen ist, außer bei Frostgefahr zum Beispiel im Chablis und einigen anderen Weinanbaugebieten. Und bis vor kurzem mußte ein Riesling aus Kalifornien nicht mehr als 51% Riesling-Trauben enthalten, während ein elsässischer Riesling von Gesetzes wegen immer ein reiner Riesling sein muß. In all diesen Fällen kann man nicht mit hundertprozentiger Sicherheit sagen, ob der unter den strengeren Gesetzesbestimmungen produzierte Wein auch der bessere Wein ist. Am gerechtesten wird man dem Unterschied vielleicht mit der Feststellung, daß so jedenfalls »ein ehrlicher Wein« entsteht.

Wir werden allerdings schon bald auf eine zusätzliche Problematik in dieser Hinsicht zu sprechen kommen, nämlich auf die Frage, ob es vorzuziehen sei, einen absolut ehrlichen Wein zu produzieren, der vielleicht dem Gaumen nicht so schmeichelt, oder einen Wein so zu *gestalten*, daß er den Wünschen des Kunden optimal entspricht. Dies ist denn auch die klassische Ausrede fast jedes Weinfälschers, von dem im Buch die Rede sein wird. Es ist und bleibt jedenfalls eine bedauernswerte Tatsache, daß sozusagen keine gesetzeswidrigen Weinmanipulationen publik werden, weil etwa ein Kunde reklamiert hätte. Fast immer steht am Anfang eines aufgedeckten Weinskandals ein verärgerter Angestellter der betreffenden Firma.

Grundsätzlich gibt es vier verschiedene Arten der Weinverfälschung. Als erste und vielleicht unproblematischste wäre das technische Verfälschen des Weins zu nennen, bei dem zwar der Gesetzesbuchstabe verletzt wird, der Weinqualität jedoch kein Abbruch getan wird. Als klassisches Beispiel dafür kann ich aus eigener Erfahrung den Fall eines aristokratischen Winzers im Minervois anführen, der versuchsweise in seinem Rebberg einige Cabernet-Sauvignon-Reben pflanzte und diese Trauben dann seinem Minervois beifügte. Der daraus resultierende Wein war exzellent und gewann an einem lokalen Weinfest sogar den ersten Preis, aber leider wurde sein Verschnitt aufgedeckt. Infolgedessen produziert der Winzer jetzt einen weniger guten Minervois und keltert die Cabernet-Sauvignon-Trauben separat, um daraus einen Vin de Pays herzustellen, der theoretisch als qualitativ weniger wertvoll eingestuft wird, in der Praxis aber einen höheren Preis erzielt als sein Minervois. Und all dies, weil Cabernet-Sauvignon-Trauben im Minervois nichts verloren haben – sagt das Gesetz.

Eine andere Art der Weinfälschung, und wahrscheinlich die schlimmste von allen, ist das Verkaufen eines Produktes unter der Bezeichnung »Wein«, das nie mit Trauben in Berührung gekommen ist. Im heutigen europäischen EG-Raum mit seiner Weinschwemme gibt es kaum einen Anreiz, Wein ohne Trauben zu fabrizieren, denn die Originalzutaten sind billiger als die künstliche Alternative. Erstaunlicherweise ist ein Aspekt des österreichischen Weinskandals nie in die Schlagzeilen gekommen, nämlich die Tatsache, daß in Österreich eine ganze Menge von absolut künstlich hergestelltem Wein im Umlauf war. Die Öffentlichkeit war viel mehr interessiert an den mit Diäthylen-Glykol künstlich gesüßten Weinen.

Ein anderer Fall von Kunstwein kam 1966 in Italien ans Licht, wo gegen die Firma Ferrari und andere Weinfälscher Anklage erhoben wurde, weil sie »Wein« unter wohlklingenden Namen wie Chianti, Frascati oder Lambrusco verkauften. In Tat und Wahrheit handelte es sich dabei um ein Produkt, das sich innerhalb weniger Stunden nach einem Rezept fabrizieren ließ, welches unter anderem Rückstände aus dem Bananenvertrieb, Ochsenblut, Leitungswasser und Zucker enthielt. Man kann nicht umhin, eine gewisse Achtung vor einem Weinchemiker zu empfinden, dessen Erfindergeist ihn bis zu Bananenrückständen geführt hat. Es kam nie zu einem eindeutigen Gerichtsentscheid, obwohl einer der Angeklagten zugab, daß er »wohl einer der Größten im Geschäft des Weinbetrugs« sei, aber »beileibe nicht der einzige«, mit dem Unterschied, daß »die anderen nicht auf der Anklagebank« säßen. Auch diesen Vorwurf hört man von denen, die bei ihren unlauteren Weingeschäften erwischt worden sind, immer wieder.

Häufiger aber trifft man auf Wein, der wohl aus Trauben, aber auch aus manch einer anderen Zutat gemacht wurde. Viele Zusätze sind mit behördlicher Absegnung erlaubt, was den eigenwilligen Weinfachmann Walter Taylor aus dem amerikanischen Staat New York einmal zu der Äußerung veranlaßte, er dürfe seine Trauben nach dem New-Yorker-Gesetz mit 57 verschiedenen Zusätzen versehen, könne aber auch ohne einen einzigen dieser Zusätze guten Wein herstellen. Wie wir schon gesehen haben, wird dem Wein ziemlich oft und manchmal in durchaus ehrenvoller Absicht Zucker hinzugefügt, aber leider sind auch weniger harmlose Zusätze nichts Ungewöhnliches. Im ersten Teil von *Heinrich IV.* sagt Falstaff zum Kneipenwirt im *Boar's Head* in Eastcheap: »Du Schurke, in dem Glase Sekt ist auch Kalk; nichts als Schurkerei ist unter dem sündhaften Menschenvolk zu finden. Aber eine Memme ist doch noch ärger als ein Glas Sekt mit Kalk drin; so ne schändliche Memme!« (Übers. Schlegel, Tieck, von Baudissin).

Die vierte Art des Weinbetrugs ist die vorsätzliche falsche Deklaration eines Weines. Diese Täuschung ist von allen am schwierigsten zu kontrollieren und wird in Zukunft wahrscheinlich noch zunehmen. Mit der stetig steigenden Anzahl von Weinkonsumenten auf der ganzen Welt nimmt natürlich auch die Nachfrage nach den Weinen zu, die dank ihrer Qualität seit Jahrhunderten von Kennern hochgeschätzt werden. So kommt es, daß auch eine Weinregion wie das Chablis, das in den letzten Jahren seine Weinproduktion erheblich erhöht hat (in den letzten 25 Jahren ist die Produktion um das Zehnfache gestiegen), kaum mehr die steigende Nachfrage befriedigen kann. Wie viel schwerer hat es da erst eine kleine Dorf-Appellation wie zum Beispiel Pommard oder eine einzelne Reblage! Die steigende Nachfrage führt gezwungenermaßen zu steigenden Preisen am oberen Ende der Weinhierarchie, und dies wiederum verlockt den einen oder anderen gewissenlosen Weinhändler dazu, die Käuferschaft mit Weinen unter falschem Namen abzufertigen.

Es ist eine traurige Tatsache, daß die meisten Weintrinker entweder das Wissen oder den Mut nicht haben, um einen Wein abzulehnen, wenn er ihnen nicht ganz geheuer vorkommt. Das ist eigentlich auch gar nicht verwunderlich, denn niemand kann ein perfekter Weinkenner sein, bleibt sich doch keine Weinregion, kein Weindorf und keine Reblage von Jahr zu Jahr gleich. Noch weniger verwundert es, wenn man die offizielle Handhabung kennt. Aus meiner Erfahrung als Weinkoster im Burgund, wo es darum ging, den Weinen Echtheitszertifikate auszustellen oder abzusprechen, muß ich sagen, daß nie ein Wein abgelehnt wurde, weil er für seine Sorte untypisch war, sondern nur, weil er als Wein an sich ohnehin schlecht war.

Der Gerechtigkeit halber sei angefügt, daß die Struktur der Rebberge im Burgund sehr verwirrend ist und daß der Charakter eines bestimmten Weins fast ebenso sehr vom jeweiligen Winzer abhängt wie vom Dorf oder vom Weinberg, aus dem der Wein stammt. Der Laie ist also in den meisten Fällen überfordert, wenn er eine ungenügende Flasche zurückweisen sollte, was begreiflich ist, wenn schon die Fachleute Mühe bekunden, ihren Wein zu definieren. Ich könnte zahlreiche Beispiele von Tausenden von unlauteren Weinen anführen, die ohne Mucksen von den Weinkonsumenten getrunken wurden. Der österreichische Weinskandal ist nur ein Beispiel für viele. Vielleicht erwartet der Konsument von einem Wein einfach auch nicht allzu viel, was allerdings bedauerlich wäre.

Damit man von Weinbetrug sprechen kann, muß es auch ein entsprechendes Weingesetz oder geschützte Weinbezeichnungen geben. Zwar hat man schon sehr früh bestimmten Weinen einen Namen gegeben, aber hinsichtlich der Herstellung existierten nur wenige Vorschriften. So finden wir zum Beispiel in der Bibel eine ganze Anzahl von festen Weinnamen, aber nur sehr wenige verbindliche Hinweise in bezug auf die Weinerzeugung. Das mag uns um so merkwürdiger vorkommen, als ja das Leben der Juden sonst sehr streng geregelt war. In Leviticus 19, 10 heißt es: »In deinem Weinberg sollst du nicht Nachlese halten noch die abgefallenen Beeren deines Weinbergs auflesen; dem Armen und dem Fremdling sollst du sie lassen.« Spätere Vorschriften besagen, daß der Weinberg jedes siebente Jahr ruhen solle und auch jedes fünfzigste Jahr. Das scheint aber auch schon alles zu sein.

Im alten Rom und im klassischen Griechenland gab es einige Weine, die sich dank ihrer Qualität einer außerordentlichen Beliebtheit erfreuten. Bei den Griechen waren es Weine aus Thasos und Lesbos, die sehr begehrt waren, bei den Römern waren es vor allem die Falerner-Weine, von denen sogar einzelne *Crus* innerhalb der Appellation anerkannt wurden. Das Ausgeben eines minderwertigen Weines für einen großen Wein wurde als schweres Delikt geahndet und oft mit Auspeitschen bestraft.

Das Wein*trinken* war damals etwas ganz anderes als heute. Viele Weine waren sehr süß und konzentriert, so daß sie oft mit der drei- oder vierfachen Wassermenge verdünnt wurden. In einer Komödie von Alexis, einem Bühnendichter im vierten Jahrhundert vor Christus, kommt ein Straßenhändler vor, der seinen Wein mit Wasser verdünnt, damit er für den Konsumenten gesünder sein soll – es geht daraus allerdings nicht hervor, ob dies ein echtes Anliegen des Händlers war oder nur ein willkommener Vorwand zur Umsatzverbesserung... Um den Wein bekömmlicher zu machen, wurde auch Honig beigefügt, und sogar Pech und Harz wurden offenbar als Zusätze verwendet. Auf den griechischen Inseln wurde der Wein mitunter auch mit Salzwasser gemischt. Kritik an solchen und anderen Zusätzen wurde aber schon damals laut. In *A History of Wine* zitiert H. Warner Allen dazu Plinius: »So viel Gift wird gebraucht, um den Wein genießbar zu machen, und wir wundern uns, wenn wir davon Bauchweh kriegen!«

Die alten Römer kannten offenbar auch schon etwas, was später gang und gäbe wurde: die Jagd auf die Rezepte der besten Weinproduzenten. Nicht einmal der vorbildliche und puritanische Zensor Marcus Porcius Cato der Ältere zögert, in seinem Buch über die Landwirtschaft ein Rezept für griechischen Wein aus italienischen Trauben anzuführen. Der andere klassische Gelehrte, der über den Landbau schrieb, Columella, spricht sogar über das Beigeben von Gips, ein Zusatz, der noch heute in der Sherryproduktion verwendet wird, jedoch in viktorianischen Zeiten vehement abgelehnt wurde.

Im Laufe der Jahrhunderte entstanden dann langsam Gesetze hinsichtlich der Weinerzeugung, während der Name eines Weines vorest so gut wie ungeschützt blieb. Anfangs des sechsten Jahrhunderts nach Christus erließ der Burgunderkönig Gondebaud einen umständlichen Kodex, das sogenannte Gombetta-Gesetz, das während der nächsten Jahrhunderte als Vorbild diente. Dieses Gesetz betraf alle Aspekte des Lebens, auch das Pflanzen und Nutzen von Weinreben. Wer auf Brachland Weinreben pflanzte, wurde automatisch Besitzer des Weinbergs. Kleintiere waren im Weinberg nicht geduldet; drangen sie dennoch ein, wurden sie erschossen. Das ging so weit, daß ein Aufseher, der in der Dunkelheit versehentlich den Besitzer des Weinbergs erschoß, straflos blieb.

Gegen Ende des achten Jahrhunderts erließ Kaiser Karl der Große eine ganze Reihe von Gesetzen, von denen viele mit der Hygiene bei der Weinerzeugung zu tun hatten. Sogar das Stampfen der Trauben mit bloßen Füßen wurde verboten. »Die Weinpressen auf unseren Ländereien sollten mit der größten Sorgfalt hergestellt werden, und die Aufseher haben darauf zu achten, daß die Trauben nicht mit den Füßen gestampft werden; bei jedem Arbeitsvorgang soll auf peinliche Sauberkeit geachtet werden.« Auch die Weinfässer wurden kontrolliert: »Die Verwalter haben darauf zu achten, daß die Weinfässer immer in gepflegtem Zustand sind und mit eisernen Faßreifen zusammengehalten werden, so daß sie mühelos zur Armee oder zum Hof transportiert werden können. Des weiteren sollen keine Ledergefäße mehr verwendet werden.«

Zu Beginn des vierzehnten Jahrhunderts gab es in England ein ausführliches Gesetz zum Schutze des Weinkonsumenten. Dieser Schutz konzentrierte sich auf zwei Hauptaspekte: erstens auf das Weinpanschen und zweitens auf den Betrug mit falschen Abfüllmassen. Am 8. November 1327 verfügte Edward III., daß dünner oder schlechter Wein mit keinem anderen Wein gemischt werden dürfe. Jeder Kunde hatte das Recht, zu sehen, wie sein Wein frisch vom Faß abgefüllt wurde. Aus diesem Grund war es auch verboten, Vorhänge vor die Kellertüren zu hängen, damit jedermann freie Sicht auf das Geschehen im Weinkeller habe. Neuer und alter Wein durfte nicht zusammengeschüttet, ja, nicht einmal in derselben Gaststätte aufbewahrt werden. Offenbar als Präventivmaßnahme gegen das falsche Deklarieren war es jemandem, der Wein aus der Gascogne, aus La Rochelle oder Spanien verkaufte, nicht erlaubt, auch Rheinwein zu verkaufen. Außerdem mußte sich der Gastwirt entscheiden, welche Art von Wein er anbieten wollte; entschied er sich zum Beispiel für süße Weine, mußte er sich darauf beschränken. Im heutigen Zeitalter der Streitgespräche über die richtige Größe des Weinglases mutet es uns

kurios an, daß damals der Wein ausschließlich in geeichten Gefäßen verkauft werden durfte, die das Amtssiegel der Stadtobersten und des Aldermanns trugen, und nicht etwa in den irdenen Weinkrügen, die eigentlich das traditionelle Trinkgefäß für Wein darstellten.
Der Vollzug dieser Weingesetze wurde den Mitgliedern der *Mistery of Vintners* überlassen, einer Weinhändlerzunft, die in der Folge eines 1363 vom Weinhändler und späteren Londoner Bürgermeister Sir Henry Picard organisierten Banketts vielerlei Privilegien genoß. Anwesend waren damals König Edward III. von England, König David II. von Schottland, König Hugo IV. von Zypern, König Johann der Gute von Frankreich sowie König Waldemar von Dänemark. Diese Privilegien gaben allerdings einiges zu reden und waren nicht unumstritten; zudem herrschte einige Verwirrung, weil die Kontrollen zum Teil auch vom Bürgermeister und der Londoner Stadtbehörde durchgeführt wurden und die Rheinweine wiederum von einer anderen Gilde, nämlich der der Laufgewichtswaagen-Zunft.
Interessant ist hierbei die Feststellung, daß rund 600 Jahre später die Kontrolle der Weingesetzgebung noch immer Sache der Nachfolger der Mistery of Vintners ist, nämlich der *Worshipful Company of Vintners*, die die Weinstandards festlegen und damit beim Weingroßhandel das Sagen haben.
Vielleicht war es nicht bloßer Zufall, daß etwa zur gleichen Zeit im Elsaß ähnliche Gesetze existierten. Im Jahr 1364 beschloß der Stadtrat von Colmar, daß es einem Gastwirt nicht erlaubt sei, mehr als einen Wein pro Tag zu verkaufen, und außerdem hatte er darauf eine Steuer zu entrichten, das sogenannte Umgeld. Hinterging er seine Steuerpflicht, wurde ihm der Zutritt zur Stadt einen Monat lang verwehrt oder er hatte eine Geldbuße von fünf livres zu bezahlen. Gleichzeitig war es ihm verboten, seinem Wein Wasser, Branntwein, Schwefel, Salz oder sonst einen Zusatz beizumischen. Für das Verschneiden mit Branntwein drohte wiederum eine Buße von fünf livres, zuzüglich eines Jahres Stadtverweis unbedingt.
Weitere interessante Vorschriften besagten, daß die Gaststätten keine Frauen mit schlechtem Ruf beherbergen durften, und daß nach dem Läuten der Abendglocke nur noch denjenigen Wein ausgeschenkt werden durfte, die

entweder in der Gaststätte übernachteten oder eine Laterne bei sich trugen.

In Übereinstimmung mit den Qualitätskontrollen des Weins *nach* seiner Produktion und beim Verkauf bemühte man sich in Frankreich auch schon früh darum, daß auch wirklich qualitativ hochstehender Wein produziert wurde. Eines der ersten und bekanntesten diesbezüglichen Dekrete ist dasjenige von Philipp dem Kühnen im Jahr 1395. Er machte sich Sorgen über die nachlassende Weinqualität in seinen Burgunder-Ländereien und gab die Schuld daran eindeutig den Gamay-Reben. In der Einleitung schreibt er, daß zahlreiche Bürger aus den »schönen Städten Beaune, Dijon, Chalon und Umgebung« an ihn gelangt seien, weil sie Angst hätten, daß die Qualität ihrer Weine, »der besten, kostbarsten und bekömmlichsten Weine des französischen Königreiches«, wie schon »der Papst, der König und mehrere Fürsten, sowohl geistliche wie weltliche« bestätigt hätten, neuerdings zu wünschen übrig lasse. Der Grund dafür liege darin, daß die Weinberge mit »einer höchst schädlichen, häßlichen Pflanze, der Gamay-Rebe« bepflanzt worden seien, »aus deren teuflischem Gewächs unzählige Weintrauben« wucherten, »und der außergewöhnlich schnelle und dichte Wuchs hat alle guten Traubensorten, aus denen guter Wein gemacht wird, verdrängt«. Zusätzlich war der Wein vom unsachgemäßen Düngen »gelb und ölig geworden, so daß ihn kein menschliches Wesen mehr genießen kann, ohne gesundheitliche Schäden zu riskieren«.

Die entsprechende Gesetzesvorschrift lautete: »Wir gebieten all jenen, die solche Gamay-Reben besitzen, sie zurückzuschneiden oder zurückschneiden zu lassen, wo immer das in unserem Land auch sein mag, und zwar innerhalb eines Monats. Bei Nichtbefolgen droht Buße in der Höhe von sechzig *Sous Tournois pro Ouvree* dieser Reben oder Pflanzen.«

»Des weiteren behalten wir uns gesetzliche Schritte gegen diejenigen vor, die es wagten oder wagen, solchen Dung, Mist oder Jauche auf irgendeine Art in ihren oder den Weinberg von Dritten zu bringen, karren oder schleppen; ihnen droht die Konfiskation des betreffenden Viehs und der Fuhrwerke, die zum Ausbringen solchen Dungs und solcher Jauche gebraucht werden.«

So gestreng diese Vorschriften auch anmuten mögen – ihre

praktische Anwendung scheint ziemlich large gehandhabt worden sein, denn in den kommenden Jahrhunderten fehlte es im Burgund nicht an Reklamationen betreffend des Gamay, mit dessen Hilfe die Winzer nicht zu jedermanns Freude große Mengen minderwertigen Weins produzieren konnten. Das Gamay-Verbot wurde 1444 und nochmals 1459 von Philipp dem Guten erneuert, der für den Gamay nichts übrig hatte, denn »Fremde können durch die Süße des jungen Gamay in die Irre geführt werden«. Noch 400 Jahre später schrieb Auguste Luchet: »Ich schäme mich, es zuzugeben, aber an der Côte d'Or haben ein paar Irre den Pinot gerodet und durch Gamay ersetzt; genauso gut hätten sie Melonen mit Kürbissen ersetzen können. Der Gamay bringt dreimal so viel Wein hervor wie der Pinot, darin liegt leider auch seine Attraktivität.«

Auch im Elsaß herrschte dauernd Streit zwischen den Befürwortern von Trauben, die viel, aber nur mittelmäßigen Wein abwarfen, und denen, die weniger, dafür einen exzellenten Wein abgaben. Schon 1575 erließ der Magistrat von Riquewihr ein Dekret, das zwischen edlen und weniger edlen Traubensorten unterschied. In der Folge des Dreißigjährigen Krieges wurden diese Vorschriften allerdings kaum beachtet, so daß sie 1630 respektive 1644 erneuert werden mußten. Das neuerliche Dekret begann folgendermaßen: »Nicht nur in unserer unmittelbaren Umgebung, sondern bei allen Völkern des Heiligen Römischen Reiches ist es unbestritten, daß der beste elsässische Wein in der Gemeinde Riquewihr wächst; unser Wein ist kraftvoller und feuriger als jeder andere deutsche Wein und wird zu Wasser und zu Land in alle Himmelsrichtungen verschickt.«

»Unsere Vorfahren haben seit frühester Zeit am Prinzip festgehalten, daß nur edle Weinsorten gepflanzt werden sollen, denn sie wußten aus Erfahrung, daß dieses Dorf dank seiner Bodenbeschaffenheit besonders für den Weinbau geeignet ist, und daß die Trauben dank der idealen Hanglage der Rebberge eine optimale Reifung erlangen. Diese Regelung ehrt unsere Vorväter und garantierte ihren Wohlstand. Dessen ungeachtet wurden leider im Laufe der Zeit aus purer Neugier auch gewöhnliche Traubensorten angepflanzt... Um diese schlechte Gewohnheit zu bekämpfen, wurde es notwendig, die Vorschriften zu erneuern. Der Magistrat belegt deshalb alle gemeinen Traubensorten mit einer doppelten Buße; für jeden Rebstock einer verbotenen Sorte muß eine Strafe von zwei Kronen, sechs Batzen und einem Schilling bezahlt werden. In der Folge müssen alle verbotenen Rebstöcke ausgegraben werden.« Diejenigen, die wider besseres Wissen verbotene Traubensorten gepflanzt hatten, mußten zwar keine Geldstrafe bezahlen, jedoch ihre Rebstöcke ebenfalls roden.

Im Laufe der Jahre wurde dieses Gesetz strikte durchgesetzt. Unter denjenigen, die eine Buße bezahlen mußten, befand sich 1589 auch der Dorfpfarrer, 1650 der Bürgermeister Jacques Strüb, 1662 sein Nachfolger Michael Lorentz und fünfzehn andere Winzer und kurz darauf auch der Baron de Berckheim. Die Frage, welche Weinsorten denn kultiviert werden sollten und welche nicht, beschäftigt die Elsässer bis zum heutigen Tag. Die Bemühungen, die die örtlichen Weinbauern seit dem zweiten Weltkrieg zur Qualitätsförderung ihrer Weine unternehmen, gehen vor allem dahin, daß die angepflanzten Rebsorten immer wieder einer strengen Kritik unterstellt werden.

Ein anderes ständiges Problem dieser Weinbauregion war die Frage nach dem Wo der Pflanzungen. In den Jahren 1731, 1771 und 1790 gab es Erlasse, die das Pflanzen von Weinstöcken in der Ebene verboten, wo der Boden viel reichhaltiger war. Während die Kontrollen über die Traubensorten im Elsaß relativ konsequent durchgeführt werden konnten, war den Kontrollen des Standorts aber weniger Erfolg beschieden. In seinem Buch *Les bons vins et les autres* nimmt der Autor Doutrelant die 250 Jahre alte Kritik wieder auf und bestätigt, daß viele Standorte, auf denen heute im Elsaß Reben gezogen werden, eigentlich höchstens zur Kohlproduktion geeignet wären...

Auch im Arbois in Ostfrankreich gab es zeitweise ernsthafte Bemühungen, um die Integrität der Juraweine zu bewahren. Schon 1464 findet man Gesetzesvorschriften über das Roden von minderwertigen Weinstöcken. 1656 wurde als Präventivmaßnahme gegen das Verschneiden ein Einfuhrverbot für alle Weine erlassen, die außerhalb des Hoheitsgebiets der Stadt erzeugt worden waren. 1718 gab es wiederum einen Vorstoß im Parlament für ein Verbot sowohl von bestimmten Traubensorten wie Weinanlagen, die in der Talebene lagen. Wie im Burgund geriet auch hier vor allem der Gamay ins Kreuzfeuer der Kritik, und schon 1567 saß König Philipp der II. von Spanien und Herzog von Burgund mit dem Parlament in Dôle zu Rate und beschloß auf Anraten des Parlaments eine Einschränkung der zum Weinbau zugelassenen Standorte. Zudem verbot er »erneut das Anpflanzen und Vermehren von Gamay-, Melon- und anderen Reben ähnlicher Art und Natur«. Trotz all diesen Bemühungen zur Unterdrückung des Gamay in den jurassischen Weinbaugebieten muß die Gamaysorte zu den beliebtesten gehört haben, denn im Januar 1725 wurde erneut angeordnet, daß alle Gamayreben vernichtet werden müßten; man rechnete dabei mit einer Rodung von über 2000 Hektar Rebstöcken. Nicht alle Weinbauer waren entzückt über diese neuerliche Verordnung, und so kursiert eine Geschichte über einen Winzer namens Courvoisier, der etwa 1760 drei *Ouvrees* von Gamay in seinem Weinberg Ménégode, Salins in voller Produktion hatte. Als er hörte, daß die Behörden alle Gamayreben roden wollten, deckte er seine voll tragenden Rebstöcke mit Erde zu. Seine Gamayreben entgingen den Beamten tatsächlich und der Winzer konnte mit nur kleinem Verlust eine großzügige Weinernte abhalten. Ein zeitgenössischer Autor schreibt dazu: »Ein Weinbauer, der so viel Widerstand und Einfallsreichtum an den Tag legt, hat es wohl verdient, daß er ungeschoren davon kommt.«

Im Burgund ergaben sich ganz besondere Probleme beim Benennen der Weine. Grundsätzlich hießen die Weine aus dem nördlichen Burgund, also dem heutigen Département Yonne, seit dem Mittelalter Burgunder, während die Weine aus der Côte d'Or, aus Beaune und aus dem südlichen Burgund Mâcon hießen. Es ist äußerst interessant, in den mit dem 31. August 1607 datierten Originalstatuten der Weinmakler aus Beaune nachzulesen, welche Schritte unternommen wurden, um den stadteigenen Weinen ihre Identität zu belassen. Die Makler durften einen potentiellen Kunden nicht aus der Stadt hinausführen, es sei denn, mit ausdrücklicher Genehmigung des Bürgermeisters; sie waren außerdem dazu angehalten, den kleinsten Verdacht auf Betrug oder Fälscherei den Stadtbehörden unverzüglich mitzuteilen. Die Statuten weisen vierzig Paragraphen auf, wovon der letzte lautet: »Handelt ein

Weinmakler den vorliegenden oder späteren Statuten zuwider, wird er unverzüglich seines Amtes enthoben.« Im darauffolgenden Jahr erstellte man eine Anzahl von Brandzeichen in der Gestalt des Buchstabens B und überreichte diese den Stadtobersten, die für das Prüfen des Weins verantwortlich waren, der in der Stadt verkauft wurde. Wurde ein Wein von offizieller Seite anerkannt, bekam das Faß das offizielle Siegel aufgedrückt. Offenbar standen auch die Weinsorten Pommard und Volnay unter der Kontrolle der Beamten aus Beaune, denn 1620 wurde beschlossen: »Hinfort wird das städtische Brandzeichen zum Kennzeichnen des Weins nicht mehr den Maklern mitgegeben, um es nach Pommard und Volnay zu bringen, sondern einer der Magistraten wird es persönlich dorthin bringen und den Wein an Ort und Stelle prüfen; zu diesem Zweck hat der Makler ein Pferd zur Verfügung zu stellen.«
Daß die Garantie des guten Rufes der Weine aus Beaune wichtiger war als alles andere, wird auch aus einer Eintragung ins Protokollbuch der Weinmakler-Zunft vom 12. Oktober 1691 deutlich: »Im Interesse und zum Nutzen unserer Stadt haben wir es uns seit Jahren zur Gewohnheit gemacht, daß die besten Weine aus Beaune, aus Pommard und aus Volnay so bald wie möglich nach der Ernte und so bald die Weine transportfähig sind, gekostet werden, und daß die Makler, Händler und andere Interessierte sie in einer allgemein als erster Konvoi bezeichneten Lieferung nach Paris und anderswohin verschicken; in diesem Sinn hat die Kammer wie üblich Leute verpflichtet, die fähig sind, die Qualität eines Weines zu begutachten und die besten der Ernte auszulesen; es ist für unsere Stadt von äußerster Wichtigkeit, daß sie die besten Weine auslesen und nach Paris schicken, damit jeglichen Mißbräuchen und Schwierigkeiten vorgebeugt wird, wenn ihnen in dieser ersten Selektion ein Fehler unterlaufen sollte, obwohl in bestem Wissen und Gewissen gehandelt wurde, denn wenn mit der ersten Lieferung nicht unsere besten Weine verschickt würden, könnte dies den Ruin unseres Weinhandels bedeuten.« Hier liegen die Anfänge eines Qualitätsbewußtseins, das auf gleichbleibender Qualität beharrt, die unbedingt notwendig ist, wenn ein Dorf einen Wein unter seinem Namen verkaufen will.
Aus einem Eintrag vom 10. Dezember 1642 geht hervor,

daß allerdings gelegentlich versucht wurde, die Vorschriften zu umgehen: »Der Weinmakler Sire Pierre Domino hat in Zuwiderhandlung der Vorschriften für Weinsticher Weine aus dem Mâconnais nach Beaune gebracht; in der Folge hat die Kammer beschlossen, den Makler seines Amtes zu entheben, den Wein zu beschlagnahmen und Domino mit einer Geldstrafe zu belegen.« Da der Wein aus Beaune an allen europäischen Königshöfen bevorzugt wurde, war es besonders wichtig, daß man ihn schützte.
Auch in Spanien wurden mit der Zeit in den verschiedenen Weinanbaugebieten, die für den Weinhandel wichtig waren, entsprechende Gesetzesvorschriften erlassen. Schon im Jahre 1530 fiel der englische Weinhändler Juan Esvique bei den Behörden in Ungnade, weil er die strengen Vorschriften in Jerez mißachtet hatte, wo es Fremden verboten war, als Händler für Überseekunden einzukaufen. Trotz einer langen Gerichtsverhandlung und der Drohung, er werde sich anderweitig nach Weinen für seine Kundschaft umsehen, mußte Esvique eine saftige Buße berappen und ein halbes Jahr ins Gefängnis.
Der Sherry-Handel scheint allerdings erst mit der Schaffung einer Handelszunft vollständig kontrollierbar geworden zu sein, die unter dem Namen »Gremio de la Vinateria« im Jahre 1733 ihre Statuten königlich absegnen ließ. Zu den Hauptaufgaben des Gremiums gehörten das Festlegen der Preise, der Löhne und der Exportquote sowie die Vereinheitlichung der Böttcherei. Einer der ersten Erlasse war das Verbot der Weineinfuhr aus anderen Regionen für die Einheimischen in Jerez. Bedauerlicherweise durften andere Weine jedoch importiert werden, wenn sie zum Weiterversand bestimmt waren, und diese Regelung führte schließlich dazu, daß der eine oder andere fremde Wein fälschlicherweise als Sherry deklariert wurde.
In Málaga erließen die Stadtbehörden 1552 eine Reihe von Verordnungen über den Verkauf von Wein in den einheimischen Lokalen. Die Gaststättenbesitzer durften nur Wein ausschenken, der von einem städtischen Beamten registriert worden war, und sie mußten »eine beglaubigte Bestätigung unterzeichnen, worin die tägliche Menge des verkauften Weins und die Kunden aufgeführt« waren.
Wir haben gesehen, daß einerseits schon sehr früh ver-

schiedene regionale Bemühungen existierten, um den Ruf und in einem gewissen Grad auch die Qualität eines bestimmten Weins zu schützen, andererseits aber wurde grundsätzlich hingenommen, daß der Name eines Weins nicht gezwungenermaßen mit dem Flascheninhalt übereinstimmte. Bis ins 19. Jahrhundert hinein schien das die wenigsten Weinkonsumenten zu kümmern, dann aber begannen ein paar Weinliebhaber vor allem in Großbritannien schriftlich gegen die oftmals falsch deklarierten Weine zu wettern. Bücher mit detaillierten Anleitungen zur Herstellung von verschiedensten Kunstweinen aus leicht erhältlichen Zutaten waren nämlich gang und gäbe und nichts Neues, denn schon im 18. Jahrhundert – wenn nicht noch früher – tauchten Bücher auf, in denen in aller Offenheit »Rezepte« zur Herstellung von Kunstwein (manchmal auch »Bastard-Wein« genannt) publik gemacht wurden. 1783 kam in Turin ein schmales Büchlein mit dem französischen Titel »L'Art de Faire, d'Améliorer et de Conserver les Vins« heraus, in dem eine Reihe von Rezepten für Kunstwein enthalten waren, so zum Beispiel eines zur Herstellung von Rheinwein aus Weißwein, Cognac, Honig und braunem Zucker; eines für spanischen Bastardwein aus Weißwein, kanarischem Wein, Sirup und Gewürzen; und eines für Alicante aus sozusagen allem, was dem »Weinmacher« in die Hände fiel. Vielleicht übte der spanische Autor Rodriguez mit seinem Buch, das 1885 erschien, eine Art Rache, wenn er seinen Lesern erklärt, wie sie künstlichen Bordeaux aus nichts anderem als 40 Litern Rotwein, 10 Litern Weißwein, 15 Gramm einer »Essence de Médoc« (mehr darüber erfahren Sie in Kürze) und 100 Gramm Weinsäure herstellen können. Wohl, um nicht unpatriotisch zu erscheinen, erklärt der spanische Autor auch noch gleich, wie man künstlich Sherry, Pedro Ximenez und Málaga sowie Champagner, Portwein und Madeira herstellt...

Im 19. Jahrhundert waren Hamburg und Sète bekannte Zentren für die Herstellung von mehr oder weniger künstlichen Weinen, die in ganz Europa ihre Abnehmer fanden. Der Schriftsteller Charles Tovey schreibt 1861 mit spitzer Feder über Hamburg: »Die Handelsfirmen verschiffen ihre gesetzlichen Fauxpas nach Hamburg, wo die unglaublichsten Dinge damit angestellt werden. Tausende von Gallonen von Portwein und Sherry werden jeden Monat nach England importiert, wo die Weine wieder aufbereitet und mittels marktschreierischer Werbung, Zirkularen und Zwischenhändlern (meist Gemüsehändler) unter effekthaschenden Bezeichnungen und zu billigem Preis unter die nichtsahnenden Konsumenten gebracht wird, die nicht nur ihr Geld zum Fenster hinauswerfen, sondern auch noch Jahre nach dem leichtsinnigen Konsum solchen Weins unter Verdauungsstörungen leiden werden.« Aus einem Handelsblatt zitiert er die Kosten für die Herstellung von »Elbe-Sherry«: »Man nehme 40 Gallonen feinstes Pottaschen-Destillat zu 1s 4d pro Gallone, was genau 2£ 15s 6d macht; 56 Gallonen reines Elbewasser, Kostenpunkt = null; 4 Gallonen Kapillarsirup, macht 1£; und der Großzügigkeit halber füge man noch 10 Gallonen Wein- oder Traubensaft hinzu, Kosten 2£; für das Gebinde muß man 12s rechnen, für Hafen- und Frachtgebühren 10s; für Maklergebühren 2s 6d; Discount bei Barzahlung 4s; macht total 7£ 2s. Das Gemisch wurde als Elbe-Sherry zu £7 15s und £8 pro Butt von 108 Gallonen verkauft.«

Während Hamburg in dieser Hinsicht also einen etwas zweifelhaften Ruf genoß, war die französische Kleinstadt über jeden Zweifel erhoben – so jedenfalls wollte ein gewisser Mr. Shaw glauben machen, dessen Votum Tovey zitiert und mit bissiger Ironie kommentiert: »Mit Cette verbindet man heute unweigerlich Weinverfälschung, aber der Ort hat diesen schlechten Ruf nicht verdient. Unter Weinpanschen versteht man das Beimischen von Fremdstoffen zum Rebensaft. Das wird sowohl in Cette wie auch anderswo praktiziert, aber in Cette wahrscheinlich vergleichsweise selten, denn hier ist die Auswahl an allen möglichen Rebensäften für einen ehrlichen Verschnitt so groß, daß manche Imitationen billiger und besser sind als alles andere. Man sagt, daß man einem Händler in Cette morgens um neun Uhr einen Auftrag für 50 Pipes Portwein, 50 Butt Sherry und 50 Oxhoft Rotwein erteilen kann und die Lieferung nachmittags um vier hat. Das ist vielleicht etwas übertrieben, aber so etwas ist in Cette wirklich möglich, weil die Händler dort über einen fast unbegrenzten Vorrat verschiedener Weine verfügen, mit Körper und Geschmack, die der Händler dank seiner Erfahrung so geschickt mischt, daß das Endprodukt in der Qualität einem anderen Wein oder Land kaum nachsteht.« Tovey muß widerwillig zugeben, daß die Produkte aus Sète dank ihrem höheren Weingehalt tatsächlich weniger widerlich sind als die aus Hamburg, aber dennoch scheint der Ausdruck »ehrlicher Verschnitt« etwas gar zu milde gewählt, wenn man einige der lokalen Rezepte liest, die Bertall anführt. Der Gerechtigkeit halber sei erwähnt, daß in jedem Produkt, sei es Port, Sherry, Lacrima-Christi oder Constantia, mindestens 86% Wein enthalten sein mußten. Allerdings gehörten zu den restlichen Ingredienzen in der Weinmischerküche unter anderem Teeressenz (für den Málaga), Walnußsaft und hochprozentiger Alkohol (für sozusagen jedes Produkt).

Das Beigeben von Alkohol in die allermeisten Weine, die auf dem britischen Markt verkauft wurden, scheint allgemein geduldet worden zu sein, es veranlaßte aber auch verschiedene Weinschriftsteller zu gehässigen Bemerkungen, so neben dem erwähnten Charles Tovey einen Autor, der sich »einen der alten Schule« nannte und 1829 ein Buch mit dem Titel »Wine and Spirit Adulterators Unmasked« herausgab.

In Frankreich selber schien es wenig Opposition gegen die unlauteren Machenschaften der Weinfälscher zu geben, und somit auch keine Vorstöße für eine nationale Gesetzgebung, die der unehrlichen Weinfabrikation einen Riegel geschoben hätte. Erstaunlicherweise war die Reblausplage zusammen mit anderen Argumenten einer der Hauptauslöser, um die Behörden endlich zum Handeln zu veranlassen. Der totale Kollaps des Weinhandels bewirkte, daß sich die Weinhändler nach anderen Produkten für ihre Kundschaft umsahen. Das wichtigste Ersatzprodukt war ein »Wein«, der aus Rosinen gemacht wurde, die man aus Griechenland importierte. Das neue Geschäft wuchs sich rasch zu einem wichtigen Industriezweig aus, und die Behörden brauchten einige Zeit, bis sie darauf mit einem Steuergesetz reagierten, das die wieder aufblühende richtige Weinproduktion vor dem billigen Konkurrenten schützte.

Jedenfalls wurde am 1. August 1905 das erste Gesetz verabschiedet, das die Herkunft der französischen Weine schützen und garantieren sollte. In diesem Gesetz wurden zwar die verschiedenen Weinanbauregionen genannt, nicht jedoch Vorschriften in bezug auf erlaubte oder verbotene Traubensorten oder die Kontrolle der Herstel-

lungsmethoden. Der größte Nachteil dieses Gesetzes war der, daß die Weinbauregionen nicht so sehr gemäß ihrer Weintradition festgelegt wurden, sondern viel mehr gemäß ihrer historischen Bedeutung. Zudem enthielt das Gesetz auch keinerlei Kontrollmaßnahmen für den extensiven Anbau von Hybriden, der als erste Reaktion auf die Reblausplage aufgekommen war.
In den folgenden Jahren gab es zwei große »Bauern«-Aufstände als Folge der mangelnden Gesetzgebung in der Weinindustrie. Der erste Aufstand erfolgte 1907 im Minervois, wo die einheimischen Rebbauern nach dem Abklingen der Reblausplage wieder neu Rebenkulturen gepflanzt hatten, jedoch – natürlicherweise – kaum Schritt halten konnten mit dem importierten Rosinenwein. Außerdem hatten viele einheimische Händler damit begonnen, in großen Mengen billigen Wein aus Algerien zu importieren. Schon 1903 prophezeite der Kleinwinzer und Kneipenbesitzer Marcellin Albert aus dem Dorf Argèles die mannifaltigen Probleme, die auf die Weinbauern zukommen würden. Er gründete verschiedene regionale Komitees zum Schutze des Weinbaus und ein Fachblatt namens »Le Tocsin« dazu, um die unsauberen Geschäfte anzuprangern.
Im Jahre 1907 wurde die ganze Problematik akut und die Weinbauern verloren langsam die Geduld. Marcellin Albert sandte ein Telegramm an Clémenceau und pilgerte dann nach Narbonne, wo er dem Unterpräfekten eine Petition überreichte. Leider zeitigte keine dieser Aktivitäten irgendwelche Reaktionen bei den Behörden. Jetzt begann das Schneeballprinzip mit einer Reihe von sonntäglichen Besammlungen zu greifen; am ersten Zusammentreffen in Argeliers folgten lediglich 87 Leute dem Appell, am zweiten in Ouveillan schon über 1000, am dritten im Coursan schon 5000 und in Capestang waren bereits 95000 Empörte anwesend. Am 5. Mai führten Albert, Dr. Ferroul, der Bürgermeister von Narbonne als neu hinzugekommener Aktivist und ein Mann, der das Abbild eines an einer Straßenlaterne erhängten Weinpanschers trug, eine Prozession an. Über 150000 Leute hörten sich Alberts Rede ruhig an, aber später gab es doch noch einigen Krawall, in dessen Verlauf mehrere Menschen verletzt wurden. Von Narbonne bewegte sich der Zug langsam nach Béziers und eine Woche später nach

Perpignan, wo die Aufständischen mit folgenden Worten vom Präfekten abgewiesen wurden: »Wenn ihr euren Wein nicht verkaufen könnt, müßt ihr eben Mandelbäume pflanzen.« In den darauf folgenden Protestdemonstrationen mußte die Armee eingreifen, und ein Winzer wurde getötet.

Am 26. Mai folgten in Carcassone 250000 Menschen dem Aufruf Alberts, und eine Woche später in Nîmes gar 300000, und Albert hatte Mühe, die Massen unter Kontrolle zu halten. Am Sonntag, den 9. Juni, schätzte man den Massenauflauf in Montpellier auf 800000 Leute, darunter auch eine Reihe von Krawallbrüdern. Es war unumgänglich, daß die Revolte bald zu einem dramatischen Höhepunkt kommen mußte.

Am 19., 20. und 21. Juni lieferte sich die aufgebrachte Menge Straßenkämpfe in Narbonne, Béziers, Montpellier und Perpignan. Eines der aufgebotenen Armeeregimente meuterte, statt wie geheißen auf die Weinbauern zu schießen, und wurde kurzerhand nach Tunesien versetzt.

Albert stattete abermals Clémenceau in Paris einen Besuch ab, allerdings ohne Erfolg, ja, er mußte sich gar noch das Geld für die Rückreise in den Midi von Clémenceau borgen. Die ganze Bewegung verlief schließlich im Sande, aber auch wenn sie wenig erreicht hatte, waren Behörden und Konsumenten zumindest darauf aufmerksam geworden, welche Riesenmengen von gepanschtem Wein sich um Umlauf befanden.

Verglichen mit den Aktionen im Midi um 1907 herum waren die Vorkommnisse, die vier Jahre später in der Champagne auftraten, vergleichsweise harmlos. Auch hier stand der Handel mit verfälschtem Wein im Vordergrund der Proteste. Die Winzer hatten Mühe, ihren Wein an die Champagner-Häuser zu verkaufen, denn einige von ihnen scheuten nicht davor zurück, Wein aus Saumur, aus dem Midi und sogar aus Nordafrika zu kaufen, ihn zu moussieren und als Champagner zu verkaufen. Hier wurde die Situation noch dadurch verschärft, daß die Aufstände der Weinbauern von professionellen Krawallbrüdern und Anarchisten mißbraucht wurden, die auf Teufel komm raus Unfrieden stiften wollten. Außerdem gab es auch verwegene »Abenteurer«, wie der exaltierte Bolo-Pasha, Sohn einer begüterten Marseillaiser-Familie, der schließlich im ersten Weltkrieg aufgrund von Spionage für den Feind erschossen wurde.

Am 17. Januar 1911 machte sich die allgemeine Unzufriedenheit in der Champagne Luft, indem der aufgebrachte Mob eine Ladung Wein aus dem Midi in die Marne goß und die Weinkeller eines der ruchlosesten Weinfälscher in Daméry plünderte. Bald flatterte die rote Flagge über dem Stadthaus, und am nächsten Tag verschob sich der Aufstand nach Hautvillers. Wiederum wurde die Armee zu Hilfe gerufen, und der Präfekt versprach den Aufgebrachten, dem illegalen Weinhandel einen Riegel zu schieben.

Am 10. Februar erließ die Regierung eine neue Gesetzgebung für die Champagnerproduktion, die besagte, daß der Champagner ausschließlich in dieser Region und von Trauben und Wein ausschließlich aus dieser Region hergestellt werden durfte. Unglücklicherweise fielen unter die als Champagne bezeichnete Region auch einige Gemeinden des Département Aisne, während die Rebberge der Aube vollständig ausgeklammert waren. Zusätzlich wurde aus Paris verlautet, daß die Regierung einen Gesetzesentwurf vorbereitete, der »die Bekämpfung der Weinverfälschung unterstützen« würde, »nicht aber die Aufrechterhaltung der geographischen Einschränkungen, die Unfrieden unter der französischen Bevölkerung stiften«. Am 11. April attackierten die Winzer verschiedene Kellereien von vermeintlichen Weinbetrügern in Daméry, Dizy und Ay, und am folgenden Tag fand die Schlacht bei Ay statt. Todesopfer waren zwar keine zu beklagen, aber im Laufe der Konfrontation zwischen Demonstranten und einer Reiterschwadron wurden weitere Weinkeller geplündert, darunter auch solche von ganz und gar unschuldigen Weinproduzenten.

Der Aufruhr legte sich langsam, als für die Winzer in der Marne eine befriedigende Lösung gefunden wurde, obwohl die Weinbauern in der Aube weiterhin unzufrieden waren, denn sie durften zwar ihren Wein als Champagner verkaufen, mußten auf dem Etikett jedoch den wertmindernden Zusatz »Deuxième Zone« anbringen.

In bescheidenerem Ausmaß, jedoch nicht weniger wegweisend für die Betroffenen, erlebte das ostfranzösische Arbois 1906 einen Aufruf zum zivilen Ungehorsam. Der Grund war der, daß im vorherigen Jahr ein neues Steuergesetz in Kraft getreten war, das den Weinbetrug geradezu förderte. In der Folge verloren die regionalen Weinbauern viele ihrer früheren Absatzmärkte, unter anderem den wichtigen Handelspartner Schweiz. Aus Protest weigerten sich die ansässigen Winzer, ihre Steuern zu bezahlen, so daß die Regierung schließlich klein begeben und den alten Gesetzeszustand wiederherstellen mußte.

Der nächste große Umbruch kam nach dem ersten Weltkrieg mit einem Gesetz, das am 6. Mai 1919 in Kraft trat und im Juli 1927 revidiert wurde. Dieses Gesetz schließlich bildete den Grundstein für die französische Verordnung über die Appellation Controlée, wie wir sie heute kennen. Die traditionelle Weinerzeugung war Bestandteil dieser Gesetzgebung; so mußte der Wein auch in Zukunft nach traditioneller Art und Weise hergestellt werden, wenn er von AC-Status profitieren wollte, und er mußte von denselben Traubensorten und Anbaugebieten stammen, die schon lange offiziell dafür anerkannt waren. Hybridenzüchtungen waren nicht mehr erlaubt, und regionale Entscheide konnten durch das Privatrecht geregelt werden.

Die französische Weingesetzgebung hat sich natürlich in den letzten sechzig Jahren weiterentwickelt, aber die Grundpfeiler sind immer noch dieselben wie anfangs des Jahrhunderts. Heute kennt man grundsätzlich vier Weinqualitäten. Zuunterst figurieren die gewöhnlichen Tafelweine, die Vins de table. Sie werden oft in Plastikflaschen oder Mehrweggebinden angeboten, können in ganz Frankreich erzeugt werden und dürfen mit ähnlichen Weinen aus einer Region innerhalb der Europäischen Gemeinschaft gemischt werden, vorausgesetzt, dies wird auf dem Etikett vermerkt. Der Vermerk der Adresse des Lieferanten darf den Konsumenten nicht zum Glauben verleiten, der betreffende Wein stamme aus Appellation-Controlée-Anbau. Wurde der Wein zum Beispiel durch einen Händler im Burgund verschnitten, werden Name und Adresse des Lieferanten als »Gaspard Teloutel, Négociant a 21200 France« angeführt sein.

Auf der nächsten Stufe steht der Landwein, der Vin de Pays, der offiziell auch ein Tafelwein ist, jedoch einem bestimmten Gebiet zugehörig, das einerseits mehrere Départements umfassen, andererseits aber auch sehr klein sein kann. Die Produktionsmenge ist beschränkt, die Auswahl der zu verwendenden Trauben jedoch groß.

Diese Regelung hat sich für den Verkauf von verschiedenartigem Wein sehr bewährt. Wenn also die Burgunderfirma Louis Latour sich dazu entschließt, in der Ardèche Weinberge mit Chardonnay-Trauben anzupflanzen, wird der daraus entstehende Wein als Vin de Pays de L'Ardèche verkauft. Bevor ein Wein aber die Bezeichnung Vin de Pays tragen darf, muß er vor einem Prüfungsausschuß bestehen. In den letzten Jahren haben die Vins de Pays im Zuge des höheren Qualitätsbewußtseins der Konsumenten an Bedeutung gewonnen.

Eine noch bessere Qualität garantieren die Weine der Klasse VDQS – Vins Délimités de Qualité Supérieure. Es handelt sich dabei meistens um regionale Weinsorten, die laufend verbessert werden. Viele dieser Weine, vor allem solche aus Südfrankreich, befinden sich in einer Übergangsphase zur ersehnten Appellation-Controlée-Klasse. Andere wiederum bleiben auf ihre Region beschränkt, in der sie auf eine lange Tradition zurückblicken können, und werden auch vor allem im Anbaugebiet konsumiert. Zur ersten Gruppe gehören Weine wie zum Beispiel der Minervois, der jetzt der Klassifizierung der Appellation Controlée zugehörig ist; zur zweiten Gruppe gehört zum Beispiel der Sauvignon de Saint Bris aus der Nähe des Chablis und der Côtes de Toul aus Lothringen. Es hat auch Vorteile, wenn man die oberste Güteklasse nicht erreicht, so unter anderem die höhere erlaubte Produktionsmenge und günstigere Steuerabgaben, so daß manche Anbauregionen ganz gerne auf dieser Stufe stehen bleiben. Die Weinbauern von Bugey in der Franche-Comté jedenfalls widerstehen aus diesen Gründen schon seit Jahrzehnten der Verlockung, in die höhere Güteklasse aufzusteigen.

Zuoberst in der Hierarchie stehen die Appellation-Controlée-Weine, also die Crème de la crème in der Welt des Weines – so jedenfalls beschreibt eine Werbebroschur der französischen Regierung diese Spitzenweine. Gemäß des Institut National des Appellations d'Origine, das die Bestimmungen überwacht, bedeutet diese Klassifizierung:
- Für die Weinwirtschaft: Anerkennung und Schutz eines Produktes. Indem der Produzent die strengen Bestimmungen der Appellation respektiert, profitiert er von einem der Qualität entsprechenden Verkaufspreis und vom Schutz gegen Herstellungs- und Namensmißbrauch.

– Für den Konsumenten: Qualitäts- und Herkunftsgarantie mittels Etikett.

Heute entfällt auf vier verkaufte Flaschen Wein in Frankreich mehr als eine Flasche mit dem A.C.-Etikett. Im zugegebenermaßen überdurchschnittlich ertragsreichen Jahr 1982 wurden nahezu 20 Millionen Hektoliter A.C.-Wein produziert, oder, bildhafter ausgedrückt, über 2500 Millionen Flaschen. Zur Bewältigung dieser Arbeitsmengen beschäftigt das Institut National 130 Angestellte in Paris und weitere dreiundzwanzig in verschiedenen Provinzen, so daß also jeder Beamte für die Qualitätsgarantie von rund 20 Millionen Flaschen verantwortlich ist...
Hier liegen denn auch die hauptsächlichen Probleme der Weinkontrolle. Die Zahlen, die ich angeführt habe, beziehen sich zwar auf Frankreich, aber fast alle Weinerzeugungsländer der Welt kämpfen mit ähnlichen Schwierigkeiten in der Durchsetzung des Weingesetzes. Das Ganze wird auf diesem Qualitätsniveau noch dadurch verschärft, daß Spitzenweine ein internationales Produkt sind. Ein französischer Wein muß demnach nicht nur dem französischen Weingesetz entsprechen, sondern auch dem der Europäischen Gemeinschaft oder dem der Vereinigten Staaten, wenn er dort verkauft werden soll. Im Zeitalter des Protektionismus ist es ein leichtes, einen ausländischen Wein zu boykottieren, indem man zum Beispiel eine detaillierte Zutatendeklaration auf dem Etikett verlangt. Je komplizierter die Weingesetze werden, desto schwieriger wird auch deren Vollzug in der Praxis.
Wir werden später noch auf die Weingesetze und deren Vollzug in verschiedenen anderen Ländern zu sprechen kommen. In den meisten Fällen bin ich ganz auf der Seite der Aufsichtsbehörden, die für die Einhaltung der Verordnungen verantwortlich sind. Sie erfüllen eine schier unermeßliche und erst noch undankbare Aufgabe. Ein Weinfaß sieht aus wie das andere, und eine Flasche in einer Kiste ohne Aufschrift kann von der anderen kaum unterschieden werden. Das führt zwangsläufig dazu, daß die Kontrolle des Weinhandels vor allem in den Erzeugerländern nur auf dem Papier existiert. Papier ist bekanntlich geduldig, und dieses Buch soll aufzeigen, *wie* geduldig es in den Händen von skrupellosen Betrügern mittlerweile sein kein...

2. Bordeaux-Brühe

Die sogenannte Bouillie Bordelaise oder Bordeauxbrühe, eine Kupferkalkbrühe, wurde jahrzehntelang als Mittel gegen Pilzbefall über Reben und andere Pflanzen gesprüht. Daher rührt auch die bläuliche Farbe auf den Blättern so vieler Rebstöcke. *La Bouillie Bordelaise* ist auch der Titel eines Buches von Bernard Ginestet, der vor etwa 15 Jahren das enfant terrible der Weinindustrie in Bordeaux war.

Das Wort »Brühe« im Titel von Monsieur Ginestets Buch gibt eine klare Vorstellung darüber, was der Autor meinte, als er seine kleine Abhandlung über das Wesen der Bordeaux'schen Weinproduktion schrieb. Ich möchte mich hier in aller Form bei Monsieur Ginestet entschuldigen, daß ich seinen Buchtitel als Überschrift mißbrauche, tue es aber nichtsdestoweniger mit bestem Gewissen.

Das Bordeaux hatte von allen Weinanbauregionen der Welt wohl immer das aristokratischste Image. Ob es dieses Ansehen auch verdienterweise genoß, bleibe dahingestellt, aber jedenfalls bildete die Kulisse des eleganten Schlosses Médoc das Aushängeschild des Weinhandels, malerisch belebt mit Grafen und Marquisen bei exquisiten Tafelrunden, mit Kaufmännern und Weinbaronen, die sich affektiert und sehr britisch gaben. Es ist unbestreitbar, daß vieles von diesem Image durchaus gerechtfertigt ist; so lassen zum Beispiel viele der Namen ihre britische Herkunft erahnen – Barton, Lawton, Johnston etwa. Diese Verbundenheit zwischen England und dem Bordeaux ist auf die Zeit zurückzuführen, als Aquitanien den Engländern gehörte, und diese Verbindungen werden heute stolz gehätschelt. Noch heute hört man den einen oder anderen wehklagen, der Rückzug der Engländer sei das Schlimmste, was dieser Region je widerfahren sei.

In Bordeaux hat man mehr als anderswo in Frankreich (außer vielleicht in der Champagne) eine Vorliebe für das Formelle. Während es im Burgund durchaus möglich ist, zum Essen an den familiären Küchentisch eingeladen zu werden (was ich mit Freuden annehmen würde), würde

der Familientisch im Bordeaux sicher durch ein Restaurant oder gar ein Château mit weißbehandschuhtem Servicepersonal ersetzt. Damit will ich keineswegs sagen, daß die Menschen im Bordeaux ihre Gäste weniger herzlich aufnehmen würden als die Burgunder, aber die beiden Typen unterscheiden sich in ihrer Art doch sehr deutlich voneinander. Dazu gehört auch, daß sich die Einwohner von Bordeaux immer höhere Ziele gesetzt haben als die von Burgund, und das nicht etwa nur auf dem Gebiet des Weins, sondern ebensosehr zum Beispiel in der Politik.
Als 1974 in der Folge des Weinskandals die ganze Welt auf Bordeaux blickte, taten dies viele mit einem Quentchen Schadenfreude: Endlich wurde diesen selbsternannten Puristen auch einmal ein Strich durch die Rechnung gemacht! Sogar die ganz großen Namen der Weinbranche wurden der zweideutigen Geschäfte mit fragwürdigen Charakteren bezichtigt, ganz im Stile des englischen Politskandals, bei dem die zweifelhaften Beziehungen konservativer Politiker zu Prostituierten aufflogen. Der Weinskandal im Bordeaux zog die Aufmerksamkeit der Medien aus der ganzen Welt auf sich, dabei war er nichts anderes als der Gipfel von jahrhundertealten Methoden, die in der einen oder anderen Form immer schon so praktiziert worden waren.
Sein größter Triumph und gleichzeitig sein größter Nachteil seit Beginn der Zeitrechnung war die geographische Lage des Bordeaux, das an der Garonne, nahe der Flußmündung zwischen der Garonne und der Dordogne liegt, bevor sich die beiden Flüsse zur Gironde vereinigen. Das Bordeaux war schon zur Zeit der alten Römer eine wichtige Hafenstadt; es war nicht nur für den Export der regionalen Bordeauxweine ideal geeignet, sondern auch für die Weine des weiter flußaufwärts gelegenen Hochlandes, wie es damals genannt wurde. Die Stadt Bordeaux war auch ein wichtiges Studienzentrum, das schon 286 vor Christus über eine Universität verfügte. Die Absolventen der Universität Bordeaux genossen von Anfang an ein hohes Ansehen und waren oft weitgereist, wie Dokumente über Auslandaufenthalte in Trier, Rom, Lerida oder Konstantinopel bezeugen. Außerdem nahm die Universität auch viele auswärtige Studenten auf, so etwa aus der Normandie, aus Syracus, Sizilien oder Athen. Diese Internationalität dürfte einiges zur Weiterverbreitung des

guten Rufes der regionalen Weine beigetragen haben.
Die Gefahr, der eine Hafenstadt an einem wichtigen Flußnetz ausgesetzt ist, besteht darin, daß sie als Transitlager für alle Weine dient, die im Hinterland produziert werden. Die Bedeutung Bordeaux' als Hafen wuchs im Laufe der Jahrhunderte derart, daß sogar Weine aus dem weit entfernten Languedoc hauptsächlich von dort aus verschifft wurden. Für die ansässigen Weinhändler stellte diese Tatsache seit frühester Zeit eine manchmal übermächtige Verlockung dar. Bordeaux war übrigens nicht der einzige Hafen in der Region: In dem an der Dordogne gelegenen Libourne wickelte sich ebenfalls ein beachtlicher Prozentsatz des Weinexports ab.
Henri Enjalbert führt in seiner *Histoire de la Vigne et du Vin* an, daß der durchschnittliche Jahresexport in Libourne und Bordeaux im Jahre 1305 respektive 1336 bei nahezu dreiviertel Millionen Hektolitern Wein lag, wovon etwas mehr als zehn Prozent über Libourne verschifft wurden; weit über die Hälfte dieser Menge wurde durch Weine aus dem »Hochland«, also aus Quercy, Périgord und Bergerac, abgedeckt.
Bei so vielen »fremden« Weinen, die die Hafenstadt passierten, bestand natürlich die Gefahr, daß der Bordeaux nicht einmal mehr in der Stadt selbst genügend Abnehmer finden würde. Deshalb wurden schon bald entsprechende Vorsichtsmaßnahmen gefaßt, und wie in anderen Städten auch durften in den Gaststätten nur die Weine der Region ausgeschenkt werden. Ebenfalls verboten war übrigens der Ausschank an Gotteslästerer, Vagabunden und Ehemänner, die Frau und Kinder schmählich im Stich gelassen hatten, um auf Kneipentour zu gehen. Offenbar war auch der Weinbetrug nichts Unbekanntes, denn im Mai 1415 wurden alle Gaststättenbesitzer ins Stadthaus beordert, wo ihnen gedroht wurde, wenn es wieder vorkomme, daß fremder Wein als Bordeaux verkauft werde, dann würden die Schuldigen an den Pranger gestellt und aus der Stadt verbannt.
Als weitere Maßnahme zum Schutze der eigenen Interessen gab es Ende des 15. Jahrhunderts eine Regelung, die besagte, daß vor Weihnachten kein Hochlandwein in die Stadt eingeführt werden dürfe, und danach ausschließlich solcher, der für den Export bestimmt war. Etwa fünfzig Jahre später mußten sich die Weinmakler bei ihrem all-

jährlichen Schwur verpflichten, keinen anderen Wein als Bordeaux zu verkaufen und sich »in keinerlei unlautere Geschäfte verwickeln« zu lassen.

Im 17. Jahrhundert ging der Handel mit Hochlandweinen zurück, denn viele dieser Weine wurden jetzt an Ort und Stelle als Brennwein verwendet. Der Bevölkerung von Bordeaux ist es offenbar gelungen, sich die meisten dieser Fremdweine vom Hals zu halten, aber in Colbert, wo man den Exportanteil steigern wollte, durften fremde Weine zum Verschnitt und anschließenden Export nach Holland und England in die Stadt eingeführt werden. Die Bewilligung dazu wurde aber nur erteilt, wenn das Endprodukt dem Geschmack der Konsumenten in diesen beiden Exportländern gerecht wurde. Hier liegt wohl der Grundstein für ein später weit verbreitetes Übel, das nicht nur Bordeaux, sondern vor allem auch das Burgund erfaßte. Ist es nicht traurig, daß die französische Regierung noch vor dreihundert Jahren eine Praxis unterstützte, nach welcher unehrlicher Wein verkauft werden durfte, solange er dem Geschmack der ausländischen Weinbanausen entsprach und hochbegehrte fremde Währung ins Land brachte?

Offenbar gab es auch Ausnahmen zur Regel in bezug auf den Import von Fremdweinen nach Bordeaux. 1698 jedenfalls wurde die Einfuhr von Weinen aus dem Languedoc angesichts der schlechten Ernte im Médoc gestattet, um die Nachfrage befriedigen zu können. Andererseits wurde im Dezember 1738 ein gewisser Monsieur Malleret, Kellermeister der Bordeaux-Händler Caussade, in Marmande verhaftet, weil er dort 130 *Tonneaux* Wein gekauft hatte. Er wurde zu einer Geldstrafe von 2000 *Livres* verknurrt, was dazumals eine erkleckliche Summe gewesen sein dürfte.

Etwa zur gleichen Zeit machte ein Monsieur Thibaut im Auftrag der Stadtbehörde einen Bericht über die vielen Lagerhäuser für Hochlandweine, die in der Stadt wie Pilze aus dem Boden schossen. Es scheint ihm zeitweise fast die Sprache verschlagen zu haben angesichts der zweifelhaften Vorgänge in der Weinbranche, und er schreibt unter anderem: »Wollte man alle Betrügereien aufdecken, die täglich von verschiedenen dieser neuen Makler begangen werden, käme man an kein Ende.« Offiziell durften diese Weine nur von Weihnachten an bis zum nächsten Septem-

ber in Bordeaux gelagert werden, aber in einem Eintrag des Stadtarchives ist zu lesen, daß in der Zeit vom Dezember 1754 bis zum August 1755 nicht weniger als 3659 *Tonneaux* Wein aus dem Languedoc, 6330 aus dem Hochland und 6920 aus Quercy und Cahors in die Stadt eingeführt wurden. In einer von anonymer Hand verfaßten Notiz, die dieser Statistik beilag, heißt es: »Beifügen muß man noch, daß ein Teil dieser Weine illegal von Cahors nach Bordeaux kommt und zum Verschnitt mit Bordeauxwein gebraucht wird.« (Andere Zeiten, andere Unsitten: Ein recht erfolgreich verschwiegener Weinskandal der letzten Jahre betraf diesmal Cahors, wo ein einziger bekannter Weinhändler mehr Wein unter diesem Namen verkauft hat, als gesamthaft produziert wurde...)
Obwohl der Handel mit Weinen aus Quercy einer strengen Kontrolle unterlag, stiegen die Exportzahlen in der ersten Hälfte des 18. Jahrhunderts interessanterweise fast um das Fünfzehnfache. Das Geschäft muß wahrlich einträglich gewesen sein, daß es sich lohnte, die dazu benötigten Reben zusätzlich zu pflanzen. Auch in jener Zeit gab es natürlich viele Händler, die die Kontrollen zu umgehen versuchten. So füllte ein Händler namens La Place an Weihnachten 1756 Wein aus Quercy in die offiziellen Bordeauxgebinde. Beim Verschiffen flog der Schwindel auf, die Fässer wurden aufgebrochen und der Wein landete im Fluß. Der Händler bekam eine Buße von 10 000 *Livres* aufgebrummt.
Das Beinahe-Monopol für den Weinhandel, das Bordeaux innerhalb der Stadtgrenzen aufrechterhalten hatte, fand 1789 ein Ende. Die Behörden zeigten keinerlei Interesse mehr an den Weinen, die in die heimischen Keller gebracht wurden; wer sich in den Kopf gesetzt hatte, seinen Lebensunterhalt von der Weinbetrügerei zu bestreiten, frohlockte natürlich und nutzte die Gunst der Stunde. Es ist ziemlich unbestritten, daß auch die besten Weine aus dem Médoc ihren guten Ruf dem sorgfältigen Verschnitt mit anderen Weinen verdankten. Im Dezember 1832 besuchte James Busby, Weinbaupionier in Australien und später Neuseeland, den Weinproduzenten Richard & Fils in Tain und erfuhr zu seinem Erstaunen, daß »die besten Rotweine aus Bordeaux mit einem Anteil der besten Hermitage-Rotweine verschnitten werden«, und daß »vier Fünftel der Hermitage-Produktion zu die-

sem Zweck verwendet wird«.
Auch aus anderen Quellen geht deutlich hervor, daß der Hermitage in Bordeaux beliebt war, allerdings, und auch das geht deutlich daraus hervor, nur für die besten Weine. 1848 gab der pensionierte Artillerieoffizier M.-A. Puvis ein Buch über den Weinbau heraus, in dem auch eine detaillierte Studie über die Hermitage-Weine enthalten war. Der Autor schreibt: »In guten Jahren sind die Weine aus Hermitage sehr wertvoll; die Bordeauxerzeuger kaufen einen großen Teil des Hermitage ein und geben ihn zu unterschiedlichen Teilen ihren Spitzenweinen bei, um ihnen Körper, Geist und Bukett zu verleihen. Diese Weine vereinigen sich auf ideale Art und Weise; der Hermitage beläßt dem Bordeaux sein weiches, volles Bukett, dessen Qualität durch den Hermitage angenehm gefördert wird, ohne ihn zu schwächen. In den letzten Jahren war man in Bordeaux nicht mehr so voreilig mit dem Einkauf. 1825 stiegen die Preise beachtlich, der Wein wurde nicht unter tausend Francs per Oxhoft verkauft. Seit dieser Absatzmarkt nicht mehr so sicher ist, sind die Preise um die Hälfte gefallen. Dieser Exporthandel, auf den sich die Region über Jahre hinweg verlassen konnte, hat auch dazu geführt, daß anderweitige Kontakte vernachlässigt wurden und die großen Weine der Hermitage im Weinhandel und beim Konsumenten keinen Namen haben. Als Folge davon müssen die Hermitage-Produzenten auf Käufer warten, wenn sie nicht nach Bordeaux verkaufen können, weil sie keinerlei andere Absatzmärkte kennen. Die Bedingungen für die Produzenten sind demnach denkbar schlecht.«
Cyril Ray zitiert André Simon, der auf eine aus den 1830er Jahren stammende Rechnung eines Weinhändlers in Edingburgh gestoßen war, wo ohne jedwelchen negativen Beigeschmack von »Laflte-Hermitaged«-Weinen die Rede ist. Für die wenigen guten Weine wurde ein kleinerer Anteil Hermitage verwendet und der Rest mit spanischen Weinen wie Alicante oder Bernicarlo ersetzt.
Daß es in Bordeaux nicht immer mit rechten Dingen zuging, wird auch aus dem Vorwort zu einem Buch deutlich, das 1858 herauskam; allerdings handelt es sich hierbei um ein Buch über Burgunderweine, das soll nicht verschwiegen werden. Der Autor Auguste Luchet empört sich darin aufs heftigste über all die unseriösen Weinhänd-

ler, die in Bordeaux mitmischen. Wann immer die Winzer eine schlechte Ernte ankündigen, »ist die Weinindustrie zur Stelle. Wenn es die Weinindustrie wünscht, wird der Weinhandel zum Goldenen Kalb, um das alles herumtanzen muß, und manches dabei erinnert an das Wunder von Kanaan. Weinbergbesitzer, Winzer, Journalisten und der Präfekt können alle Tod und Teufel prophezeihen – nur den Weinhändlern geht es immer gut. Bordeaux ist im selben Maß gewachsen wie sein blühender Wirtschaftszweig, und heute sind wir soweit, daß ganz Frankreich sich als Bestandteil von Bordeaux vorkommen muß. Wo immer auch Reben wachsen, im Osten und im Süden, wird ihr Saft nach dem Médoc gesandt. Bordeaux kauft alles und macht Wein aus allem; Chemiker fabrizieren seinen Duft und destillieren sein Bukett. All das gibt's an jeder Ecke zu kaufen: *Seve de Medoc, eine Flasche für vier Fässer.* Man nehme eine lange, schmale Flasche aus gutem, klarem Glas, gieße nach Gutdünken Wein hinein, füge etwas Iris, Himbeeren oder Veilchen bei, verschließe die Flasche mit einem langen Korken, versiegle sie mit einem roten Siegel – und schon hat man ihn: den Wein aus Bordeaux.«

»Was die Ärzte betrifft... sie empfehlen die Weine aus Bordeaux ihren Patienten, in der Annahme, daß es sich immer noch um dieselben Produkte handelt, die ihnen vertraut sind – Margaux, Latour, Lafite, Haut-Brion, oder doch zumindest ein Larose oder Rauzan, ohne sich im mindesten darüber klar zu sein, daß diese Göttertropfen in Bordeaux selbst acht bis fünfzehn oder sogar zwanzig Francs pro Flasche kosten.«

Was die Bars in Paris nicht davon abhält, jedem Kunden ein großes Glas Bordeaux zum Preis von zwei Sous anzubieten. So wie ihnen der Händler seinen Wein verkauft, so verkaufen sie ihn weiter. Ich kenne ein paar bekannte Geschäfte, wo man so viel *echten* Château Margaux zu drei oder vier Francs kaufen kann, wie das Herz begehrt. Die Kunden vertrauen ihrem Weinverkäufer und sind zufrieden. ›Sie wollen den Wein zu diesem Preis, also geben wir ihn zu diesem Preis‹, sagen die Händler den Richtern, wenn es einmal vorkommt, daß jemand sich beklagt. Letztes Jahr zeigte mir einer meiner Freunde in Bercy einen gutaussehenden Mann, gepflegt gekleidet und gut beschuht, und erzählte mir von ihm: ›Dies ist einer unserer Händler. Seine Aufgabe ist es, von Rebberg zu Rebberg zu gehen und sich nach Lust und Laune ein Faß voll zusammenzumischen, aus dem er einen hohen Gewinn schlagen kann. Sobald er den Wein hat, verschickt er ihn an seine Kunden, das Faß versehen mit dem Emblem eines bekannten Rebberges und dem roten Siegel eines imaginären Château am Spund. Ist das erledigt, zieht er Sichtwechsel auf seine Kunden, aus Angst, sie könnten sich nach Erhalt der Ware beschweren. Daraufhin können zwei Dinge passieren: Entweder merkt das Opfer, daß es übers Ohr gehauen wurde, oder es merkt es eben nicht. Passiert nichts, hat unser Gentleman einen Gewinn von fünfzig Prozent eingestrichen; geht eine Beschwerde ein, ist er der erste, der dem Kunden eine Preisreduktion von zehn Prozent anbietet. Es ist ungefähr dasselbe wie beim Pikettspiel: Auch hier vergibt sich der Spieler zur Sicherheit erst einmal fünfzig Punkte als Startkapital; drückt dann der Gegenspieler seine Verwunderung darüber aus, lenkt der andere schnell ein und gibt wieder zehn Punkte ab.‹

»Das nennt man Geschäftemachen. Man kann diesen Gentleman unmöglich respektieren, man muß ihn ertragen. Ich fürchte, daß leider niemand eine so weiße Weste hat, daß er den ersten Schritt wagen könnte. Bordeaux ist in dieser Hinsicht ehrlicher und leiht sich seinen Wein aus Hermitage, Cahors, Narbonne oder Benicarlo.«

Monsieur Luchet, der ziemlich voreingenommen zu sein schien, wenn es um Bordeauxwein ging, oder jedenfalls um die meisten Bordeauxweine zu seiner Zeit, hatte tatsächlich allen Grund, sich so negativ darüber zu äußern. Erstaunlicherweise ist Charles Tovey, der ungefähr zur selben Zeit schrieb wie Luchet, des Lobes voll von dem Bordeaux, den er auf seinen Reisen offeriert bekam, dabei war er keineswegs einer, der hinter dem Berg hielt, wenn es darum ging, Weinfälscherei aufzudecken. Allerdings übt auch er herbe Kritik an den roten Bordeauxweinen, die er in englischen Hotels aufgetischt bekam. Einmal servierte man ihm gar Rheinwein aus Ingelheim als Bordeaux, der rot und als Bordeaux deklariert war und auf dem Etikett die Adresse eines Versandhauses in Mainz anführte.

Die Lektion, die wir aus dem von Monsieur Luchet Gesagten lernen konnten, ist leider auch heute noch aktuell. Nur wenige Weinkonsumenten wissen Bescheid über Weine, und wenn dann bei ihnen doch einmal Zweifel an der Qualität eines Weines aufkommen, sind sie ziemlich hilflos und wissen nicht so recht, was sie dagegen unternehmen sollen. Das wissen natürlich manche der skrupellosen Geschäftemacher, die in irgendeiner Form am Weinhandel beteiligt sind, und sie zögern nicht, sich diese Tatsache zunutze zu machen.

Es scheint, daß sich die Bedingungen in Bordeaux über die Jahre nur wenig verändert haben. Ein aus dem Jahre 1764 stammender Erlaß erwähnt die holländischen Importeure, die »bemerkt haben, daß die Weine so gemischt und verfälscht werden, daß die Qualitätsanforderungen bei weitem nicht mehr erfüllt werden«. Zu Beginn des 20. Jahrhunderts war es dann der kleine Weinbauer im Bordeaux, der langsam aufzumucksen begann. Im Szenario der Weinmischer war abermals ein neuer Star aufgetaucht: Algerien. Die algerischen Weine waren körperreich, was besonders für die weniger guten dünnen Bordeauxweine willkommen war; sie waren billig, und die ausländischen Kunden mochten ihr besonderes Aroma, und last, but not least – sie waren fast ohne Einschränkungen jahraus, jahrein in derselben Qualität erhältlich. Während die Winzer im Midi das Nachsehen hatten, war diese Wende für jeden Händler, der sein Geld mit Weinschwindel verdiente, eine willkommene Neuerung.

Algerien blieb bis zu seiner Unabhängigkeit ein regelmäßiger und wichtiger Weinpartner für die Bordeauxhändler und galt bis zu diesem Zeitpunkt auch ganz offiziell als hauptsächlicher Mischweinlieferant vieler Bordeaux-Tafelweine. In *The Winemasters* zitiert der Autor Nicholas Faith den Weinkenner Ian Maxwell Campbell, der erzählt, daß seine ständigen Bordeaux-Lieferanten ihm »keinen billigen Bordeaux verkaufen« konnten, weil sie »keinen Wein aus Algerien importieren« durften. Allerdings gebe ich hier dieses Zitat aus dem Zusammenhang gerissen wider, und sicher war damit gemeint, daß der Lieferant gezwungenermaßen seinen billigen Roten als Tafelwein auf dem heimischen Markt abgesetzt hatte, weil er ja keinen Wein importieren durfte – oder sehe ich das etwa zu naiv?

Diejenigen, die in Bordeaux unter der ganzen Misere zu leiden hatten, waren die Produzenten von billigem Tafel-

wein. Sie hatten keinerlei Kontakte zu den großen Gutsbetrieben und Châteaux, und die Händler und Makler hatten einen beachtlichen Umsatz an Wein aus den verschiedensten Quellen. 1913 kam diese Problematik zur Sprache, und als Folge davon schaffte man das umstrittene »Bordeaux-Abkommen«. Demnach sollten die Händler in Zukunft nicht mehr Wein unter dem Namen Bordeaux verkaufen dürfen, als sie eingekauft hatten. Die Belohnung für ihre stillschweigende Kooperation bestand darin, daß niemand Fragen stellte über die Machenschaften, die im Dunkel der Weinkeller vor sich gingen. So konnte man zum Beispiel beim Weinbauern schlechten Bordeaux zu einem günstigen Preis einkaufen, ihn im Keller »verbessern« und zu übersetztem Preis weiterverkaufen. So konnte der schlechte Wein als Basis von verschnittenen Tafelweinen abgesetzt werden. Der Weinbauer war's zufrieden, weil so sein Absatz gesichert war, solange er in der Region Bordeaux produzierte; der Händler war's zufrieden, weil er jetzt sozusagen behördlich abgesegnet weiterhin denselben Mißbrauch treiben konnte, der schon seit Jahrhunderten gang und gäbe war; und der Kunde war's zufrieden, weil er jetzt wahrscheinlich besseren Wein bekam als bis anhin, auch wenn das Etikett noch längst nicht immer hielt, was es versprach.
Mit der Einführung der Appellation-Controlée-Verordnung im Jahre 1919 wurde dieses System vollends legalisiert. Zukünftig sollten alle Weine und alle Trauben nur noch versehen mit den offiziellen Dokumenten in Umlauf gelangen. Es lief aber schon sehr bald darauf hinaus, daß die Kontrollbeamten sich ein paar Tage vor dem Besuch der Keller und dem Durchblättern der Kellerbücher bei den Weinhändlern anmeldeten, so daß diese genügend Zeit hatten, etwelche »Aufräumarbeiten« oder »Korrekturen« vorzunehmen. Eine interessante Parallele zum Bordeaux-Abkommen gab es im Burgund, wo das »Tunnelsystem« erfunden wurde.
Dieses zweifelhafte Szenario von jahrhundertelangem Weinhandel mit Weinen, die keineswegs immer aus der Region stammten, ergab schließlich den Hintergrund für den in Anlehnung an die Watergate-Affäre so genannten »Winegate«-Skandal. Die Situation des Weinhandels zu Beginn der 70er Jahre wirkte wie ein Inkubator auf ein faules Ei, das kurz vor dem Bersten ist. Die Amerikaner

hatten soeben das Weintrinken entdeckt, und der Bordeaux avancierte zum Symbol für guten Geschmack. Keiner wollte diese einmalige Geschäftschance verpassen, und wer etwas auf sich hielt, spekulierte mit verteilter Anlage. Marktführer war die Tabakfirma Liggett and Myers, deren Tochtergesellschaft Austin Nichols unter der Leitung von Ab Simon und Gerald Asher rasch einen der größten Lagerbestände der Weinindustrie aufzuweisen hatte. Die Zukunft so manches Weinbaubetriebes nicht nur in Bordeaux, sondern auch im restlichen Frankreich, hing plötzlich von Gnade oder Ungnade dieses Giganten ab. Sie mußten expandieren, wenn sie die Nachfrage von Austin Nichols und ihren Konkurrenten erfüllen wollten; war ihnen das nicht möglich, standen sie vor dem Nichts. In Bordeaux herrschte noch ein anderes Problem. Seit der Klassifizierung der Weinberge des Médoc im Jahre 1859 ärgerte sich Château Mouton Rothschild nicht zu Unrecht über seine Klassifikation unter den deuxièmes crus. Der gute Ruf und der Preis seines Weins hätte sicher eine Klassifizierung unter den premiers crus gerechtfertigt. Wie konnte man nun diesen Status doch noch erreichen? Der Plan, den Baron Philippe de Rothschild aussheckte, sah vor, daß er die Preise seines Weins höher ansetzen würde als die der premiers crus, besonders des Château Lafite, das seinem Cousin und Rivalen Baron Elie de Rothschild gehörte. Was die Marktsituation betraf, so hätte der Baron den Zeitpunkt seines Planes nicht günstiger wählen können, denn die Käufer bezahlten noch so gerne die in die Höhe schießenden Preise. Um die Situation noch verworrener zu machen als sie schon war, gaben die Anführer dieses Schlamassels die jeweiligen Saisonpreise nur für einen kleinen Teil ihrer Ernte preis und deckten ihre Karten erst auf, wenn die Konkurrenz vorgegangen war. Natürlich wollten dann die anderen Anbieter nicht hinter den mächtigen Weinbaronen zurückstehen, was eine Preisspirale zur Folge hatte, wie man es in Bordeaux noch nie erlebt hatte. Der Preis sagte überhaupt nichts über die Qualität eines Weines aus. Während die Ernte 1970 sehr gut war, fiel sie 1971 nur mager aus, allerdings qualitativ gut. Die 1972er Ernte jedoch ergab einen minderwertigen, harten Wein und wurde zu vorher nie dagewesenen Höchstpreisen verkauft!
Bedingt durch die Struktur des Weinhandels in Bordeaux

herrschte eine unheimliche Nachfrage für Wein; Wein, der in den meisten Fällen produziert wurde, obschon er dann kaum einen Endkonsumenten fand. Man investierte in Bordeaux und spekulierte mit Bordeaux. Sogar britische Staatskörper, die eigentlich die Finanzierung von Projekten des Commonwealth zur Aufgabe hatten, investierten Millionen von Pfund in den Kauf von Wein.
In der Natur ist immer ein Raubtier zur Stelle, sobald ein Beutetier krank und schwach ist, wohl wissend, daß ein festliches Mahl es für seine Aufmerksamkeit belohnen wird. Bordeaux hatte sein krankes Tier, von dem gleich die Rede sein wird, in der Gestalt der altehrwürdigen Handelsfirma Cruse et Fils, Frères, und das Raubtier, das bald in aller Leute Mund war, in der Gestalt des selbsternannten, unterhaltsamen Ganoven Pierre Bert. Das Haus der Cruse war eines der angesehendsten in Bordeaux. Die Familie stammte ursprünglich aus dem dänischen Schleswig-Holstein und etablierte sich 1819 mit dem Weinhandel in Bordeaux. Mit den Worten von Edmund Penning-Rowsell machten sie ihr Vermögen »mit gewagter Spekulation bei der 1847er Ernte«. Bis 1973 war die Firma stetig gewachsen und stand unter beachtlichem Druck ihrer Kundschaft, vor allem der amerikanischen, um genügend roten Bordeaux anbieten zu können. Die Firma litt auch an ihrer alten Tradition, die sich mit der neuen Managergeneration schlecht vereinbaren ließ. Wie in vielen alteingesessenen Häusern in Bordeaux herrschte eine Atmosphäre von nobler Zurückgezogenheit. Die Situation erinnert ein wenig an das Gedicht, das John Collins Bossidy über seine Heimatstadt Boston schrieb:

I come from the city of Boston,
The home of the bean and the cod,
Where the Cabots speak only to Lowells,
And the Lowells only to God.

Sinngemäß übertragen heißt das ungefähr: Ich komme aus Boston, der Stadt der Bohnen und des Kabeljau, wo die Cabots nur mit den Lowells reden, und die Lowells nur mit Gott. So verhielt es sich auch in Bordeaux, jedenfalls was die mondänen Handelsfamilien der Chartronnais betraf. Auch Pierre Bert stammte aus einer traditionsreichen Weinhandelsfamilie. Sein Großvater Louis hatte sich eine respektable Anzahl von Weingütern zugelegt und sich auf süße Weißweine spezialisiert, von denen viele in England unter dem Allerweltsnamen Sauternes im Umlauf waren. Pierre Bert übernahm den Familienbetrieb mit einem großen Schuldenberg am Hals und mußte verkaufen, eröffnete aber wenige Jahre später eine eigene Firma. Seine großzügige Interpretation des Weingesetzes kam den Behörden bald zu Ohren, und er wurde mindestens zweimal mit Geldstrafen zurechtgewiesen. Der angeheizte Markt zu Beginn der 70er Jahre kam für jemanden mit dem Einfallsreichtum eines Pierre Bert wie gerufen. Sein Plan basierte auf einer einzigen simplen Tatsache: Auf den amtlichen Dokumenten mußte die Farbe des Weines nicht angegeben werden. Wenn er also hochbegehrten weißen Appellation-Controlée-Bordeaux einkaufte und dazu roten Bordeaux ohne A.C., konnte er den größten Wurf seines Lebens landen. Er kaufte also billigen Weißwein mit den amtlichen Dokumenten für Bordeauxwein und verkaufte diesen als Tafelwein. In dieser Phase des Geschäfts war ein leichter Verlust auf sich zu nehmen. Als nächstes kaufte er billigen Rotwein aus dem Midi, trug ihn in den amtlichen Papieren für seinen Weißwein ein und verkaufte ihn mit Riesengewinn als roten Bordeaux. Zur effizienteren Abwicklung der Geschäfte eröffnete er als Aushängeschild eine Firma unter dem Namen seines Lastwagenfahrers Serge Balan.

Er organisierte auch einen Besuch von Balan bei den Behörden, wo dieser um die Bewilligung einer eigenen amtlichen Frankiermaschine ersuchen mußte, mit der alle *acquit verts*, die Begleitpapiere für die Appellation Controlée, abgestempelt werden. (In Frankreich profitieren als seriös geltende Firmen von diesem Privileg, wenn sie einen entsprechenden Betrag als Pfand hinterlegen. Während Pierre Bert natürlich angesichts seines Strafregisters keine Chance gehabt hätte, in den Genuß dieses Privilegs zu kommen, stieß sein Strohmann Serge Balan mit seinem Anliegen auf offene Ohren!)

Dermaßen gerüstet für das Geschäft im großen Rahmen (bei Nachschubschwierigkeiten zögerte Bert nicht, den opulenten Languedoc-Weinen etwas Wasser beizumischen, um sie den leichteren Bordeauxweinen anzupassen) mußten jetzt nur noch die Kunden geködert werden. Zu Beginn hatte er keine Mühe, unter den Massen der Händler Abnehmer zu finden, die in Bordeaux ihre Geschäfte an der Rentabilitätsgrenze tätigten und mit

dem vorlieb nahmen, was die Großen ihnen übrigließen. Einige dieser Opfer erschienen später auch auf der Anklagebank, zogen aber wegen ihrer relativen Unbedeutsamkeit nie viel Aufmerksamkeit auf sich.
Im April 1973 jedoch stellte sich Pierre Bert im Büro der Firma Cruse am Quai des Chartrons vor, zweifelsohne mit einem kruden Lächeln auf den Stockzähnen. Ob er seine Lektion gelernt hat oder nicht, bleibt offen, sicher aber ist, daß er einen Betrieb ausgewählt hatte, der dringend Hilfe brauchte. Die Verhandlungen verliefen vorerst harzig und Bert mußte in derselben Woche viermal vorsprechen, bevor man sich handelseinig wurde. Die Firma Cruse kaufte angesichts seines angeschlagenen Rufes natürlich nicht gerne von Bert, und vor seinem Partner Serge Balan zögerte sie, weil dieser noch kaum etabliert war; bei Bertrand de Pinos jedoch hatte Cruse keine Bedenken, obwohl der ein Cousin von Pierre Bert war. (In Frankreich hilft ein »de« im Namen immer, wie La Bruyère vor dreihundert Jahren richtig bemerkte; es verleiht dem Namen etwas aristokratisch Seriöses.) Immerhin bestand die Firma Cruse darauf, daß sie nur Appellation-Controlée-Wein von Bert kaufen würde, und nur in derselben Menge, wie er ihnen Vin de table abkaufte.
Die Familie Cruse glaubte wahrscheinlich, sie hätte einen guten Fang gemacht, denn sie konnte den roten Bordeaux jetzt 15% unter dem Marktpreis einkaufen und wurde noch dazu ihre Lagerbestände an Tafelwein los, den sie vergeblich an amerikanische Kunden zu verkaufen gehofft hatte.
Der Wein rollte in Wagenladungen heran, und schon bald wurde offensichtlich, daß das Ganze viel zu kompliziert war. Warum nicht der Einfachheit halber einfach die Dokumente austauschen, anstatt wie abgemacht den Wein auszutauschen, wenn die Tankwagen bei Cruse vorfuhren? So würde man Zeit und Energie sparen und beide Parteien konnten sich wieder ihren Geschäften widmen. Nachdem die Methode sich so richtig eingeschliffen hatte, stiegen die Umsatzzahlen schon bald in astronomische Höhen. Laut Papieren kaufte Cruse in den beiden ersten Juniwochen 4000 Hektoliter Bordeaux ein, was 25 Wagenladungen entsprach und die Lagerkapazität des Lagerhauses, aus dem der Bordeaux offiziell geliefert wurde, fast um das Fünffache überstieg.

In der darauf folgenden Woche beschloß die Firma Cruse, daß diese Methode so gut funktioniere, daß sie auch »besseren« Wein wie Saint-Emilion kaufen könnten. Um etwelche Komplikationen zu vermeiden, willigten sie ein, direkt von Serge Balan zu kaufen, dessen Rechtschaffenheit sich ja in den letzten Wochen mehr als bestätigt hatte. Aber das Glück sollte den Cruses nicht lange hold sein: Am 28. Juni standen um neun Uhr morgens schon die Inspektoren des Steueramtes vor der Tür, weil ihnen offenbar von irgendwoher zu Ohren gekommen war, daß da nicht alles mit rechten Dingen zuging. Es scheint uns heute fast unverständlich, daß die Behörden von Drittpersonen auf die Machenschaften der Firma Cruse aufmerksam gemacht werden mußten, denn die illegalen Geschäfte hatten ein derartiges Ausmaß angenommen, daß es selbst einem Unbeteiligten auffallen mußte. Laut behördlichen Dokumenten stieg der Umsatz der Firma Serge Balan & Cie. im Laufe von vier Monaten von null auf fast 30 000 Hektoliter Wein – nicht gerechnet den sicher beachtlichen Anteil, der den Behörden entging! Angesichts der Tatsache, daß so viele Leute in den Schwindel verwickelt waren und daß kaum Vorsichtsmaßnahmen getroffen wurden, ist man versucht zu glauben, daß entweder die ganze Operation stümperhaft durchgeführt wurde, oder aber, daß die Gauner keinerlei Respekt oder Furcht vor der Kompetenz der Behörden hatten.

Noch merkwürdiger mutet die Tatsache an, daß die Inspektoren nur fünf Tage vor ihrem Besuch bei der Firma Cruse über Pierre Berts Bücher gegangen waren und Bert die Firma mit keinem Wort warnte. Als die Inspektoren am Quai des Chartrons aufkreuzten, kamen sie eigentlich ohne genauere Vorstellungen über das, was sie suchten. Sie wurden höflich händeringend von Lionel Cruse empfangen, der ihnen mitteilte, sie kämen zu einer ganz und gar unpassenden Zeit, da die Firma soeben ihre Tore für die jährlichen Ferien schließen wolle. Als sich die Beamten damit nicht abwimmeln ließen, verwehrte ihnen Cruse schlichtweg den Zugang zu seinen Kellern.

Eine nicht zu unterschätzende Rolle in dieser ganzen Affäre spielten zwei offensichtlich politische Motive: eines betraf die lokale Weinpolitik, das andere spielte sich auf nationaler Ebene ab. Zu den engeren Freunden der Familie Cruse gehörte ein gewisser Jacques Chaban-Delmas, Bürgermeister von Bordeaux und ernst zu nehmender Kandidat für die bevorstehenden Präsidentschaftswahlen. Das Satiremagazin *Le Canard Enchaine* bekam Wind von der Affäre, und innert kürzester Zeit kursierte das Gerücht, die ganze Geschichte sei von Chaban-Delmas' Opponent Valérie Giscard d'Estaing ausgeheckt worden, um Chaban-Delmas ein Schnippchen zu schlagen. Für das französische Volk war das natürlich ein gefundenes Fressen, und die ganze Geschichte uferte in der Sauregurkenzeit der heißen Sommermonate ins Absurde aus.

Unterdessen unternahmen die Cruses nicht einmal das Allernötigste, um die Spuren ihres frevelhaften Tuns zu verwischen, sondern drehten den Spieß um: Jedem Journalisten, der es hören wollte, jammerten sie vor, sie würden auf grausamste Art fertig gemacht, genauso wie Richard Nixon, dessen Watergate-Skandal soeben auf der anderen Seite des Antlantiks wütete.

Auf lokaler Ebene verhielt es sich vorerst so, daß sich die Weinhändler auf die Seite der Firma Cruse stellten und der Meinung waren, die Behörden hätten mit ihrem Verhalten die Richtlinien des sechzig Jahre zuvor geschlossenen Bordeaux-Abkommens verletzt. Wahrscheinlich fürchteten viele Händler eine gründliche Kontrolle ihrer Geschäftsberichte durch die Behörden. Nach einiger Zeit wendete sich jedoch das Blatt zuungunsten der Firma Cruse, weil die Händler jetzt plötzlich einstimmig erklärten, die illegalen Geschäfte bei Cruse hätten dem guten Ruf von Bordeaux und seinen Weinen ernsthaft geschadet.

Gegen Ende August und mit dem Ende der Sommerferien hatten die Behörden schon eine bessere Vorstellung davon, wie der ganze Schwindel aufgebaut war, und so suchten die Inspektoren – diesmal aus Paris herbeigeeilt – am 27. August abermals den Cruse'schen Weinkeller heim. Man kann es kaum glauben, aber die Familie Cruse meinte immer noch, die Sache auf die leichte Schulter nehmen zu können. Jedenfalls war in den Geschäftsbüchern, die sie den Inspektoren vorlegten, schwarz auf weiß von Weinen des Typs Burgunder und Côte du Rhône zu lesen, und sie machten kein Hehl daraus, daß zum Ausgleich des natürlichen Schwundes die Fässer mit gewöhnlichem Tafelwein aufgefüllt wurden. (Theoretisch sollten die Fässer mit identischem Wein aufgefüllt werden, aber angesichts der Sortenfülle in den Kellern der Händler ist es wohl realistischer, wenn man davon ausgeht, daß diese Vorschrift häufiger mißbraucht denn eingehalten wird.) Langsam muß es aber der Firma Cruse doch gedämmert haben, daß die Kontrolle ernsthafte Folgen haben könnte, denn am zweiten Tag waren plötzlich mehrere Kellerbücher verschwunden und andere mit dreisten Abänderungen versehen. In der Folge fehlten wichtige Dokumente über die häufig illegale Behandlung des Weins, die verräterischen Chemikalien jedoch waren nicht beseitigt worden.

Der französische Rechtsstaat brauchte über ein Jahr, um den Fall vor Gericht zu ziehen, aber in der Zwischenzeit wurde weltweit eifrig darüber diskutiert, unbelastet von der anglosächsischen Rechtsregel, daß jemand so lange als unschuldig zu gelten hat, bis eindeutige Beweise gegen seine Unschuld sprechen. Noch vor Beginn der Gerichtsverhandlungen im Oktober 1974 beging Hermann Cruse unter dem Druck des öffentlichen Kesseltreibens Selbstmord.

Die Gerichtsverhandlung selbst entartete zur Farce, in der Pierre Bert wortgewaltig jegliche Schuld von sich wies, indem er in der klassischen Art jedes Weinbetrügers anführte, er habe nichts anderes getan als das, was andere in dieser Branche seit Generationen praktizierten und in Bordeaux so üblich sei. So oder so habe er alles nur zum besten der Weinqualität gemacht. In den dreißig Jahren, die er im Geschäft sei, habe sich noch nie jemand über die Qualität seiner Produkte beschwert. Dasselbe führte einige Jahre später Bernard Grivelet anläßlich eines Burgunder-Skandals an, einer der wenigen, die in ihrem ganzen Ausmaß an die Öffentlichkeit gerieten.

Die Tatsache, daß Pierre Bert nicht auf den Mund gefallen war und für ausreichend Rummel sorgte, sowie die fehlende Schlagkraft des Gerichtspräsidenten regten zusätzlich die öffentliche Sensationslust an, und so kam es, daß immer mehr Belangloses geschwatzt wurde und die eigentliche Verhandlungssache zu verwässern drohte. Die Verteidigung der Firma Cruse berief sich darauf, daß die Firma nie genau wisse, wie ein jung eingekaufter Wein im Endeffekt werde und daß dies ein großes Risiko darstelle. Die Anklage erwiderte darauf nicht zu Unrecht, daß der

Fall auch so klar genug sei, ohne daß man die Qualität des Weines mit hineinziehe. Die Geschäfte, die Cruse tätigte, waren schlichtweg illegal.
Nach fünfzehnmonatigen Verhandlungen und Gerüchten über das Ausmaß des Betruges inklusive einer beachtlichen Image-Einbuße für Bordeaux und seine Weine mutet der schließliche Gerichtsentscheid geradezu lächerlich an. Nachdem die Angeklagten Berufung eingelegt hatten, wurde ihnen die Strafe teilweise erlassen, das heißt, Piere Bert bekam eine kurze Freiheitsstrafe bedingt, während den anderen sieben Schuldigen vom neuen Gerichtspräsidenten die Strafe ganz erlassen wurde. Die Firma Cruse wurde zwar zu happigen Steuernachzahlungen verknurrt, aber kein Mensch rechnete damit, daß diese auch beglichen würden. Um der ganzen Sache noch etwas mehr Würze zu verleihen, ging Pierre Bert nach Hause und schrieb einen Bestseller mit Namen *In vino veritas*, der ihm einen happigen finanziellen Zustupf einbrachte und in dem er die traditionellen Weinhändler Bordeaux' verunglimpfte und der Lächerlichkeit preisgab.
Es ist immer einfacher, sich auf die Seite des Gewinners zu stellen und Pierre Bert zuzuprosten, der sich natürlich ins Fäustchen lachte. Aber eigentlich ist es schon traurig, daß er vor dem Gericht so glimpflich davonkam. In Frankreich scheint man den Weinschwindel noch immer als Kavaliersdelikt zu betrachten. Solange die Kasse stimmt, fragt kein Mensch nach den Geschäftsbedingungen.
Nach diesem spektakulären Winegate-Skandal scheint alles andere daneben ein fader Abklatsch. Dennoch sorge ich mich über zwei Sachen, die Bordeaux und seinen Wein betreffen, obwohl beides durchaus gesetzeskonform ist: Das erste betrifft die Handhabung der Weinberg Kartierung. Überall sonst in Frankreich ist ein Weinberg ein ganz genau umrissenes Stück Land, das auf den in einem regionalen Stadthaus aufbewahrten Katasterplänen eingezeichnet ist. So besteht zum Beispiel das Weinanbaugebiet von Blanchefleurs in Beaune aus den Zonen CE 1974, 5–8, 14–17, 22–25, 89, 97, 99, 102, 103, 106, 107, 110, 111, 114 und 131–134. Davon darf die Teilzone 97 die Ursprungsbezeichnung Beaune Premier Cru tragen, während der Rest einfach Beaune ist. In Bordeaux hingegen ist der Name eines Château nicht viel mehr als ein Mar-

kenname, der der Appellation Controlée eines Dorfes oder einer Region angehängt wird.
Sehen wir uns hier einmal an, wie sehr die Größe einer Rebanlage über die Jahre offenbar variieren kann. Gemäß Cyril Ray breiteten sich die Reben des Château Lafite im Jahre 1908 über 75 Hektar aus; 1892 waren es 70 Hektar und in den kriesengeschüttelten 1930er Jahren gar nur 50. Für 1978 führt Cyril Ray 95 Hektar an und drei Jahre später spricht Serena Sutcliffe von 88 Hektar. Sicher ist dabei auch einiges Land miteinbezogen, das vorübergehend brachliegt, aber die Schwankungen sind doch recht beträchtlich für eine Rebanlage, deren Gesamtfläche 123 Hektar nicht überschreitet. Man muß annehmen, daß nicht alle Böden der Rebanlage gleich gut sind, folglich, daß auf einem Teil des Landes schlechtere Weine wachsen. Trotzdem ist die ganze Rebanlage als premier cru eingestuft, ungeachtet, aus welchem Teil der Wein kommt.
Ein anderes Beispiel ist der Weinberg des Château Gloria in Saint Julien. Dieser Weinberg ist in der Klassifizierung von 1855 noch nicht aufgeführt, weil die 6000 Quadratmeter erst 1942 von Henri Martin mit Reben kultiviert wurden, die er von Monsieur Cazes aus Pauillac gekauft hatte. Aus diesen bescheidenen 6000 Quadratmetern wurde mittlerweilen eine Rebanlage von 50 Hektar, die anläßlich einer Neuklassifizierung der Weinberge des Médoc in die obersten Ränge kommen dürfte.
Das letzte Beispiel betrifft das Château Pétrus, das heißt, Pomerolwein, der meistens zu den teuersten in Bordeaux gehört. In den letzten Jahren ist dieser Weinberg von ganzen sieben Hektar auf rund zwölf Hektar gewachsen. Das war möglich, indem man vom benachbarten Weinberg Boden der gleichen Qualität dazukaufte. Durch den Besitzerwechsel produziert nun dieser zugekaufte Boden Wein, der ca. dreimal teurer verkauft werden kann als vorher. Durch die simple Tatsache, daß die Weinstöcke jetzt unter dem Namen Pétrus wachsen, hat sich ihr Wert über Nacht verdreifacht.
In keinem der angeführten Fälle möchte ich den Weinbergbesitzern unterstellen, sie produzierten Wein, der seinem Namen oder Preis nicht gerecht wird. Dennoch kann ein System, das die Weinberge nach Lust und Laune und vielleicht auch nach finanzieller Lage des Besitzers

anwachsen oder schrumpfen läßt, nicht ganz über jeden Zweifel erhaben sein. Dieses System funktioniert deshalb bis heute so gut, weil es natürlich im Interesse der Weinbergbesitzer ist, wenn sie nur soviel Wein auf den Markt bringen können, daß Spitzenpreise gewährleistet sind. So verkauft Pétrus seine Weine nicht zu einem höheren Preis als Margaux, weil die Pétrusweine besser sind, sondern weil es weniger davon gibt. Der zusätzliche Landkauf war ein gut einkalkuliertes Risiko, das sich bis jetzt glänzend ausbezahlt hat. Ich frage mich nur, ob denn der Weinpreis für die Produkte aus dem angrenzenden Weinberg, der ja offenbar sein bestes Land an Pétrus verkauft hat, entsprechend der minderen Qualität gesunken ist. Ich wage es zu bezweifeln.

Der Gerechtigkeit halber funktioniert das ganze System auch in der umgekehrten Richtung. Nehmen wir zum Beispiel die Zickzack-Karriere des Château Lagrange in Saint Julien. In der Klassifizierung von 1855 wurde sein Wein dank seinem guten Ruf als troisième cru eingestuft, eine Klassifizierung, die es bis heute halten konnte, obwohl nach der Finanzkrise 1929 unter dem spanischen Besitzer Señor Manuel Cendoya die Qualität rasch nachließ. Während der nächsten 54 Jahre wechselte ein großer Teil des Rebberges den Besitzer und wurde geradezu berüchtigt für seine minderwertige Ware. Im Dezember 1985 kaufte die japanische Suntory-Gruppe die ganze Anlage auf. Die Japaner haben seitdem über 150 Millionen Francs in den Wiederaufbau der Rebberge, der Keller, der Kelteranlage und des Château investiert. Vor allem aber waren ihnen nur die besten Fachleute gut genug, um den guten Ruf, den der Wein vor 130 Jahren genoß, wiederherzustellen. Man sieht – in Bordeaux kann man also einen guten Ruf nicht nur verlieren, sondern auch wieder herstellen, wenn dies auch die weitaus seltenere Variante sein dürfte.

Das System von Bordeaux funktioniert eigentlich so lange gut, wie ehrliche Leute am Werk sind. Man muß aber schon sehr optimistisch sein, um zu glauben, daß in Bordeaux nur ehrliche Menschen mit Wein handeln. Ich warte schon auf den nächsten Schlauen, der eine Cru-classé-Anlage übernimmt und diese mit minderwertigen Weinstöcken aus der Nachbarschaft aufstockt, um die Produktion zu erhöhen. Wenn ich dazu einen guten Tip geben

kann, dann würde ich einen Rebberg wie zum Beispiel Cantemerle vorschlagen; zusammen mit der Appellation Haut-Médoc ergäbe das ein herrliches Tummelfeld zur Aufstockung der Appellation-Erzeugung!
Die Winzer von Bordeaux beharren mit Stolz darauf, daß sie die Größe ihrer Weine den Qualitäten ihrer Böden verdanken, die aber, wie ich soeben aufzuzeigen versuchte, nach Lust und Laune Besitzer und Qualität wechseln können. Einerseits wird in Bordeaux das Geheimnis der Weine mit allen Mitteln gehütet und das Image gepflegt, andererseits schrecken manche Leute nicht davor zurück, das Ansehen der Region aufs Spiel zu setzen, indem sie das kostbare Gut als Spielball ihres wirtschaftlichen Größenwahnsinns mißbrauchen. Ein hervorstechendes Beispiel für letzteres ist der Markenwein namens Mouton Cadet. Nicholas Faith erzählt anschaulich, wie dieser Wein 1931 als zweites Etikett für Château Mouton-Rothschild kreiert wurde. Der Wein wurde unter der Ursprungsbezeichnung Pauillac verkauft, und noch in den 50er Jahren, als ich ins Weingeschäft einstieg, hielt man es so, daß der Wein zwar nicht vollständig aus Mouton-Reben bestand, daß sie jedoch als gute Basis einen festen Anteil ausmachten. Der Wein war also ein volles Mitglied der Mouton-Familie – genau wie Château Mouton d'Armaillacq. Dieser Eindruck wird noch unterstrichen durch das Schaf auf dem Etikett und das Wort »Cadet«, das ja nichts anderes heißt als »der Jüngste der Familie, der Junior«. Der Name der Firma, die das Etikett herstellt, »La Bergerie« (die Schäferei), nimmt das Leitmotiv ebenfalls wieder auf.
Im Laufe der Jahre veränderte sich das Wesen dieses Weines. Während er ursprünglich unter der Bezeichnung Pauillac gelaufen war, sank die Qualität des Ursprungsproduktes im selben Maß wie das Ansehen des Endproduktes stieg. Heute ist der Wein nichts anderes mehr als ein simpler Bordeaux. Der große Erfolg dieses Weins hat sogar zur Umkehrung aller Werte geführt, nämlich dazu, daß es jetzt verschiedene spezielle Weine unter dem Etikett gibt: ein Médoc, ein Saint-Emilion, ein Pomerol, ein Graves und ein Sauternes.
In einem Interview für die Zeitschrift *Impact International* sagte Philippe Cottin, Generaldirektor der Baron Philippe de Rothschild S.A.: »Wenn die Leute mich fragen, was

Mouton Cadet sei, antworte ich ihnen: Es ist eine Flasche Schweppes, denn genau das ist es.« Eine Flasche Schweppes, die sich in über eineinhalb Millionen Zwölf-Flaschen-Kisten im Jahr vermarkten läßt. Ich kann nicht umhin, der Marketingstrategie Respekt zu zollen, die dieses Wunderkind ersonnen und gefördert hat, aber für meinen Geschmack gleichen sich die Namen für den heutigen Premier Cru und einen Markenwein eindeutig zu fest. Wie Nicholas Faith in *The Winemasters* hervorhebt, würde die Gestaltung des Weinetiketts die Firma heute nach eigener Aussage der Betriebsdirektion ins Gefängnis bringen, weil das Mouton-Cadet-Etikett fast gleich aussieht wie das normale Mouton-Etikett. Aber nur weil etwas während vieler Jahre geduldet wurde und »Tradition« hat, sollte es noch längst nicht weiterhin stillschweigend hingenommen werden.

Eine weitere Gefahr, die vom Mouton Cadet ausgeht, ist die des Nachahmens aufgrund seines Erfolges. Das ist denn auch bereits geschehen. Château Lascombes, im Besitz der Bass-Charrington-Gruppe, produziert ein klassifiziertes Gewächs in Margaux, das in den Vereinigten Staaten besonders gut bekannt ist, weil es einige Zeit im Besitz des Schriftstellers Alexis Lichine war. Heute wird dort ein Wein namens Chevalier de Lascombes produziert, der keinerlei Anspruch darauf erhebt, auch wirklich aus den Château-Lascombes-Reben zu stammen. Der einzige Grund zur Schaffung dieses Markennamens wird darin liegen, daß man vom guten Ruf und den hohen Preisen dieses Rebberges profitieren will. Meines Erachtens bewegt sich diese Geschäftspolitik hart am Rande der Illegalität. Ein solcher Mißbrauch eines Weinbergnamens erinnert leider stark an die »Zweit«-Weine, die heute von vielen klassifizierten Rebbergen in Bordeaux gemacht werden.

Bordeaux ist eines der ganz großen Weinanbaugebiete der Welt, vielleicht gar dasjenige, das weltweit das höchste Ansehen genießt. Es ist nicht so, daß in Bordeaux mehr Weinbetrügerei betrieben würde als anderswo, es ist nur so, daß eine so berühmte Region der Kritik in der Öffentlichkeit um so mehr ausgesetzt ist. Das ist bekanntlich das Opfer, das man fürs Berühmtsein zahlt. Der Winegate-Skandal war natürlich für die Medien in aller Welt ein gefundenes Fressen, und die Tatsache, daß zwei ganz große Namen dieser Welt, nämlich die Präsidentschaft der Vereinigten Staaten *und* der Bordeaux, gleichermaßen fehlbar sein sollten, war eine Sensation, die sich nicht nur in der ähnlichen Schlagwortbezeichnung ausdrückte. Die nicht allzu lange zurückliegenden Contra-Hearings in Washington haben gezeigt, daß sich dort seit Watergate nicht viel verändert hat. Bleibt nur zu hoffen, daß Winegate nicht so bald eine Fortsetzung in Bordeaux findet.

3. Burgunder aus aller Herren Länder

Es kann sein, daß ich das Burgund besser kenne als alle anderen Weinbauregionen – jedenfalls empfinde ich die Situation dort als besonders komplex. Es kann auch sein, daß mir das Burgund lieber ist als jede andere Weinbauregion – jedenfalls werden mir hier gewisse Fehlerquellen besonders schmerzhaft bewußt. So oder so und auch unter Berücksichtigung meines besonderen Verhältnisses zum Burgund muß man zugeben, daß sich das Burgund und seine Weinberge durch gewisse Gegebenheiten ganz deutlich von den anderen Weinbauregionen Frankreichs unterscheiden und daß die Region deswegen durch mißbräuchliche Praktiken besonders gefährdet ist. Das erste Problem liegt in der kleinen Anbaufläche der Reben, die den großen Burgunderwein hervorbringen, und eng damit verknüpft das hohe Ansehen, das diese Weine bei den Weinfreunden auf der ganzen Welt genießen. Das zweite Problem hat wiederum mit dem ersten zu tun und liegt in der Struktur der Rebberge und der Besitzverhältnisse. Das dritte Problem betrifft das Klima, denn es ermöglicht nicht jedes Jahr die Erzeugung von großen Weinen.
Ich muß anfügen, daß sich das Weinanbaugebiet Burgund über die vier Départements Yonne, Côte d'Or, Saône et Loire und Rhône erstreckt, daß aber in diesem Kapitel fast ausschließlich von den ersten beiden Regionen die Rede sein wird, weil dort die Preise besonders hoch sind und die Produktion eher gering ist. Das heißt nicht, daß die Weine des Mâconnais, die aus Saône et Loire kommen, oder dem Beaujolais, der zum größten Teil aus dem Département Rhône stammt, über jeden Zweifel erhaben wären, aber die üblichsten Gesetzesüberschreitungen, die dort vorkommen, betreffen wohl die übermäßige Trockenzuckerung, und davon wird an anderer Stelle die Rede sein.
Um die Verhältnisse zu veranschaulichen, ist es vielleicht ganz nützlich, wenn man einmal Vergleiche zieht mit dem anderen großen Produktionszentrum von französischen Stillweinen, dem Bordeaux. Die Rebenkulturen umfassen

im Bordeaux ungefähr 98 000 Hektar, während es in ganz Burgund nur rund 38 000 Hektar sind und lediglich 10 000, wenn wir uns auf die Départements Yonne und Côte d'Or beschränken. Bordeaux hat eine Produktion von über drei Millionen Hektolitern, während das Burgund alles in allem auf knapp zwei Millionen Hektoliter kommt, wovon 440 000 Hektoliter auf Yonne und Côte d'Or entfallen. Vielleicht sollte man zur weiteren Illustration noch die Produktion einzelner Dörfer mit etwa gleichem Qualitätsniveau näher betrachten. Pauillac, in dessen Hoheitsgebiet drei der Premiers Crus des Médoc liegen, hat etwa 900 Hektar Weinland. Das Dorf Gevrey-Chambertin, das nicht weniger als acht Grand Crus des Burgunds hervorbringt, hat nur 445 Hektar Weinberge, und von diesen 445 Hektar liegen einige erst noch geographisch auf Boden des Nachbardorfes Brochon. Die Weine des Burgunds und diejenigen des Bordeaux genießen ungefähr dasselbe hohe Ansehen, aber den Weinfreunden steht rein mengenmäßig viel mehr Bordeaux zur Verfügung als Burgunder. Sobald aber die Nachfrage nach einem Produkt so groß ist, daß sie nicht mehr erfüllt werden kann, geschehen normalerweise zwei Dinge: die Preise steigen und potentielle Schwindler finden ein ideales Tummelfeld.
Um den Aufbau des Weinhandels im Burgund besser zu verstehen, ist es auch wichtig zu wissen, daß die einzelnen Parzellen meistens sehr klein und weit verstreut sind, manchmal sogar in zwei oder mehr verschiedenen Dörfern. Der Grund dafür liegt darin, daß im Burgund offenbar mehr als an anderen Orten Frankreichs das Napoleonische Erbfolgegesetz zum Tragen kommt. Dieses Gesetz besagt, daß der größte Teil eines Besitzes nach dem Tode des Erblasser zu gleichen Teilen unter den Nachkommen aufgeteilt werden muß. Man kann sich leicht ausmalen, wie dieses Gesetz über Generationen hinweg zu immer mehr zersplitterten und kleineren Landparzellen führt. In Bordeaux werden die meisten größeren Weinberge heute als Gesellschaften mit beschränkter Haftung geführt, so daß bei Handwechseln kaum noch Reben gehandelt werden, sondern eben Anteilscheine. Im Burgund ist das immer noch die Ausnahme. So schlimm, wie es auf den ersten Blick scheinen mag, ist die Situation aber nicht. Bei der Steuererklärung geben oftmals die einzelnen Mitglieder eines Familienbetriebes ihre *Declaration de Recolte*

separat an, obwohl sie in der Praxis ihre Weinberge gemeinsam bewirtschaften.

Eine weitere Folge dieses Systems ist, daß die allermeisten Weinberge mehr als nur einen Besitzer haben. Um ein konkretes Beispiel dafür zu geben, eignet sich der Grand-Cru-Weinberg *Clos de Vougeot* besonders gut. Vom Jahr 1110 an, in dem der Weinberg den Zisterziensermönchen geschenkt wurde, bis zur Französischen Revolution verblieben diese Reben im alleinigen Besitz der Mönche. Danach ging der Weinberg in kurzen Abständen durch verschiedene Hände, bis ihn 1818 ein Monsieur Ouvrard aufkaufte, ein – zeitgemäß ausgedrückt – cleverer Geschäftsmann, der während der Napoleonischen Kriege mit Spekulieren ein Vermögen gemacht hatte. Später verbrannte er sich allerdings die Finger bei Geschäften in Bordeaux, und nach seinem Tod wurde sein Besitz 1889 an fünfzehn verschiedene Käufer verkauft, die zwar alle im Weingeschäft tätig waren, jedoch aus so verschiedenen Gegenden wie Dijon oder Chalon-sur-Saône stammten. Die letzte Eigentümerliste zählt nicht weniger als 85 Namen auf, mit Wohnorten von Paris bis ins südliche Avignon. Jeder dieser Eigentümer wird wahrscheinlich seinen eigenen Wein machen, viele davon unter eigenem Etikett; einige werden den Wein auch in großen Mengen zum Abfüllen an einen Händler, aber unter ihrem Etikett verkaufen; andere verkaufen ihn an Händler, der ihn unter seinem Etikett weiterverkauft und vielleicht sogar zwei oder mehr Weine verschiedener Provenienz miteinander mischt, bevor er sie unter seinem Namen abfüllt. Auf diese Weise gelangen von einem Weinberg von etwas über fünfzig Hektar jedes Jahr mindestens achtzig Weine verschiedenster Art und Qualität in Umlauf. Vergleichen wir jetzt diese Situation einmal mit, sagen wir, einem Château Latour in Pauillac, das ungefähr sechzig Hektar Reben besitzt. Es stimmt zwar, daß bei den meisten Ernten zwei Weine im Château Latour abgefüllt werden, jedoch nur einer unter der Bezeichnung Château Latour. So weiß man genau, was man zum Beispiel von der Ernte 1982 des Château Latour erwarten kann. Natürlich kann sich eine Flasche von der anderen durch gute oder schlechte Lagerung unterscheiden, aber grundsätzlich ist der Originalwein in der Château-Latour-Flasche immer der gleiche. Bei einem Clos Vougeot 1982 hingegen ent-

puppt sich jede Flasche als Wundertüte, mit einem Qualitätsspektrum von himmlisch bis...
Diese Besitzervielfalt und Aufsplitterung der Weinberge im Burgund hat dazu geführt, daß der *Negociant* oder Händler eine besonders wichtige Rolle in Wirtschaft und Handel dieser Region spielt. Der Händler kauft Wein von vielen verschiedenen Erzeugern, nimmt Weine der gleichen Appellation zum Verschneiden, lagert sie falls nötig in seinen eigenen Kellern und verkauft sie schließlich unter seinem Etikett. Die Zahlen variieren zwar von Jahr zu Jahr etwas, aber im Durchschnitt werden höchstens 30% des Burgunders unter dem Etikett des Mannes verkauft, dem die entsprechenden Trauben gehören. Der Anteil ist zwar langsam im Steigen begriffen, aber noch spielen die Händler eine überaus wichtige Rolle im Burgund.
Die kleinen Mengen bei der Burgundererzeugung machen es einem Händler natürlich nicht leicht, ausschließlich vom Handel mit regionalen Weinen zu leben. Viele von ihnen verkaufen Tafelweine, die sie aus anderswo gekauften Weinen zusammenmischen – das ist nichts Neues. Aus den Geschäftsbüchern der Firma Chanson Père & Fils zum Beispiel geht hervor, daß solche Weine schon vor 200 Jahren und mehr einen wichtigen Teil des Geschäfts ausmachten. Viele Firmen offerieren auch verschiedene Weine aus dem Rhônetal und neuerdings sogar aus Südfrankreich. So unterhält zum Beispiel das renommierte Haus Louis Latour Rebberge in der Ardèche, um der hohen Nachfrage nach den schönen Weinen aus der Chardonnaytraube gerecht zu werden. Auch bei den Händlern des Beaune und des Nuits Saint Georges spielen Weine von außerhalb des Burgunds für den Umsatz seit langem eine wichtige Rolle. Im Laufe der Expansion und angesichts des Hintennachhinkens der Burgunderproduktion wird dieser Trend noch verstärkt. Meines Wissens handelt heute nur noch einer der wichtigeren Händler Burgunds ausschließlich mit regionalen Weinen, nämlich Joseph Drouhin. Die Folgen dieser Entwicklung werde ich in Kürze noch näher erläutern.
Bei der Zersplitterung der burgundischen Weinberge spielt noch ein weiterer Aspekt mit, einer, den die Winzer in der Hoffnung herbeiführten, daß sich ihr Einkommen dadurch verbessern würde. Es geht um die Bezeichnung

Appellation Controlée, also die offizielle Herkunftsbezeichnung, die einer strengen behördlichen Kontrolle untersteht. Wir haben ja bereits gesehen, daß die Weinanbauregion Bordeaux etwa zweieinhalb Mal mächtiger ist als das Burgund. Für die 98 000 Hektar in Bordeaux stehen 47 verschiedene *Appellations Controlées* zur Verfügung; für die 38 000 Hektar im Burgund gibt es sage und schreibe 104 verschiedene offizielle Bezeichnungen. In Tat und Wahrheit ist diese Zahl sogar nur ein Bruchteil der Realität, denn im Burgund verhält es sich so, daß jeder Rebberg der *Premier-Cru-Klasse* seinen eigenen A.C.-Status hat. So kann es vorkommen, daß auf dem Etikett einer Flasche Burgunder zu lesen ist: Beaune Grèves, und auf der nächsten Zeile: Beaune Grèves controlé. Wie im Kapitel über Bordeaux beschrieben, kann dort ein Weinberg nicht einen eigenen »offiziellen« Status haben.

Zur Veranschaulichung wollen wir noch einmal die Dörfer Pauillac und Gevrey-Chambertin miteinander vergleichen. Pauillac führt, obwohl es doppelt so viele Reben besitzt wie das Burgund, nur eine einzige, exklusive Herkunftsbezeichnung, nämlich den Dorfnamen Pauillac. Gevrey-Chambertin andererseits führt vorsichtig geschätzt 36 Herkunftsbezeichnungen. Sie bestehen aus dem Dorfnamen, aus 27 *Premiers Crus* und acht *Grands Crus*. Diese Zahlen könnten ohne weiteres und völlig legal erweitert werden, wenn man noch den allgemeinen Namen *Gevrey-Chambertin Premier Cru* und die unzähligen erlaubten Zusätze für die einzelnen Rebberge hinzunehmen würde.

Angesichts der vielen und kleinen Rebbergparzellen im Burgund verwundert es nicht, daß die Kontrolle sehr schwierig ist, um so mehr, als dieser Zweig des Beamtentums an chronischem Personalmangel leidet.

Das dritte große Problem des Burgunds betrifft das Klima, das einen kaum zu kontrollierenden Faktor darstellt. Natürlich kann man im kleinen versuchen, einen Schaden möglichst gering zu halten oder ganz abzuwenden. Jahrelang hielt man im Burgund in der kritischen Jahreszeit Flugzeuge startbereit, die bei drohendem Hagelwetter die Wolken chemisch beeinflußten, damit statt Hagel Regen fiel. Es ist immer schwierig, den Nutzen solchen Tuns objektiv zu messen, denn wer kann schon mit Sicherheit sagen, ob es nun nicht gehagelt hat, weil

Chemikalien im Einsatz waren, oder ob das Wetter ohnehin umgeschlagen hätte? Es ist nicht weiter erstaunlich, daß dieser Chemikalieneinsatz nicht mehr praktiziert wird, denn viele Winzer weigerten sich standhaft, ihren Obolus an den Flugdienst zu zahlen, weil sie lieber auf ihre Gebete und ihre Versicherungspolice vertrauten als auf das künstliche Zeug. Es gibt auch Sprühflüge, die den Pilzbefall der Trauben einschränken sollen. Das bedeutet wohl, daß absolute Mißernten definitiv der Vergangenheit angehören. Es bedeutet allerdings nicht, daß in einem bestimmten Zeitraum mehr große Ernten anfallen als früher.

Bei den Winzern herrscht teilweise eine etwas saloppe Einstellung zur Weinerzeugung. Manche – aber glücklicherweise zunehmend weniger – kümmern sich bloß noch um die Papiere ihrer Weine, während ihnen die Qualität ihres Produkts ziemlich egal ist. Weil ihnen so und soviele Hektar Reben bestimmter Rebberge gehören, haben sie das Recht, so und soviele Hektoliter Wein unter dem Namen des betreffenden Weinbergs zu erzeugen. Wenn es sich dabei um einen begehrten Namen handelt, können die Papiere, die einen Wein sein Leben lang begleiten müssen, von großem Wert sein, ungeachtet der tatsächlichen Qualität des Weins. Dabei ist die Verlockung natürlich groß, die gesetzlich erlaubte Höchstmenge zu produzieren. Das Gesetz schreibt unter anderem vor, daß die großen roten Burgunder aus Pinot-Noir-Trauben erzeugt werden müssen. Leider verhält es sich aber so, daß unter diesem Namen die ganze Pinot-Familie vereint ist, deren Reben ganz verschiedene Qualitäten und Quantitäten hervorbringen. Nehmen wir als Beispiel den Pinot droit: Der Wein aus dieser Traube ist zweifelsohne von minderer Qualität, ergibt jedoch eine große Quantität. Diese Traube ist aber offiziell erlaubt und wird deshalb auch von vielen Winzern kultiviert, die den Wein nicht unter ihrem eigenen Etikett verkaufen, sondern ihn in großen Mengen an Händler abgeben. Wie schon Serena Sutcliffe sagte: »Die Winzer sollten aus Überzeugung nur die besten Klone verwenden, auch wenn sie mit ihnen keine Höchsterträge erzielen.«

Das Problem des richtigen Klones findet in Südafrika eine interessante Parallele. Weil die Quarantäne für neu eingeführte Weinstöcke dort so lang ist, wurden einige Winzer ungeduldig und führten auf eigene Verantwortung Chardonnay-Stecklinge ein. Sie wurden gepflanzt und kultiviert, und schon bald erschien der südafrikanische Chardonnay auf dem Markt.

Eines der ersten Weingüter, die Chardonnay kultivierten, war die Dewetshof Estate in Robertson. John Plattner schrieb in seinem Buch *Book of South African Wines* über die Ernte 1980: »Ein aufregender neuer Wein, der erste Chardonnay dieses Weingutes, aus einer Traube, die umsichtig behandelt sein will und von vielen Winzern gemieden wird.« Obwohl Danie de Wets Stecklinge aus einem der besten Weingüter von weißem Burgunder stammten, hatten sich die anderen südafrikanischen Winzer nicht umsonst zurückgehalten, denn nach einer Blattanalyse durch die Behörden stellte sich heraus, daß es sich nicht um die Chardonnay handelte, sondern um die eher minderwertige Pinot Auxerrois.

Jetzt sollte ich wohl meine Leser erst einmal über die Geheimniskrämerei im Burgund aufklären, die schon zu so vielen Weinskandalen geführt hat, und das nicht nur in Frankreich, sondern auch in den Vereinigten Staaten und in Großbritannien. Bis und mit 1973 gab es im Burgund keinerlei Vorschriften darüber, wieviel Wein ein Winzer aus einem Hektar Reben machen durfte. Vorgeschrieben war nur die Bezeichnung des Weins. Um beim Beispiel des Dorfes Gevrey-Chambertin zu bleiben: Wenn ein Winzer einen Hektar Reben im Grand-Cru-Weinberg Chambertin besaß, durfte er die ersten 30 Hektoliter Wein, die er daraus erzeugte, »Chambertin« nennen, die nächsten fünf Hektoliter »Gevrey-Chambertin« oder »Gevrey-Chambertin Premier Cru«, die nächsten 15 Hektoliter »Burgunder« und alles, was darüber ging, »Vin rouge«.

Es überrascht nicht, daß bei diesem System möglichst viel Wein produziert wurde, denn obwohl der Winzer nur einen Teil seiner Ernte offiziell als Chambertin verkaufen durfte, konnte er den Rest zu einem guten Preis zum Beispiel nach Großbritannien verkaufen, wo die Herkunftsbezeichnung »Appellation Controlée« noch nicht allzu geläufig war, oder er lachte sich Privatkunden an, die sehr wohl wußten, daß dieser Wein gerade so gut sein konnte wie derjenige, den der gleiche Winzer unter dem berühmten Namen und berüchtigten Preis des Chambertin verkaufte.

Seit der Ernte 1974 präsentiert sich die Situation jedoch anders. Ein Winzer darf nur noch so viel Wein herstellen, wie es die entsprechende Appellation erlaubt. Will also derselbe Winzer Chambertin erzeugen, darf er von seinem Hektar Reben nur noch 30 Hektoliter Wein machen, allerdings darf er bis zu 20% mehr Wein machen, wenn dieser »Überschuß« sowohl eine chemische Analyse wie auch eine Sinnenprüfung besteht und somit die gleiche Herkunftsbezeichnung verdient hat. Der Winzer wird sich aber in jedem Fall überlegen, ob er sich nicht lieber mit einem weniger ambitiösen Namen begnügt – zum Beispiel Gevrey-Chambertin oder Burgunder – und dafür mehr Wein erzeugen kann. Zur selben Zeit wurde auch beschlossen, daß die erlaubte Höchstmenge je nach Ernte von Jahr zu Jahr neu festgesetzt werde, ja, sogar von Dorf zu Dorf, je nachdem, wie die regionalen Wachstumsbedingungen im betreffenden Jahr waren. Außerdem sollte jeder Wein von unabhängigen Experten geprüft werden, bevor er die gewünschte Bezeichnung bekommt; diese letzte Maßnahme kommt aber offenbar in der Praxis erst langsam zur Anwendung. Bestimmt hilft diese Verordnung, anstatt der Quantität die Qualität des Weins zu fördern, aber noch gibt es Möglichkeiten genug, um die Vorschriften zu umgehen. Ein Winzer, der mehr als die gesetzliche Höchstmenge produziert, kann diesen Überschuß immer noch unter der Hand an Privatkunden verkaufen. Nur allzu viele Käufer finden es besonders spannend, solchen Wein zu kaufen, ganz besonders natürlich, wenn sie glauben, damit auch preislich einen guten Fang gemacht zu haben. Man kann sich die Szene an einem Eßtisch in Paris bildlich vorstellen: »Ich kenne da einen kleinen Rebbauer im Burgund, von dem kaufe ich jeweils ein paar Flaschen seines exklusivsten Tropfens zum Freundschaftspreis. Leider fehlt natürlich das Etikett auf diesen Flaschen... ihr wißt ja – unser idiotisches Weingesetz!« Wenn der betreffende Winzer minimale Vorsichtsmaßnahmen ergreifen will, braucht er nur kurz vor der Ernte einige Flaschen *Vin ordinaire* zu kaufen, mit denen er den (Wissens-)Durst seiner Traubenleser stillt. Wer das Gesetz umgehen will, hat jedenfalls mannigfache Möglichkeiten dazu.

In der Winzerbranche gibt es noch etwas, was mich oft erstaunte. Der Winzer, der verschiedene Weine in kleinen

Mengen produziert, unterscheidet oft nur auf dem Papier zwischen den verschiedenen Weinen. Schon oft habe ich in Beaune beobachtet, wie ein Kommissionär mit kleinen Weinproben eines Winzers zu einem Weinhändler kommt. Auf dem Etikett steht, um welchen Wein es sich offiziell handelt. Oft steht da: »So und soviele Oxhoft Pommard und so und soviele Oxhoft Volnay« oder sogar »So viele Oxhoft Pommard Ernte A, soviele Oxhoft Pommard Ernte B und soviele Oxhoft Pommard Ernte C.«
Ich bin immer sehr skeptisch, ob man einen Burgunderwein blindlings im Detail beurteilen kann. Die feinen Unterschiede zwischen den einzelnen Dörfern sind kaum herauszuspüren und werden oftmals verwischt, wenn ein Winzer in zwei oder mehreren Dörfern Weinberge besitzt. In einem solchen Fall ist es eher wahrscheinlich, daß sein individueller Stil der Weinbereitung herauszuspüren sein wird, mehr jedenfalls als die Nuancen zwischen den verschiedenen Dörfern oder Weinbergen. Meine Skepsis erhöht sich noch, wenn ich an die Weinproben der Winzer denke, die ich erwähnt habe. Sie sind begleitet von Papieren, die bezeugen, daß in den Kellern des Winzers so und soviele Fässer vom Wein A und so und soviele Fässer vom Wein B liegen. Ob der Wein das hält, was das Etikett verspricht, ist nicht immer das Wichtigste; wichtig ist vor allem, daß das Produkt mit den offiziellen Aufzeichnungen übereinstimmt.
Die Expertenkommission, die Weinproben all derjenigen Weine prüft, die zum Export bestimmt sind, streitet inoffiziell nicht ab, daß es bei der Beurteilung einer Reihe von Burgunderweinen Probleme geben kann. Diese Weinprüfer sind alle gewiefte Profis, die sich mit Burgunderweinen bestens auskennen, und dennoch habe ich bei meiner gelegentlichen Anwesenheit im Prüfungsausschuß nie erlebt, daß ein Wein deshalb zurückgewiesen worden wäre, weil er nicht typisch genug war für das, was er vorgab zu sein. Es wurde Wein zurückgewiesen, weil es schlichtweg schlechter Wein war, und das war er ungeachtet der Tatsache, ob er aus Bordeaux, aus dem Barossatal oder aus dem Burgund stammte. Ausnahmsweise wurde einem Winzer höchstens mal eine höfliche Notiz hinterlassen, auf der zu lesen stand, sein Wein sei nicht sehr typisch und er solle sich doch in Zukunft bemühen, hier eine Verbesserung zu erzielen.

Der Schriftsteller Pierre-Marie Doutrelant schreibt in seinem Buch *Les bons vins et les autres* nicht umsonst so treffend: »In der burgundischen Wirtschaft sagt der Winzer, wo's lang geht. Der Händler folgt gehorsam dem vorgegebenen Weg.« Wie in jeder guten Partnerschaft kommt jedoch der eine ohne den andern nicht aus. Wenn jede Ernte vorzüglichen Wein hervorbrächte, würde der Winzer seine ganze Produktion selbst abfüllen und unter seinem Etikett verkaufen. Da aber nicht jede Ernte so gut ausfällt, ist der Winzer in schlechten Jahren auf den Händler angewiesen, der wahrscheinlich der einzige Kaufinteressent für seinen Wein sein wird. Das heißt natürlich nicht, daß die Händler nur schlechte Jahrgänge aufkaufen. Viele kaufen traditionellerweise jedes Jahr beim selben Weinbauer ein. Leider gibt es – wie wir noch sehen werden – auch solche, denen der Wein, den sie einkaufen, ziemlich egal ist, weil sie sich vor allem für die Begleitpapiere interessieren.

Der Händler spielt vor allem für die vielen Weine eine wichtige Rolle, die nicht der besten Qualität angehören. Monsieur Doutrelant stellt dies anhand eines Zitats eines wichtigen Kommissionärs dar, welchen er M. nennt: »Vierzig Prozent der Burgunderweine sind so gut, daß sie ohne weitere Umstände abgesetzt werden können. Weitere vierzig Prozent müssen leicht »verbessert« werden. Die restlichen zwanzig Prozent sind so schlecht, daß sie durch Weine aus anderen Regionen ersetzt werden müssen.« Und innerhalb dieser verschiedenen Prozentklassen versuchen die burgundischen Händler, sich ein Auskommen zu verschaffen.

Im Laufe der Jahre wurde es geradezu schick, als burgundischer Händler den Ruf eines gerissenen Weinschwindlers zu haben. Das ist offenbar nichts Neues, denn schon vor 130 Jahren schrieb ein Monsieur Lasseure Père, Burgunder und mit Leib und Seele dem einheimischen Wein verpflichtet: »Ein Schwindel, den man unbedingt erwähnen muß, ist der Gebrauch von Alkohol und Weinen aus dem Midi, oder von minderwertigen Weinen der Côtes du Rhône, schwere, dumpfe und verfälschte Weine, Weine, die Gourmets und echte Kenner absolut verachten sollten. Damit wird unter Anwendung eines teuflischen Rezeptes ein schwarzes, dickflüssiges, klebriges Gebräu hergestellt, mit dem sie vorgeben, die Weine der Côte d'Or zu *bereichern*, indem sie einem Savigny, einem Beaune, einem Volnay oder einem zweitklassigen Pommard das Ansehen eines Chambertin verleihen. Beim ersten Schluck mögen diese wertlosen Weinmixturen noch einen unerfahrenen Gaumen täuschen; dabei ist es wirklich nicht schwer, den dermaßen verschnittenen Wein zu entlarven, wenn man zum Vergleich einen echten Qualitätsburgunder heranzieht.«

»Die schlechteren Weine der Côtes du Rhône und bestimmte Weine aus dem Midi sind nicht sehr bukettreich, aber da sie mit Duftstoffen versehen werden, schmeicheln sie dem Geruchssinn, wenn sie ins Glas gegossen werden. Durch den hohen Alkoholgehalt geben sie natürlich einem Möchtegern-Burgunder mehr Substanz, aber dieser Eindruck verflüchtigt sich erschreckend schnell wieder. Mit zunehmendem Alter werden solchermaßen bearbeitete Weine zunehmend unehrlich; sie bekommen einen unangenehmen Beigeschmack, einen widerlichen Geschmack, den ein Mann, der natürliche Weine gewohnt ist, unmöglich ertragen kann. Was tut er daraufhin? Er stellt das Glas weg und stellt fest: Ich kann einfach keinen Burgunder mehr trinken. Auf diese Weise kann man das Ansehen eines Produkts für immer verderben.«

Ungefähr zur gleichen Zeit schrieb Auguste Luchet folgende Begebenheit auf: Zum krönenden Abschluß eines festlichen Mahls, als die besten Weine die Zungen der Anwesenden schon etwas gelöst hatten, würde ein reicher burgundischer Weinhändler gefragt, wie er zu seinem ansehnlichen Vermögen gekommen sei. »Ganz einfach«, erwiderte er offenherzig, »indem ich immer die exklusivsten Namen verkaufte, ohne je einen erzeugt oder gekauft zu haben.«

In neuerer Zeit ist es wahrscheinlich Alexis Lichine, der die Attacke auf die burgundischen Weinhändler angeführt hat. In seinem Buch *Wines of France* greift er dieses Thema immer wieder auf: »Dieser ganze Schwindel hat kurz nach der Revolution, 1790, einen enormen Aufschwung erfahren, als die Rebberge Privateigentum wurden. Bedingt durch das Fehlen eines direkten Zugangs zum Meer, begann man mit den gefährlichen Überlandtransporten. In der ruhigeren Zeit, die der Revolution folgte, verhalfen die Weintransporteure dem Burgund zu einem Ansehen, und als auch Napoleon die Burgunderweine rühmte, konnten die Händler schon bald einmal die Nachfrage nicht mehr decken.«

»Das Burgund hat nie im Überschuß geschwelgt, denn seine großen Weine wachsen ja auf einer Fläche von kaum 12000 Morgen, so daß die Händler gezwungen waren, die Weine zu verschneiden, um der Nachfrage gerecht zu werden. Das Geschäft lief gut, denn das Burgund hatte sich unterdessen bei den Weinliebhabern einen guten Namen gemacht. Echter Burgunder war aber etwas so Rares, daß nur wenige ihn je gekostet haben und man Imitationen meistens für echten Burgunder hielt. Noch heute ist die Situation in gefährlichem Maße dieselbe geblieben. Die betrügerischen Machenschaften der Händler und Transporteure wurden noch erleichtert durch den Namenswirrwarr, der noch immer in Burgund besteht.«
Laut Lichine kommt nur zu einem echten Burgunder, wer solchen Wein kauft, der direkt vom Erzeuger abgefüllt wurde. Lichine meint dazu: »Der Besitzer eines Weinbergs füllt seinen Wein selbst ab und bezeichnet die Flaschen als Garantie für einen ehrlichen Wein mit seinem Namen und demjenigen des betreffenden Weinbergs.«
Lichine hat damit theoretisch natürlich recht, aber nur weil »Erzeugerabfüllung« oder »Mise du Domaine« auf einem Etikett steht, heißt das noch lange nicht, daß das Etikett garantiert authentisch mit dem Flascheninhalt ist. Ich habe ja schon aufgezeigt, daß auch auf der Stufe des Weinerzeugers Tricks und Fälschungen möglich sind. Ein Betrug auf dieser Stufe hält sich zwar naturgemäß im kleineren Rahmen als wenn ihn der Händler begeht, aber auch für den Händler ist das Etikett das A und O seines guten Rufes. Ein Händler, der aus Überzeugung eine gewisse Qualitätsgarantie einhalten will, hat keinen Grund, verfälschten Wein unter seinem Namen zu verkaufen. Lichine schreibt: »Weil vom Erzeuger abgefüllte Flaschen nur in kleinen Mengen auf den Markt kommen und von Erzeugern, die meistens nur wenig Rebland besitzen, kann ein eventueller Betrug schnell aufgedeckt werden. Während ein Großkaufmann eine Buße in Kauf nehmen und verkraften kann, bedeutet sie für den kleinen Winzer ein untragbares Risiko. Außerdem empfindet der kleine Winzer seine Weine oftmals als eigenständige Kunst-

werke, und er hat ein Berufsethos, das ihm jeglichen Schwindel verbietet, weil er damit seinen Namen und seinen Wein in Verruf bringen würde.«

All das Gesagte widerspiegelt natürlich die Ansicht der *einen* Seite. Ich habe nicht im Sinn, die Händler zu verteidigen oder die Winzer zu beschuldigen, aber gewisse Tatsachen bewahrheiten sich leider nicht nur auf der einen Seite, sondern auch auf der andern. Ein kleiner Schwindel auf der Seite des Erzeugers wird sicher weniger hart bestraft als ein großer Schwindel auf der Seite des Händlers. Das Berufsethos beschränkt sich nicht auf den einen Zweig des burgundischen Weinhandels. Es gibt einen weiteren Aspekt zu berücksichtigen, wenn man das weiter oben angeführte Zitat des Weinkommissionärs glauben will. Im Burgund findet man wahrscheinlich kaum jemanden, der eine vorurteilslose Meinung über den einheimischen Weinhandel vertritt. 40% des Weins müssen vor dem Verkauf auf die eine oder andere Art *verfeinert* werden. Zweifelsohne ist der Händler mit seinem Labor, seinen modernen Geräten und seinen gut eingerichteten Räumlichkeiten für eine solche *Behandlung* besser gerüstet als der Erzeuger. Was soll man vorziehen: einen absolut naturbelassenen, ehrlichen Wein, der nicht überwältigend schmeckt, oder einen *behandelten* Wein, der einfach perfekt ist? Irgendwie bleibe sogar ich mir selbst eine klare Antwort auf diese Frage schuldig.

Leider liegt den von Lichine angedeuteten Punkten ein tieferes Problem zugrunde. Zu der Zeit, als Lichine sein Buch schrieb, baute er auch eine eigene Weinfirma in den Vereinigten Staaten auf. Diese Firma spezialisierte sich im Rahmen der Burgunderweine auf Produkte, die von einigen wenigen auserlesenen Erzeugern (und gleichzeitig Abfüllern) stammten. Diese Taktik mag ihren Grund in den von Monsieur Lichine erwähnten Problemen haben; man kommt allerdings nicht um den Gedanken herum, daß vielleicht auch handfeste kommerzielle Gründe Monsieur Lichine bewogen haben, das einseitige Verfahren betreffend Erzeuger/Händler zu wählen!

Pierre-Marie Doutrelant hat versucht, die burgundischen Händler in drei Gruppen einzuteilen: die *Traditionalistes* oder Traditionalisten, die *Gros Faiseurs* oder Weinfabriken und die *Bricoleurs* oder Hobbyhändler. Diesen drei würde ich eine vierte Gruppe beifügen, die übrigens auch

Monsieur Doutrelant an anderer Stelle in seinem Buch als »les gros fraudeurs du commerce« erwähnt, also die Großbetrüger des Handels. Doutrelant identifiziert sogar drei von ihnen aus dem Burgund und dem Rhônetal mit den Initialen C., R. und B.V. Diese Anfangsbuchstaben sind für die Behörden und die anderen Händler leicht zu erkennen, und trotzdem machen die betreffenden Firmen seit Jahren ruhig und unbehelligt weiter. Welche Rolle spielen solche Firmen in der Handelsstruktur des Burgunds? Sie sind in der Lage, so gut wie jeden Wein zu beschaffen, den ein Kunde verlangt, und zu dem Preis, den er zu zahlen gewillt ist. Meistens handeln sie nicht mit Flaschenwein, sondern mit großen Offenmengen, die sie anderen Händlern anbieten. Die Weine, die sie liefern, sind oftmals nützlich, um die Gesamtkosten eines Produktes zu senken, und die nötigen Papiere scheinen sie sich immer beschaffen zu können.

Ich habe nur sehr beschränkte eigene Erfahrungen mit solchen Firmen, aber ich erinnere mich daran, daß ich vor vielen Jahren eine große Menge Beaujolais einkaufen wollte. Ich besuchte also eine bestimmte Firma in der Region, und sie fragten mich, welchen Preis ich zahlen wolle. Sie gaben mir außerdem zu verstehen, daß sie jede gewünschte Menge liefern konnten, vom einzelnen Faß bis zum Bahnwagen, und jeden regionalen Wein zu jedem Preis, mit oder ohne Begleitpapiere, dem sogenannten *Acquit vert*. (Ich muß beifügen, daß sich dies zu einer Zeit abspielte, da man in Großbritannien noch nichts von *Appellation Controlée* wußte.) Amüsanterweise hat mich dieselbe Firma vor nicht allzu langer Zeit zu einem Besuch eingeladen, weil sie nicht verstehen konnte, weshalb ich immer wieder unschöne Dinge über ihre Weine schrieb. Ich nehme an, daß ich seit meinem ersten Besuch bei der Firma hoffnungslos voreingenommen bin.

Der Durchschnittskonsument wird es wahrscheinlich viel eher mit Weinen aus sogenannten »Weinfabriken« zu tun haben, obwohl es davon nicht viele gibt. Im allgemeinen handeln sie mit einer breiten Palette von Namen, so daß jeder potentielle Kunde befriedigt werden kann. Von den Erzeugern kaufen sie am liebsten Begleitpapiere. Das heißt, sie kaufen Wein zu einem billigen Preis ein, um an die Papiere zu gelangen, die diesen Wein begleiten. Dann »bearbeiten« sie den billigen Wein mehr oder weniger

intensiv. Dabei wurden sie lange Zeit von den Behörden stillschweigend unterstützt, denn das Tunnelsystem war offiziell erlaubt. Mit anderen Worten: Solange die gleiche Menge einer Weinsorte aus einem bestimmten Keller herauskam wie vorher hineingegangen war, kümmerte sich kein Mensch darum, was *im* Keller damit geschah.
Die Rolle des burgundischen Händlers konnte unter Umständen sehr profitabel sein. In seinem Keller standen eine Reihe von Weinen aus dem Rhônetal und dem Midi, und auch Algerien war bis zu seiner Unabhängigkeit gut vertreten. Im Zuge der Europäischen Gemeinschaft mag wohl auch das eine oder andere Fläschchen aus Italien Eingang in die burgundischen Keller gefunden haben. Unverfälschte Weine, denen es vielleicht an Farbe, Körper oder Fülle fehlte, wurden so behandelt, daß die dem Geschmack der Kunden zusagten. Damit die Buchhaltung stimmte, wurde ganz sicher mancher Burgunder, der mit seinen Herkunftsdokumenten in die Keller kam, zu seinem Nachteil verschnitten und als *Vin de table* verkauft. Wie schon erwähnt ist es in vielen Weinhandelsgeschäften Tradition, gekennzeichneten Tafelwein zu verkaufen, der dank des Produzentennamens auf dem Etikett einen hohen Preis erzielt. Die Rechnung dieser Taktik ist nicht schwer zu durchschauen. Das Basismaterial für den Wein, der unter dem Burgundernamen verkauft wird, besteht aus billigen Weinen mit der notwendigen Herkunftsbezeichnung (billig, weil sie sonst von minderwertiger Qualität sind) und aus körperreichen, gehaltvollen Weinen, die so günstig wie möglich sonst irgendwo eingekauft wurden. So kann eine Flasche, deren Erzeugung vielleicht 10 Francs gekostet hat, zum stolzen Preis von 35 Francs weiterverkauft werden. Die Rendite ist vielleicht bei den Tafelweinen etwas weniger hoch, aber auch diese werden viel teurer verkauft als wenn sie aus ebenbürtigen Zutaten von einem Händler aus dem Midi zusammengemischt würden. Natürlich werden die Tafelweine in Burgunderflaschen und oftmals mit massiven Bleiverschlüssen und Pergamentetiketten verkauft. Mehr Schein als Sein ist hier die Devise. Dank ihren großen Lagerbeständen und der Flexibilität in der Lagerbewirtschaftung können solche Händler zum Beispiel einen Côte de Beaune Villages in den verschiedensten Typen und Preislagen anbieten.
Die traditionsreichen Weinhandelsfirmen kann man wahr-

scheinlich an den Fingern zweier Hände abzählen. Sie tun einerseits ihr Möglichstes, um ihr aristokratisches, oder besser, bourgeoises Ansehen zu wahren, andererseits befinden sie sich jetzt mitten in einem Lernprozeß, um der Realität des modernen Weingeschäfts besser gewachsen zu sein. So erscheinen zum Beispiel heutzutage eine Reihe von Appellations auf ihren Preislisten, die noch vor ein paar Jahren nicht in Frage gekommen wären. Langsam merken sie, daß der Weinkonsument heute über den Wein eines einzelnen Côte-d'Or-Rebbergs hinausschauen kann und muß. Die meisten der traditionsbewußten Häuser haben das Glück, daß sie auf beträchtliche Anbauflächen zurückgreifen können. In einer Zeit, da die Nachfrage stetig steigt und die Preise in die Höhe schnellen, haben die Weinbergbesitzer die besten Karten in der Hand. Ein Händler, der nichts zu verkaufen hat, hat keine Zukunft. Dazu kommt, daß es Aufgabe des Händlers ist, den Wein bis zu seiner vollen Reife im Keller zu lagern, und viele Händler sahen sich unversehens vor dem Ruin, weil sie während einer günstigen Marktsituation eingekauft hatten, ihr Weinlager jedoch im Zuge der Dollarentwertung rapide an Wert verlor. Aus diesen Gründen hat die Anzahl Rebstöcke schon mehr als einmal über Gedeih oder Verderben eines traditionsbewußten Hauses entschieden.

Es kommt auch vor, daß die Beziehung zwischen dem burgundischen Weinlieferanten und dem ausländischen Importeur aus dem Gleichgewicht gerät, weil letzterer plötzlich den Ton angibt. Wenn der Lieferant keine Vorsicht walten läßt, kann er seinen guten Ruf aufs Spiel setzen. Ich führe hier ein Beispiel aus meiner eigenen Erfahrung an, wo das vielleicht traditionsbewußteste Haus in Beaune in eben dieser Weise geschädigt wurde. Diese Weinhandelsfirma hatte sich schon seit langem in Großbritannien einen sicheren Absatzmarkt für seine Weine geschaffen; der britische Importeur war eine Tochtergesellschaft einer bedeutenden Brauereigruppe. Als der Begriff *Appellation Controlée* im Zusammenhang mit der Europäischen Gemeinschaft auch in Großbritannien verbindlich wurde, bestimmte man für den Verkauf von Weinen der »alten Generation«, die noch vor den neuen Gesetzesbestimmungen importiert worden waren, eine Übergangsphase. Der britische Importeur beschloß nun,

mehrere Wagenladungen voll Weine mit der einfachen Bezeichnung Appellation Bourgogne einzuführen, um sie anschließend auf dem Etikett mit Namen wie Beaune, Volnay oder Nuits Saint Georges zu versehen. Diese Aktion sollte in der letzten Woche vor Inkrafttreten der neuen Gesetzesregelung durchgeführt werden.
Es wurde eine Unmenge Wein bestellt, und die Gesellschaft in Beaune sah sich nicht mehr in der Lage, das Verschneiden von so vielen verschiedenen Weinen, die alle die Appellation Bourgogne trugen, allein an die Hand zu nehmen. Aus England mußte Verstärkung geholt werden, um zu kontrollieren, daß überall die richtigen Rezepte verwendet wurden. Zum Glück des Kunden handelte es sich um die Ernte 1972, das heißt, um einen Wein, der gut zu lagern war, denn der Umsatz blieb viel kleiner als erwartet. Ich bin ziemlich sicher, daß der Rest des Weins von der Kaufhauskette Marks and Spencer zu einem Schleuderpreis aufgekauft wurde. Marks and Spencer versahen die Flaschen mit einem neuen Etikett und verkauften sie unter dem ihnen rechtsmäßig zustehenden Namen »Bourgogne Rouge 1972«.
Ungefähr zur gleichen Sorte Schwindel gehört folgende Geschichte: Eine andere alteingesessene Weinfirma in Beaune wurde in den Vereinigten Staaten von einer Firma repräsentiert, die zwar im Weinhandel erfahren war, ihrem Handelspartner jedoch bei den Verhandlungen nur mit einem Ohr zuhörte. Als anfangs der 70er Jahre die Preise für Pouilly-Fuissé als Folge der starken Nachfrage auf dem amerikanischen Markt in astronomische Höhen stiegen, beauftragte der Importeur seinen burgundischen Handelspartner mit der Lieferung von Pouilly-Fumé, in der irrigen Annahme, die amerikanischen Konsumenten würden weder den Unterschied zwischen den Namen noch den Unterschied zwischen den verschiedenen Stilen der Weine merken. Es freut mich natürlich, zu sagen, daß diese »geniale« Marketingstrategie genau den Erfolg hatte, den sie verdiente – sie war ein beinah hundertprozentiger Mißerfolg.
Ich sehe gerade, daß die neueste Anzahl von burgundischen Weinhändlern mit 156 angegeben ist. Von diesen sind wahrscheinlich etwa zwei Drittel als Nebenerwerbsbetriebe zu bezeichnen. Viele von ihnen verkaufen nur noch kleine Mengen Wein direkt an Privatkunden, zum

Teil wohl über die in Frankreich immer noch sehr beliebten regionalen Handelsmärkte. Andere versorgen ausschließlich die auch im Burgund immer zahlreicher werdenden Touristen. Sie suchen sich in Beaune oder Nuits Saint Georges ein altes Kellergewölbe, motzen es ein wenig auf, stellen ein paar alte Weinfässer auf, sprühen Spinnweben in die Ecken und heißen jede Fliege willkommen. Einige von ihnen sind vielleicht hauptsächlich Winzer, die ihr Angebot etwas verbreitern, indem sie ein paar Weine von ihren Nachbarn dazukaufen. Einige betätigen sich vielleicht nur auf einem Markt oder in einer Region. Fast jede Variante ist denkbar.

Bevor wir die Welt der Händler verlassen, möchte ich noch zwei Betrügergeschichten erzählen; die erste richtet sich eigentlich gegen mich selbst. Vor einigen Jahren wurde ich vom Magazin *Decanter* in die Prüfungskommission für einen Blindtest von verschiedenen Weinen eingeladen, die alle nur die einfache *Appellation Bourgogne* trugen. Wir waren uns alle einig, daß der älteste Wein mit Abstand der beste war, und zufälligerweise war er auch der teuerste. Ich glaube, er stammte aus der Ernte 1973, und hinterher fanden wir heraus, daß er von einer kleinen Firma in Beaune kam, deren Spezialität es war, die Weine ihres eigenen Rebbergs schlicht als Bourgogne zu verkaufen, als ihr *Reserve-* oder *Premiere-*Wein. Da ihr Gut unter anderem Chassagne-Montrachet rot und weiß hervorbrachte, einige gute Beaunes und einen kleinen Teil Chambertin, war es logisch, daß ihr Wein besonders gut war – und teuer. Jedenfalls klopften wir uns gegenseitig auf die Schulter und beglückwünschten uns zu unserem sicheren Geschmack.

Einige Monate später, nachdem die Prüfungsresultate veröffentlicht worden waren, rief mich ein weit herum bekannter Weinhändler an. »Christopher«, sagte er, »ich mußte dich einfach anrufen. Ich hatte ja immer meine Zweifel an solchen Prüfungskommissionen, aber jetzt hat sich herausgestellt, daß ich recht hatte. Erinnerst du dich an diesen Wein, den ihr alle an erster Stelle genannt habt beim Burgundertest? Ich war dabei, als er verschnitten wurde. Der Betriebsleiter zeigte mir sehr stolz sein Rezept für den britischen Markt: eine gute Basis mit Burgunder, eine gesunde Portion Côte du Rhône und einen großzügigen Tropfen Branntwein.« Soviel zum

Ansehen, das sich diese Firma aufgebaut hatte.
Auch die zweite Geschichte handelt vom Ansehen. Eine andere Firma, die vor über hundert Jahren in Beaune gegründet worden war, hatte in Großbritannien einen guten Ruf für ihre Weine aufgebaut, bevor die Appellation-Controlée-Vorschriften auch jenseits des Kanals griffen. Diese Firma ging davon aus, daß fast jeder Weinberg im Burgund mehr Wein produziere, als von Gesetzes wegen unter seinem Namen verkauft werden dürfe. Nichts hinderte die Firma aber daran, diesen Wein als Burgunder nach Großbritannien zu verkaufen, wo der Abnehmer ihn als Nuits Saint Georges, Chambertin, Montrachet oder was auch immer etikettieren würde. Offenbar erlaubt dieses System fast jede Art von Ausnützung durch betrügerische Händler in Großbritannien, auch wenn keine Zweifel darüber bestehen, daß der Wein dieses Lieferanten exzellent war.
Nach der Einführung der *Appellation Controlée* war allen klar, daß dieses System nicht mehr funktionierte, weil deklassifizierte Weine gar nicht mehr in derselben Art und Weise existieren durften wie vorher. Etwas naiv drückte der Importeur seinen Glauben aus, er könne das Problem umgehen und gab durch die Blume zu verstehen, daß solche Weine auffindbar seien. Er nahm eine Preisliste hervor, die auf der linken Seite eine Reihe von großen Burgundernamen enthielt, die alle mit einer dünnen Linie rot durchgestrichen waren. Auf der rechten Blattseite stand eine Liste von Weinen mit folkloristischen Namen. So stand also zum Beispiel auf der einen Seite Montrachet und gegenüber Bourgogne Cuvée de Monterrand. Der einzige, den ich noch im Kopf habe, ist Nuits Saint Georges auf der einen Seite und Bourgogne Cuvée du Dragon auf der anderen. Ich gebe zu, daß ich einige Zeit gebraucht habe, um diesem System auf die Spur zu kommen. Angesichts der neuen Weingesetzgebung war es nicht überraschend, daß die Aufmerksamkeit der Behörden auf diesen Versuch gelenkt wurde, der den Konsumenten vormachen wollte, es sei alles beim alten geblieben. Die Angelegenheit wurde von den Franzosen in die Hand genommen, und es stellte sich heraus, daß der Händler ein doppeltes Lagersystem geführt hatte, eines für die Behörden und eines für sein Geschäft. Ich weiß noch nicht, ob er seine Kunden schon *vor* der Einführung

der Appellation Controlée in die Irre geführt hat oder ob ihm der Einfall mehr spontan gekommen ist. Nachdem er sich mühsam eine feste Kundschaft in Großbritannien aufgebaut hatte, war er natürlich nicht erfreut, diese über Nacht wieder zu verlieren, weil er sie nicht mehr auf legale Art und Weise beliefern konnte. (Er war damit sicher nicht allein; ein Händler in Savigny, der für seine »traditionelle« Art der Weinerzeugung berüchtigt war, arbeitete mit einem Kommissionär zusammen, der gesagt haben soll, daß die Einführung der Appellation-Controlée-Gesetze in Großbritannien das Ende seiner Weine auf diesem Markt bedeuten würde.)
Nicht nur Erzeuger und Händler können unlautere Geschäfte tätigen, sondern natürlich auch die Importeure. Dies ist allerdings auf denjenigen Märkten, die ausschließlich in Flaschenabfüllung importieren, wie zum Beispiel die Vereinigten Staaten, weniger üblich als dort, wo die Flaschenabfüllung traditionellerweise am Ort des Importeurs stattfindet – wie zum Beispiel in Deutschland, Holland und mit abnehmender Tendenz auch in Großbritannien. Was nicht heißt, daß die amerikanischen Händler eine reinweiße Weste haben. Vor einiger Zeit mußte sich ein Importeur aus San Francisco vor Gericht verantworten, weil er Gevrey-Chambertin als Pommard etikettiert hatte. Viele Weinkenner würden dies zwar als fälschliches Ausgeben eines großen Weines für einen weniger großen ansehen, aber bekannt wurde die Sache offenbar, weil der durchschnittliche amerikanische Weinkonsument keine Ahnung von Burgunderweinen hat. Die drei Namen, die immer wieder als erste genannt werden, sind Chablis, Pommard und Pouilly-Fuissé. Auf diese Weise hat die steigende Nachfrage auf dem amerikanischen Markt schon mehrmals die Preise derart angeheizt, daß die Weinschwindler geradezu Hochsaison hatten. In den späten 60er Jahren zum Beispiel machte es sich eine französische Firma, die sich in den Vereinigten Staaten Marktanteile sichern wollte, zur Gewohnheit, ihren Chablis mit Weißwein aus der Bordeaux-Region Graves zu strecken.
Eine andere Fracht von verfälschtem Burgunder erreichte Miami unter der Bezeichnung Chassagne-Montrachet und Pouilly-Fuissé über Holland und Bootle im britischen Merseyside. Obwohl ein Teil dieses Weines auf dem britischen Markt erschienen war, wo er als Erzeuger-Abfül-

lung ausgegeben wurde, und obwohl sich auf dem Etikett ein einfacher Fehler »eingeschlichen« hatte (ein Wort war in Holländisch statt Englisch geschrieben) erregte offenbar etwas anderes die Aufmerksamkeit des Kontrollbeamten: Was sich nämlich dreist als offizielles holländisches Siegel ausgegeben hatte, war nichts anderes als der Abdruck einer holländischen Münze. *Caveat Emptor* – in diesem Fall war aber die amerikanische Käuferin des Weines die Tochtergesellschaft einer mächtigen internationalen Spirituosenfirma. Man sollte eigentlich annehmen, daß eine solche Firma einem so dreisten Schwindel ohne weiteres auf die Spur kommen sollte – aber vielleicht war die Firma ja auf solchen Wein mit solchen Etiketten und zu solchen Preisen angewiesen...
Traurigerweise besteht in Großbritannien eine lange Tradition in der Erzeugung verfälschter Burgunderweine. 1971 besuchte ich in einer längeren Arbeitspause einen lokalen Weinhändler, um zu sehen, ob es dort für mich während des Weihnachtsgeschäftes etwas zu tun gäbe. Ich bekam einen Job in der Abfüllerei, und ich habe dort in den zwei Monaten meiner Anstellung mehr gelernt als in den restlichen dreißig Jahren im Weingeschäft. Die Firma füllte kaum einen Wein ab, der das Etikett, welches es trug, auch verdient hätte. Auf dem Gebiet des Burgunders handelte man mit einer ganzen Palette von Weinen unter einem allgemeinen, einem Dorf- oder einem Weinbergnamen, und zwar in einer Menge von vier Faß insgesamt, wovon je zwei roten respektive weißen Wein beinhalteten, eingekauft bei Handelsfirmen im Burgund. Bei allen vier Weinen handelte es sich nicht um Burgunder, sondern um schlichte *Vins de table*. Um alle Namen auf der Liste einsetzen zu können, wurden einfach die Anteile der beiden Zutaten für den roten respektive weißen Wein jeweils anders verteilt.
Das schlagenste Beispiel für diese Art von »konstruiertem« Burgunder war wohl ein Erzeugnis unter dem Namen Château Ipswich. Diese Institution war vom französischen Weingiganten Société de Vins de France am Ufer des Orwell in Ipswich, Suffolk, gegründet worden. Jahrelang hatte diese Gesellschaft den französischen Markt mit Weinsorten wie Kiravi, Valpierre und Vieux Papes beherrscht. Die beiden ersten wurden traditionsgemäß in der »Sechs-Stern«-Literflasche mit Plastikzapfen

und Aluminiumfolie zum Abreißen angeboten, letzterer in einer klassischen Burgunderflasche mit Korken und Kapsel.
Der Originalplan der Leute in Ipswich bestand darin, den Wein aus Frankreich mittels Küstenschiff zu importieren, ihn in die Fässer im Warenlager zu pumpen und ihn sodann unter dem gleichen Sortennamen wie in Frankreich abzufüllen. Wirtschaftlich gesehen war dieser Plan alles andere als erfolgreich, und was danach passierte, erregte die Aufmerksamkeit eines Journalisten der *Sunday Times*, Nicholas Tomalin, der das Ergebnis seiner Recherchen in der Ausgabe vom 27. November 1966 darlegte.
Es hatte sich herausgestellt, daß die britischen Weinhändler keineswegs erpicht darauf waren, eine Reihe von französischen Tafelweinen zu verkaufen, daß sie jedoch noch so gerne die gleichen Weine oder Mischungen aus diesen Weinen kauften, aber unter verschiedenen eigenen Etiketten. So kam es, daß die Franzosen einen bestimmten Wein unter dem Namen Valpierre genossen, während die Engländer für genau denselben Wein unter dem Namen Nuits Saint Georges tiefer in die Taschen langten. Leider mußte die französische Firma die Erfahrung machen, daß die Realität doch etwas komplizierter ist. Sie führte acht Weinsorten am Lager: drei Weiße, drei Rosés und zwei Rote. Nur eine Minderheit ihrer Kunden mochte aber einen Wein als das kaufen, was er war. Eigentlich hätte der teurere der Rotweine – ursprünglich importiert, um als Vieux Papes, 12° Vin de Table, verkauft zu werden – einen idealen Châteuxneuf-du-Pape abgegeben, aber den englischen Konsumenten war das zu teuer, so daß er mit einem Teil des billigeren 11,5°-Vin de Table verschnitten werden mußte. Was dem einen sein Nuits Saint Georges, ist dem andern sein Beaujolais. Kein Wunder, beklagte sich der französische Leiter des Konzerns: »Ihr Engländer seid furchtbare Individualisten. Jeder will eine eigene Mischung für einen eigenen Wein... Als Folge davon muß ich dauernd den Abfüllvorgang unterbrechen, um Wein von einem Faß ins andere zu pumpen. Und all das nur wegen eines altmodischen Spleens. Das ist nicht, was wir uns unter dieser Operation vorgestellt hatten.«
Nicholas Tomalin gelang es mühelos, auf beiden Seiten des Kanals zuverlässige Quellen ausfindig zu machen, die

sich zu dieser Lücke in der Gesetzgebung äußerten. Ein Mann, der anonym bleiben wollte und als »einer der berühmtesten burgundischen Spediteure« beschrieben wurde, bekannte offen, daß er seinen Beaune mit bis zu einem Drittel Côtes du Rhône anreichere (mindestens waren da die Zutaten etwas kostbarer als in Ipswich!): »Ihr Engländer wollt es ja so, also mache ich es so.« Die logische Folge davon drückte einer seiner Rivalen so aus: »Nehmen Sie zum Beispiel den Nuits Saint Georges. Die Engländer verstehen darunter einen abgerundeten, körperreichen Wein, der unter diesem Namen abgefüllt wurde. Der richtige, harte und trockene Nuits Saint Georges würde dem englischen Konsumenten ganz und gar nicht zusagen.«
Während diese französische Gesinnung zwar zynisch, aber immerhin vom Finanziellen her angemessen erscheinen mag, gibt es für die folgende Äußerung eines öffentlichen Repräsentanten des britischen Weinhandels, nämlich dem Sekretär der nationalen Wine and Spirit Trade Association, keine Entschuldigung. Seiner Meinung nach »ist es für den Weinhandel ganz eindeutig von Vorteil, daß es einfach ein Standardprodukt auf dem Markt gibt, denn die breite Masse der Konsumenten wäre hoffnungslos überfordert, wenn sie mit den Abertausenden von Namen jeder winzigen Gemeinde konfrontiert würde«. Ich kann nur hoffen, daß dies nicht die Meinung der restlichen Mitglieder der Wine and Spirit Association widerspiegelt. Vom eigentlichen Thema abschweifend, fügte er dann noch hinzu: »Man darf nie vergessen, daß der Weinhandel ein außerordentlich ehrliches Geschäft ist. Die Gewinnmargen halten sich in sehr bescheidenem Rahmen.«
Wahrscheinlich findet immer noch ein recht großer Anteil der Leute im britischen Weinhandel, die Einführung der *Appellation Controlée* sei ein Werk des Teufels. Es gibt auch immer noch Geschäftsleute, die frisch fröhlich nach der einstigen Auffassung von dem weiterkalfaktern, was der britische Konsument früher unter Burgunder verstand: in erster Linie einen vertrauten Namen auf dem Etikett und in zweiter Linie einen körperreichen, bekömmlich leichten Wein.
Als ich im Burgund arbeitete, beschwerte sich einer unserer wichtigsten englischen Kunden über unseren Preis für Nuits Saint Georges. In Großbritannien offerierte jemand

Nuits Saint Georges für 20–30 Pfund pro Kiste weniger, als er sich auch bei einer sehr kleinen Marge erlauben konnte. Als ich ihn das nächste Mal traf, öffnete er eine Flasche des betreffenden Weins und bot mir ein Glas zum Kosten an. »Was immer das sein mag«, sagte ich zu ihm, »Nuits Saint Georges ist es auf keinen Fall.« Etwa eineinhalb Jahre später entdeckte man den Schwindel eines Händlers in Ealing, der einem anderen Händler im Londoner West End große Mengen roten Burgunders als Nuits Saint Georges verkauft hatte. Es handelte sich dabei um den Wein, den ich bei dem Händler gekostet hatte. Offenbar war der Wein ohne Hintergedanken an einen Schwindel von einem Händler in Nuits Saint Georges als gewöhnlicher roter Burgunder gekauft worden. Der Händler in Ealing hatte diesen Wein dann als Nuits Saint Georges neu etikettiert und ihn mit einem hübschen Gewinn an den Verteiler im West End weiterverkauft.

Aufgrund meiner Meinung, die ich einige Monate vorher über diesen Wein geäußert hatte, wurde ich als Zeuge für die Verteidigung vorgeladen. Die Verteidigung führte ins Feld, daß kein seriöser Weinhändler einen Wein als Nuits Saint Georges gekauft hätte, wenn dieser Wein offensichtlich ja gar kein Nuits Saint Georges war, und schon gar nicht zu diesem Preis. Da aber im Vorstand der Käuferfirma zwei ausgewiesene Weinkenner saßen, sollten diese einen Nuits Saint Georges sicher erkennen können. Hatten sie Grund zu der Annahme, daß es kein Nuits Saint Georges war, obschon sie der Preis lockte, dann handelte es sich nicht um Betrug – worum es sich dann handelte, war offenbar niemandem so richtig klar. Diese bizarre Logik schien dem Gericht zwar zuzusagen, aber es kam dann doch ins Wanken, als herauskam, daß einer der Direktoren aus der Käuferfirma vom Verkäufer für jede Kiste Wein, den er kaufte, eine bestimmte Summe Schmiergeld erhalten hatte.

Man sollte jetzt denken, daß sich der Verkäufer in diesem Fall glücklich geschätzt hätte, daß er des Betrugs unschuldig gesprochen wurde und daß er fortan ein ehrliches Weinhändlerdasein geführt habe. Mitnichten. Schon nach kurzer Zeit stand er abermals vor Gericht. Diesmal hatte er kleine Mengen von echtem Nuits Saint Georges importiert, inklusive der benötigten Papiere, und daneben eine große Menge von gewöhnlichem französischem Rotwein,

eine kleine Anzahl Chablis, inklusive benötigter Papiere, und eine große Menge von gewöhnlichem französischem Weißwein. Dann machte er sich daran, den gewöhnlichen Rotwein als Nuits Saint Georges zu etikettieren und den gewöhnlichen Weißwein als Chablis. Seine Idee war, daß er bei eventuellen Schwierigkeiten mit den Behörden die offiziellen französischen Papiere für den richtigen Wein vorzeigen konnte. Er vermasselte sich die Sache aber gründlich, weil er die Aufmerksamkeit der Polizei auf sich zog, als er einen seiner Kunden, einen säumigen Zahler, mit viel Tamtam zum Zahlen aufforderte. Dabei fand man heraus, daß er verfälschten Wein verkaufte, und seither steckte er abermals in Schwierigkeiten, weil er sich auch noch in Steuerhinterziehung übte. Vor mir liegt dazu ein neuerer Zeitungsartikel, in welchem ihn ein Richter als »hartgesottenen Gauner und mit allen Wassern gewaschenen Schwindler« bezeichnet.
Für das letzte Beispiel von burgundischem Weinbetrug möchte ich ins Burgund zurückkehren, zu einer Geschichte über Erzeuger-Abfüllungen, über Vins de Table und hohe Preise, über den vielleicht kühnsten Betrugsversuch mit Burgunder in den Vereinigten Staaten – kurz: zur Geschichte des Monsieur Bernard-Noël Grivelet. Die Familie Grivelet war seit einigen Jahren im Chambolle-Musigny etabliert und arbeitete unter dem Familienmotto: »Wir sind perfekt«. Fernand Grivelet, Bernard-Noëls Vater, war Bürgermeister des Ortes und bei der Gründung kurz vor dem zweiten Weltkrieg ein glühender Unterstützer der Contrèrie des Chevaliers du Tastevin. Die Familie besaß ansehnliche Weinberge, von denen aber viele während einer finanziellen Krise in den 50er Jahren verkauft wurden. 1979 war Bernard-Noël Grivelet um die 60 Jahre alt und lebte in komfortabler Behaglichkeit in einem der zwei Châteaux in Chambolle. Er war zum vierten Mal verheiratet, diesmal mit einer Frau aus dem Libanon.
1979 stieg auch die Nachfrage nach gutem Burgunder auf der anderen Seite des Atlantiks sprunghaft an, und so schaltete Monsieur Grivelet eine Reihe von ganzseitigen Inseraten, in denen er eine beschränkte Anzahl Flaschen erstklassigen Burgunders aus seinen eigenen Reben in Chambolle-Musigny sowie Morey-Saint Denis und so prestigeträchtige Namen wie Chambertin und Bonnes-Mares

offerierte. Jede Flasche war numeriert, und es gab auch eine gewisse Anzahl Jeroboam- und Magnumflaschen. Gesamthaft wurden als Folge dieser Inseratekampagne über 5000 Kisten Wein in die Vereinigten Staaten verschifft, und mehr als zwei Drittel davon waren entweder bereits konsumiert oder sonstwie unauffindbar, als die Behörden endlich dahinterkamen, was da eigentlich vor sich ging.

Was da vor sich ging, war folgendes. Monsieur Grivelet hatte in seiner Funktion als Weinhändler eine ansehnliche Menge Wein in seine Keller gestellt, der nicht zu den Appellation-Controlée-Weinen gehörte, und als solche verschiffte er sie auch in die Vereinigten Staaten. Demnach war die Jeroboam Chambertin, die ein wohlhabender Weinliebhaber in Mount Kisko bestellt hatte, für die französischen Behörden nichts weiter als eine etwas überdimensionierte Flasche gewöhnlichen Rotweins. Wieviel Gewinn Monsieur Grivelet mit seiner Bauernfängerei gemacht hatte, konnte nie eindeutig festgestellt werden, aber das Lokalblatt *Le bien Public* rechnete über den Daumen gepeilt eine Summe von einer Million Francs aus. Ich persönlich würde meinen, daß der Gewinn dieser Operation noch erheblich großzügiger ausfiel.

Als Monsieur Grivelet zum ersten Mal angeschuldigt wurde, war er keineswegs kleinmütig und zerknirscht. Im Gegenteil: In einem Interview, das Craig Goldwyn, der Weinkorrespondent der *Chicago Tribune*, mit ihm machte und das im *Wine Spectator* abgedruckt wurde, erklärte Grivelet, die französischen Behörden hätten ihn zum Sündenbock gestempelt, und das, was er getan habe, sei »im ganzen Distrikt gang und gäbe«, und wenn man ihn nicht in Ruhe lasse, werde er »auspacken, was seine Nachbarn so« trieben. Alles, was er getan habe, sei, daß er mit deklassifizierten Weinen aus derjenigen Erzeugung gehandelt habe, die auf dem Etikett angegeben sei. Das war schon längst Tradition geworden im Burgund, und ohnehin waren die Behörden Schwachköpfe, weil sie die Höchstproduktionsmenge ungeachtet der klimatischen Verhältnisse immer gleich festsetzten. Leider war diese Rechtfertigung, die der Journalist Goldwyn vollumfänglich unterstützte, in zweierlei Hinsicht falsch: Erstens gab es »deklassifizierten« Wein, wie er es nannte, seit 1974 überhaupt nicht mehr, und zweitens wurde die Höchstproduktionsmenge entgegen seiner Behauptung für jede Ernte in Absprache mit den ansässigen Winzern neu festgelegt. Und da die Weine, die er vorgab zu verkaufen, aus der Ernte 1976 stammten, war die Situation noch unwahrscheinlicher, denn diese Ernte blieb sehr klein und ergab keinerlei Überschußproduktion.

Eine englische Zeitschrift fragte mich an, ob ich mit Monsieur Grivelet ein Interview machen könnte, um seine Version der Geschichte zu erfahren. Zu meinem Erstaunen war Grivelet nicht nur sofort am Telefon erreichbar, sondern auch bereit, mit mir zu reden, und er redete, und redete, und redete... Seiner Meinung nach lag der ganze Fehler bei »les salopards de l'administration«, die es auf ihn abgesehen hätten. (Es ist vielleicht feiner, der Leser schaue selbst nach, ob er in seinem Wörterbuch die Übersetzung für »salopard« findet, oder daß er sonst seine Fantasie walten lasse.) Weiter behauptete Grivelet, daß seine Weine bei fünfzehn Blindtests am besten abgeschnitten hätten und daß die Behörden die Weingesetze willkürlich anwendeten. Zum Beispiel besagte ein Paragraph des Gesetzes, daß alle Appellation-Controlée-Weine eine chemische Analyse und eine Sinnesprüfung bestehen mußten, bevor sie die nötigen Zertifikate erhielten. Grivelet behauptete nun, die erste solche Prüfung seiner Weine habe am 12. Juni 1979 an der Côte d'Or stattgefunden, und alle seien als großartige Weine gerühmt geworden. Dieses Urteil habe seinen Ruf noch aufgewertet und seinen Umsatz auf das Dreifache erhöht. Und jetzt sei er übrigens gerade kurz vor dem Abflug nach Brasilien, wohin er vom Präsidenten eingeladen worden sei, um die Regierung in der Produktion von Qualitätswein zu beraten!

Trotz aller Bemühungen war Grivelet innert kürzester Zeit bankrott und eine Pariser Finanzgesellschaft kaufte seine Lager für eine lächerliche Summe auf, für weniger als neun Francs pro Flasche, munkelte man. Ein behördliches Gremium mußte in den Kellern jeden Wein neu klassifizieren, wobei gesagt werden muß, daß die meisten Weine nach der Prüfung als gesund eingestuft wurden. Ich selbst habe soeben die letzte Flasche aus Grivelets Weinkeller getrunken und genossen. Wir werden wohl nie mit Sicherheit erfahren, in wieweit Bernard-Noël Grivelet ein Schwindler war. Was immer er sonst noch getan haben mag, mir jedenfalls hat er ein paar Flaschen erfreulichen Burgunders (?) zu einem anständigen Preis beschert. Die Rechtfertigung, »alle andern machen das auch«, ist übrigens nicht nur bei den Franzosen beliebt, wenn sie die Gesetzesregeln etwas großzügig ausgelegt haben. Einer der erfolgreichsten und besten Standardrotweine in Australien ist der Long Flat Red vom Weingut Tyrrell Winter in Pokolbin, im Lower Hunter Valley in New South Wales. Dieser Wein wurde etikettiert als Hunter Valley Wine, ein Name, der zumindest in Sydney den Weinkennern das Wasser im Mund zusammenlaufen läßt. Im selben Maß, wie eine Weinmarke erfolgreicher wird, steigt auch der Druck auf den oder die Erzeuger, noch mehr davon zu produzieren. Genau das passierte auch dem Long Flat Red, und dann brachte eine Fernsehsendung an den Tag, daß offenbar ein schöner Teil des Verschnitts aus anderen Quellen stammte.

Murray Tyrrell ist berüchtigt dafür, daß er verbal kurzen Prozeß macht mit »sogenannten Weinexperten«. Er pflegt zu sagen: »Das Weinmachen ist ein sehr ernstes Geschäft, ein Jammer, daß man Weinkritiker damit herumkalfaktern läßt.« Von einem solchen Mann hört sich die Ausrede, »alle andern machen es auch«, etwas gar fad an!

Monsieur Grivelet deutete an, was man ihm vorwerfe, sei nur die Spitze des Eisbergs. Stimmt das? Wieviel Schwindel und unlautere Geschäfte gibt es im Burgund wirklich? Ich glaube, wirklich schwerwiegender Betrug kommt eher selten vor, und sicher nicht öfter als anderswo in Frankreich. Die aufgesplitterte Weinhierarchie des Burgunds bietet sicher eine gewisse Verlockung für kleinere Machenschaften, was gewissermaßen noch unterstützt wird durch die Konsumenten, die entweder einen Weinstil verlangen, der nicht zur Region paßt oder eine Menge, die die Region nicht produzieren kann. Unbestritten ist, daß zum Beispiel auf der ganzen Welt viel mehr Chablis verkauft wurde, als die Region hervorbringen konnte, bevor die Rebkulturen ausgedehnt wurden, selbst wenn man die regionalen Abarten wie etwa den Californian Chablis nicht mitzählt.

Was den Stil eines Weines betrifft, so schrieb Stephen Gwynn, wohl einer der gebildetsten Männer seiner Zeit und Autor eines der ersten Bücher über das Burgund und seine Weine, über den Côte Rotie, Hermitage und Châteauneuf-du-Pape: »Diese Weine widerspiegeln mit ihrer Kraft und ihrem allgemeinen Charakter das Land, aus dem sie kommen, aber sie haben weder die außergewöhnlich schöne Farbe noch den Duft oder das Bukett, das nur solche Weine auszeichnet, die nicht so leicht gewachsen sind.« Damit spricht er gleich zwei Probleme des Burgunders an: Zu viele Leute glauben, daß die Burgunderweine wie Weine von der Rhône schmecken müssen; klimatisch ist das Burgund eine schwierige Region, um guten Wein zu erhalten.

Erhöhtes Verantwortungsbewußtsein auf der Seite der Erzeuger und eine verfeinerte Behandlung der Reben tragen dazu bei, daß es heute keinen schlechten Burgunder mehr geben muß. Das verbesserte Verständnis zwischen Konsumenten und Händlern trägt dazu bei, daß die Qualitätsanforderungen eher erfüllt werden können. Im Burgund trifft jedoch mehr als anderswo die Tatsache zu, daß es nicht genügt, die besten Weinberge zu kennen, sondern daß man auch die besten Winzer und Händler kennen muß.

Ist es bereits ein Betrug, wenn ein Wein aus Kalifornien, Australien oder Neuseeland als Chablis oder Burgunder bezeichnet wird? Viele Leute werden das bejahen. Gelinde ausgedrückt, ist es jedenfalls so etwas wie das Schmücken mit fremden Federn. Zum Glück scheint diese Mode aber langsam an Attraktivität zu verlieren. Ein Druckmittel in dieser Richtung sind einerseits die Bestimmungen der Europäischen Gemeinschaft, andererseits das aufkommende Bewußtsein, daß ein Wein sich seinen eigenen Charakter und seine Bezeichnung selbst erarbeiten muß, wenn er wirklich einen großen Namen haben soll. Das Burgund wurde innerhalb seiner Grenzen schon zu viel mißbraucht, als daß es noch eine künstliche Konkurrenz von außen nötig hätte. Anthony Hanson schreibt in seinem Buch *Burgundy*, einem Buch, das dort des Lobes voll ist, wo es verdient ist, das aber auch mit angebrachter Kritik nicht hinter dem Berg hält: »Seit Jahrhunderten hat das Burgund einige der besten Weine der Welt hervorgebracht, Weine, die ihrer Tradition verpflichtet sind und bei allen Weinliebhabern großes Ansehen genießen.« Hoffen wir, daß diese Tradition auch weiterhin gepflegt werden kann.

4. Schäumende Träume

»Ganz wichtig ist es aber, dem Leser klarzumachen, daß man die Herstellung von Champagner nicht auf die leichte Schulter nehmen darf. Diese Arbeit muß mit viel Liebe getan werden, und das geht nur, wenn man die Champagnerherstellung mit Leib und Seele als Hobby betreibt und nicht bloß als Mittel zum Zweck.« Das ist nicht etwa eine Übersetzung aus einer französischen Anleitung für die Champagnerbauern des 18. Jahrhunderts, sondern ein Ausschnitt aus einem Buch mit dem Titel *Making wines like those you buy*, das 1964 zum ersten Mal erschien und bis jetzt scheinbar mehr als 350 000 Mal verkauft wurde. Ich begegnete dem Buch zum ersten Mal vor einigen Jahren in einem Buchantiquariat in San Francisco und quittierte es damals mit einem Schulterzucken, in der Meinung, es handle sich um ein Relikt aus der Zeit, da Weinnamen so gut wie gar nicht geschützt waren. Das Exemplar, das ich jetzt vor mir habe, ist die vierte Ausgabe der dritten Auflage aus dem Jahre 1985. Es scheint, daß zumindest in England jeder Laie nach Lust und Laune Wein herstellen und das Endprodukt nennen kann, wie er will. Nicht nur der Champagner wird dazu mißbraucht; der Klappentext jubiliert: »Sie (die Autoren) zeigen Ihnen, wie Sie zu Hause Wein herstellen können, der sich in nichts von gekauftem Wein unterscheidet: Sie produzieren ihren eigenen Sherry, Port, Vermouth, weißen, roten oder rosé Tafelwein, Sauternes, weißen Rheinwein, Moselwein, Madeira und Champagner.« Was immer man auch davon halten mag, die Tatsache, daß der geneigte Leser aufgefordert ist, seinen eigenen »Champagner« herzustellen, birgt vielleicht eine gewisse Weisheit in sich, war es doch England, das den Champagner schuf, den wir heute kennen.

In den allermeisten Büchern über Champagner liest man, daß Dom Pérignon, aus der Abtei von Hautvillers, verantwortlich ist für die drei wichtigsten Faktoren bei der Champagnerherstellung: Gärung in der Flasche, Gebrauch von speziellen Korken und die Erkenntnis, daß

Verschnitte aus verschiedenen Gegenden der Champagne ein besseres Endprodukt ergeben als ein einziger Grundwein. Der segensreiche Mönch mag wohl verantwortlich sein für letzteres, aber die beiden ersten Faktoren sind ziemlich sicher auf den Weinhandel in London zurückzuführen, vielleicht, um den guten Ruf des Champagners vor den sonst üblichen Mißbräuchen in dieser Stadt zu schützen.

Der Champagner genießt schon sehr lange ein überdurchschnittlich hohes Ansehen. Die Champagnerregion hatte den großen Vorteil, in der Nähe von Paris zu liegen und über die Marne auf dem Wasserweg leicht erreichbar zu sein. Während gut hundert Jahren war die große medizinische Frage des täglichen Lebens, welches der gesündere Trunk sei: Burgunder oder Champagner. Zuguterletzt entschieden sich die weisen Doktoren für den Champagner, aber der Entscheid war noch lange Gegenstand hitziger Debatten. 1771 erschien ein siebenbändiges Lyrikwerk in Latein namens *Hygieine sive ars sanitatem conservandi*, das Auskunft gab über die heilsame Wirkung verschiedener Lebensmittel. Der Autor Etienne-Louis Geoffroy nennt den Burgunder bei den Weinen an erster Stelle und den Champagner, *Vino Exhilarans tenui mensas festiva*, an zweiter. Dies scheint einer allgemein akzeptierten Meinung zu entsprechen, denn Monsieur Vernage, der Zensor, schreibt im Vorwort: »Auf Befehl des Kanzlers habe ich ein exzellentes Gedicht über die Hygiene oder die Kunst, gesund zu bleiben, in Latein gelesen; ich habe darin nichts gefunden, was dem Druck des Werkes im Wege stehen könnte.«

Der französische Weinhistoriker Henri Enjalbert schrieb einmal: »...das Komische ist, daß die ersten schäumenden Champagner in London erzeugt wurden. Dies ist dem durchschlagenden Erfolg der »englischen Methode« zuzuschreiben, die etwa von 1665 bis 1685 die häufigste Bereitungsmethode war und die etwas zweifelhafte »venezianische Methode« als Vorbild hatte. Wein aus der Champagne wurde nach London importiert, wo er in Fässern ankam und nach Beigabe von gewissen Gewürzen und anderen Zutaten wie Zimt, Nelken und vor allem Zucker oder Melasse in Flaschen abgefüllt wurde. Als Folge davon begann der Wein aus Sillery oder Ay nochmals zu gären und entwickelte Kohlensäure.«

»Die Vorliebe für diese ›schäumenden Weine‹ war so groß, daß man bald davon träumte, sie auch im Ursprungsland zu produzieren. Als erstes brauchte man dazu gute Glasflaschen wie die englischen Modelle, die 1662 patentiert worden waren, und Drahtkörbchen zur Sicherung der Korken, wie sie zu der Zeit in London üblich waren. Beides wurde in Reims und Epernay erst zwischen 1695 und 1700 gang und gäbe.«

Die Bestätigung dieser Entwicklung in den Londoner Kellern ist in einem Dokument zu lesen, das ein Doktor Merret der Royal Society schon 1675 präsentierte, also zu einer Zeit, da Dom Pérignon gerade 36 war und 40 Jahre vor seinem Tod. »Unsere alten Küfer«, schrieb Doktor Merret, »schütten große Mengen von Zucker und Melasse in alle möglichen Weine, um sie spritzig und schäumend zu machen und ihnen Geist zu geben sowie um einen schlechten Geschmack zu übertönen, den Rosinen und ungegorener oder halb gegorener Traubensaft produzieren. Die Weine der Champagne werden nicht speziell erwähnt. Kurz von der oben zitierten Information steht übrigens der Satz: »Die Weinhändler auf dem Land füttern ihre schäumenden Weine mit rohem Rindfleisch«, was in der Fantasie ein hübsches Bild von Zoowärtern hervorruft, die wilden Bestien Fleischbrocken in die Käfige werfen!

Wie die meisten Zeiterscheinungen teilte die neue Vorliebe für Schaumweine die Weinwelt in der Champagne in Traditionalisten, die diese Weine grundsätzlich ablehnten, und in jene, die diese Weine genauso vehement in Schutz nahmen. Der Handel mit Flaschenwein nahm so rapide zu, daß der Bürgermeister von Reims 1725 eine Petition einreichen mußte, damit er den Wein in Weidenkörben in die Normandie verschicken durfte, bevor sie von den das Monopol erhaltenden Häfen Rouen, Caen, Dieppe und Le Havre aus ins Ausland verschifft werden konnten. Man sagt, Madame de Mailly, der »ersten« Mätresse Ludwigs XV. sei es zu verdanken, daß der schäumende Champagner am Königshof Mode wurde.

Man stritt sich aber nicht nur darüber, ob der neumodische Wein zu befürworten sei oder nicht, sondern auch darüber, *was* den Wein in der Flasche denn eigentlich schäumen ließ, und es ist gut möglich, daß sogar in der Champagne der erste Champagner nicht vollständig naturbelassen war. Das erste Sachbuch, das sich auf

Champagner spezialisierte, war das 1718 von Canon Godinot herausgegebene *The manner of cultivating vines and making wines in Champagne*. Der Untertitel läßt vermuten, daß man der Meinung war, die Weine der Champagne seien nichts besonderes: *Und was man in den anderen Provinzen nachahmen kann, um perfekten Wein zu erhalten.* Canon Godinot schrieb: »Die Gemüter scheiden sich an dieser Art von Wein; manche glauben, es seien Drogen darin, die den Wein so schäumen ließen, andere führen das Schäumen auf die Unreife des Weines zurück, weil die meisten der Schaumweine sehr unreif sind; wieder andere schließlich glauben, der Mond habe einen Einfluß darauf, je nachdem, wann der Wein abgefüllt worden sei.«

Auf jeden Fall bereitete das Schäumen denjenigen Erzeugern handfeste Probleme, die sich für den neumodischen Wein entschlossen hatten. Ein Händler schrieb, daß er 1746 6000 Flaschen sehr süßen Wein produziert habe und alle bis auf 120 explodiert seien. Im folgenden Jahr machte er den Wein weniger süß und verlor ein Drittel seiner Produktion; 1748 war der Wein körperreicher und trockener, und der Verlust betrug nur noch ein Sechstel. Diese Zahlen, die Maumené anführt, scheinen die allgemeinen Schwierigkeiten widerzugeben. Die einfache Lösung, daß man nur den höchsten Anforderungen gerecht werdendes Qualitätsglas verwenden durfte, schien sich noch nicht durchgesetzt zu haben. Godinot riet, die Flaschen nicht ganz zu füllen, andere, daß die Keller möglichst kühl sein sollten. Das Leben der Champagnerhersteller muß jedenfalls recht kurzweilig gewesen sein, mit all den explodierenden Flaschen zur selben Jahreszeit. Während einerseits zu viel Kohlensäure ein Problem war, gab es auch das Gegenteil: Ein Buch, das Ende des 18. Jahrhunderts herauskam, beschreibt, daß auch fehlendes Schäumen nicht unbekannt war und daß die Weinhersteller bestimmte Zutaten brauchten, um die Schäumung anzuregen. Ein zeitgenössischer Übersetzer schrieb folgendes: »Während etwa zwanzig Jahren haben die Franzosen eine ausgesprochene Vorliebe für Schaumwein entwickelt und haben sich ganz wunderbar damit die Zeit vertrieben, wenn man so sagen darf. In den letzten drei Jahren sind sie wieder ein wenig davon abgekommen.«

»Es stimmt, daß es viele Weinhändler gibt, die angesichts

der Beliebtheit ihrer schäumenden Weine oftmals Alaun, Weinbrand und Taubenmist und viele andere Mittel dem Wein beimischen, um ihn so recht schäumen zu lassen. Aus Erfahrung weiß man aber mit Sicherheit, daß der Wein schäumt, wenn man ihn in der Zeit zwischen der Ernte und dem Monat Mai in Flaschen abfüllt; manche Leute behaupten auch, daß er um so mehr schäumt, je schneller man ihn nach der Ernte verarbeitet. Es gibt viele, die diese Meinung nicht teilen; dennoch ist es ganz klar, daß der Wein nie so gut schäumt, wie wenn man ihn gegen Ende des zweiten Viertels des Monats März in die Flaschen abfüllt, und das ist immer dann, wenn die *Heilige Woche* nicht mehr weit ist. Dann braucht der Wein keinerlei künstliche Zusätze, man kann immer sicher sein, einen wunderbar schäumenden Wein zu haben, wenn man ihn zwischen dem zehnten und vierzehnten März abfüllt; diese Erfahrung bestätigt sich immer wieder, so daß keine Zweifel darüber herrschen können.«

Das Problem des Champagners – nachdem er nun so richtig schäumte – war die Nachschubbeschaffung, als die Nachfrage anstieg. Die Tatsache, daß der Champagner nur in einer eng umgrenzten Region erzeugt wird und daß der Bereitungsprozeß alles andere als billig ist, hat diesen Wein zu einem Luxusartikel gemacht, wobei billige Imitate natürlich immer eine Lücke fanden, die sie dank der niedrigen Preise ohne weiteres füllen konnten. Anfangs des 19. Jahrhunderts florierte der Handel mit sogenanntem Champagner aus Stachelbeeren oder gelegentlich auch Rhabarber. Diese Art von Schwindel war unter anderem möglich, weil aus der Champagne Erzeugnisse in einer sehr breiten Palette an unterschiedlichen Qualitäten und Preisen kamen. Das war Grund genug, einfach den billigsten zu kaufen und ihn dann eventuell wegzuschütten oder ihn zu verschneiden und als ganz gewöhnlichen Wein zu verkaufen. Die Flaschen, Korken und Etiketten waren allein schon fast den Preis der Flasche mit Inhalt wert. Die Flaschen wurden dann mit Stachelbeerwein aufgefüllt und unter so fantasievollen Namen wie »erstklassige Qualität«, »Fleur de Sillery« oder gar »Crème de Bouzy« verscherbelt. Dem gewieften Händler ermöglichten die damaligen Alkohollizenz-Vorschriften eine sehr flexible Auslegung. Die Behörden kontrollierten nur Weine, die in Großhandelsmengen von

zwölf oder mehr Flaschen verkauft wurden, kleinere Mengen waren von der Menge echten importierten Champagners nicht tangiert. Wenn man seinen Umsatz schön im Gleichgewicht zwischen diesen Mengen balancieren konnte, war es möglich, bei einem ursprünglichen Kontingent von vielleicht sechs Kisten des schlechtesten Champagners fast unendlich viele Flaschen umzusetzen.
Außerdem gab es für Kellner mehrere verlockende Gründe, den Händlern die Flaschen und Korken zurückzugeben, so daß sie zum reibungslosen Ablauf in der Verteilerkette wiederverwertet werden konnten. Ein zeitgenössischer Autor rechnete aus, daß es ein leichtes war, sogenannten Champagner inklusive der Kosten für die ursprüngliche Alibisendung von echtem, wenn auch billigstem Wein für 21 Shilling das Dutzend zu produzieren und umgehend für 63 Shilling das Dutzend wieder abzusetzen. Man sieht, es lohnte sich also finanziell durchaus, diese Branche des Weinhandels zu betreiben.
Schon damals gab es wie heute große Qualitätsunterschiede zwischen den verschiedenen Champagnerweinen. Auch die Preise waren sehr unterschiedlich, vor allem, weil das Risiko meistens beim Käufer lag. Er mußte sich damit abfinden, daß eventuell Flaschen explodierten. Cyrus Redding gibt uns ein paar Beispiele dafür: »1818 wurden Schaumweine (vom Produzenten in der Champagne) zwischen 1 Franc 15 Cents und 1 Franc 50 Cents einen Monat nach der Flaschenabfüllung verkauft... Diese Weine waren von sehr schlechter Qualität, und da sie gezuckert und mit Weingeist angereichert waren, mußte man sie unverzüglich konsumieren... Einige der Erzeuger und Händler behalten nur Champagner der besten Klasse und verkaufen ihn nie unter drei Francs, auch wenn die Ernte noch so groß war. Dies sind die Leute, von denen man den Wein kaufen sollte.« Dann kommt er nochmals auf die billigeren Weine zu sprechen: »Jene, denen ihre Verdauungsorgane nicht ganz gleichgültig sind, sollten ihn meiden wie die Pest, denn wenn einerseits guter Champagner etwas vom Vollkommensten ist, so ist andererseits ein schlechter Champagner etwas vom Schädlichsten.«
Obwohl offenbar in der Champagne selbst eine ganze Menge minderwertigen Champagners produziert wurde, wollten bald auch andere Regionen am Champagnersegen

teilhaben. Das Loiretal war eine Region, die den Durchbruch in dieser Hinsicht erfolgreich schaffte. Charles Tovey schrieb um 1870 herum, daß er »eine große Anzahl Fässer von Weißem Loirewein am Bahnhof von Ay gesehen« habe. Er zweifelte keine Sekunde daran, daß dieser Wein dazu bestimmt war, in Champagner verwandelt zu werden. Während er den Weinen der Loire an sich großen Respekt zollt, hält er diese Praxis für »einen ausgemachten Schwindel, denn die Preise für Saumur-Wein sind durchschnittlich halb so hoch wie für die minderwertigen Champagnerweine«.

Obwohl Mr. Tovey einen eigenen Weinhandel in Bristol betrieb und daneben noch schrieb, sah er sich gerne in der Rolle eines Detektivs. Mehrere Jahre lang hatte er angenommen, der Grund für die niedrigen Preise einiger Champagner liege darin, daß Weine aus anderen Regionen Frankreichs »geschäumt« würden. Erst 1865 stolperte er sozusagen über den wahren Sachverhalt. Er erzählt die Geschichte folgendermaßen: »Ich hatte einige Champagnerproben von einem Händler erhalten, der vorgab, in Ay ein Haus zu haben. Seine Briefe waren denn auch in dieser Stadt abgestempelt, und die Etiketten auf den Flaschen sowie die Korkenmarke ließ keinen Zweifel darüber aufkommen, daß hier alles mit rechten Dingen zuging. Die Qualität des Weines konnte sich auch sehen lassen, und die Preise waren erheblich niedriger als für Stillweine derselben Qualität. Da ich 1865 geschäftlich in der Champagne zu tun hatte, ging ich auch nach Ay, um meinen Briefpartner aufzusuchen. Dort mußte ich feststellen, daß er kein Haus in Ay hatte und daß die Briefe, die an ihn adressiert waren, auf der Post nach Saumur weitergeleitet wurden, wo er einen Betrieb zur Herstellung von Schaumweinen hatte. Auf meinem Weg nach Süden passierte ich Vouvray und Saumur. Dort fand ich meinen Briefpartner mitten in den Erntearbeiten. Als ich ihn darauf ansprach, warum er mir eine falsche Adresse genannt habe, erklärte er, wenn er seinen Wein nicht als Produkt aus der Champagne verkaufe, könne er mit Großbritannien keine Geschäfte machen. Des weiteren erklärte er, daß er laufend viele hundert Hektoliter und Tausende von Flaschen seines Weins nach Epernay und Rheims schicke, die zweifelsohne von dort aus ihren Weg nach Großbritannien und anderen Teilen der Welt fanden.

Da ich prinzipiell gegen solche Täuschungsmanöver bin, kaufte ich weder in Saumur noch in Vouvray etwas ein. Die ganze Geschichte publizierte ich in einem Brief in der Wine Trade Review vom November 1865. Weitere Anschuldigungen haben bewirkt, daß der Wein jetzt unter seinem richtigen Namen geführt wird, und im Inserateteil der Wine Trade Review erscheint jetzt eine Liste mit dreizehn Saumur-Firmen mit ihren Londoner Filialen, bei denen Preislisten und Proben bestellt werden können.« Mr. Tovey war also mit seiner Anklage erfolgreich, was leider nicht von jedermann gesagt werden kann. In den 1820er Jahren machte eine Wochenzeitung die unlauteren Machenschaften einer Firma publik, die unter der Bezeichnung »erstklassiger Champagner« Pseudochampagner offerierte. Der Händler klagte den Kläger wegen Verleumdung an und gewann den Prozeß vollumfänglich. Das Problem der importierten Weine führte schließlich zu den Aufständen, die die Champagne 1911 erschütterten. Nicht nur Mitglieder des britischen Weinhandels machten sich darüber Sorgen. 1897 publizierte N.E. Legrand, Sekretär bei der regionalen Handelsgesellschaft, das Buch *Champagne*, das nur in sehr kleiner Auflage erschien. John Arlott zitiert ihn in seinem Buch *Krug: House of Champagne:* »In den Zentren unserer Handelsregion haben sich ein paar Produzenten niedergelassen, die aus minderwertigem, billigem Wein aus anderen Distrikten Schaumwein produzieren. Diejenigen, die diesem neuen Handelszweig zugetan sind, haben keine Skrupel, diese trügerischen »Champagner«-Flaschenknaller unter dem vorgetäuschten Namen des echten Champagnerweins zu verkaufen.«
Schon im einführenden Kapitel habe ich angedeutet, mit welch erschreckender Rasantheit sich die Champagner-Unruhen entwickelten und welche Folgen sie hatten. In mancherlei Hinsicht haben sich die Probleme dieser Region jedoch wenig verändert. Die Umsatzzahlen steigen zwar, höchstens unterbrochen durch ein oder zwei kleinere Rückschläge, unaufhaltbar weiter an, aber man kann leider nicht behaupten, daß viel unternommen wurde, um auch die Qualität zu verbessern. Die Anbauflächen wurden fortlaufend ausgedehnt und schließen jetzt vor allem im Département Aisne auch solche Weinberge mit ein, die höchstens Weine von mittlerer Qualität

hervorbringen. Der Ertrag pro Hektar wird ebenfalls fortlaufend erhöht und hält heute, abgesehen vom Elsaß, in Frankreich die Spitzenposition; diese Tatsache wird aber dadurch vertuscht, daß der Ertrag statt wie überall sonst in Hektolitern pro Hektar in Kilo pro Hektar angegeben wird. Nach dem Gesetz sollte der Ertrag 50 Hektoliter pro Hektar nicht überschreiten. Es ist jedoch statthaft, diese Zahl je nach Ernte zu variieren. Heute muß man leider sagen, daß der Ertrag pro Hektar meistens bei 85 Hektoliter liegt statt bei den vorgegebenen 50.

Früher fand der erste Gärvorgang immer in kleinen Eichenfässern statt, was dem Wein seinen urtümlichen Charakter verlieh. Meines Wissens gibt es heute nur noch zwei Firmen, die nach dieser Methode arbeiten. Heute ist nur noch rostfreier Stahl gut genug... Früher wurden einzelne faule Beeren vor dem Keltern von Hand herausgelesen, so daß nur die ganz schönen Beeren in den Wein kamen. Ich wage zu bezweifeln, daß es heute auch nur bei zwei Firmen noch so gemacht wird. Und parallel dazu steigt der Realpreis für Champagner weiterhin stetig an. Würde dafür auch mit größerer Sorgfalt und Liebe gearbeitet, nähme man das ja gerne in Kauf, aber die Realität sieht leider anders aus.

Das eigentliche Problem liegt darin, daß die Champagnerbereitung ungefähr mit einer Berg- und Talbahn vergleichbar ist. Pierre-Marie Doutrelant formuliert es folgendermaßen: »Wenn der Weltfinanzmarkt sich verkühlt, liegt das Champagnergeschäft sogleich krank darnieder. Wenn es der Wirtschaft gut geht, floriert das Champagnergeschäft wie nie zuvor.« Wenn schon die international tätigen Wirtschaftsfachleute Mühe haben, Tendenzen richtig vorauszusagen, wie sollten es dann erst die Champagnermagnaten können? Wenn das Geschäft floriert, haben die Champagnerhäuser oft Mühe, die Nachfrage zu decken. Sie sind an eine Region gebunden, die in jeder Beziehung mit einem Randgebiet der Weinproduktion zu tun hat. Es braucht die hohen Erträge in guten Erntejahren, um die schlechten Jahre damit ausgleichen zu können. Wenn der Umsatz steigt, müssen Trauben dazugekauft werden, ungeachtet des Preises oder der Qualität. In seinem Buch *Les bons vins et les autres* zitiert Monsieur Doutrelant zwei bezeichnende Aussagen, welche die Geschäftsdirektoren von bedeutenden Champagnerhäusern über die

Ernte 1972 gemacht haben. Der erste sagte: »Wir hätten höchstens die Hälfte der 72er Ernte brauchen sollen – es war eines der schlimmsten Jahre, die ich erlebt habe.« Und der zweite ergänzte: »Wenn eine Firma sich weigerte, beim Erzeuger eine Ladung verfaulter Trauben zu kaufen, standen schon zehn weitere an, die das Zeugs noch so gerne kauften.« Eine mögliche Antwort auf solche Kritik ist die, daß die moderne Technik heute viele Nachteile vertuschen kann, die sich früher beim Einsatz von minderwertigen Grunderzeugnissen unweigerlich negativ aufs Endprodukt ausgewirkt hätten. Obschon diese Ansicht ein Körnchen Wahrheit in sich birgt, ist es doch sehr gefährlich, wenn man sie in aller Konsequenz in der Praxis anwendet.

Heutzutage definiert sich Champagner anhand der Marke. Es gibt zwar Hunderte von kleinen Champagnerfirmen und Erzeugern, die den Wein unter ihrem eigenen Namen produzieren und verkaufen, aber das ganze Geschäft wird doch von den großen Häusern dominiert, welche mehr und mehr zu ganzen Gruppen fusionieren. So verschiedene *Marques* wie Charles Heidsieck, Veuve Clicquot, Henriot und Canard Duchêne gehören heute zu ein und demselben Imperium. Man kann davon ausgehen, daß die eine Marke auf dem Markt großen Erfolg hat, während eine andere vernachlässigt wird. Man kann auch annehmen, daß ein guter Grund für solch rationales Geschäftsgebaren darin liegt, daß das Aktienkapital verteilt ist. Auf jeden Fall betreiben die großen Kooperativen als Grundlage für das tägliche (Butter-)Brot den Verkauf von *Vin sur latte* (das heißt, unetikettierte Flaschen, die im Weinkeller nachreifen) an die großen Champagnerhäuser. Es ist gut möglich, daß zwei verschiedene und einander konkurrierende Marken absolut den gleichen Wein in ihren Flaschen haben. Die Champenois ziehen es aber vor, diesen Fragenkomplex nicht zur Sprache zu bringen. Ganz sicher ist diese Taktik wirtschaftlich erfolgversprechend; das Problem liegt nur darin, daß das Öffentlichwerden dieser Tatsache die Glaubwürdigkeit einer Marke ruinieren würde; ich habe aber irgendwo mal gelesen, daß eine durchschnittliche Champagnermarke bis zu zehn Prozent ihres Umsatzes in Werbung und Public Relations investiert. Beim Champagner ist das *Image* eben alles. Einer der großen Nachteile eines Luxusobjekts liegt in der

Nachahmung. So wie es nachgemachte Rolexuhren und Imitations-Gucci-Ledertaschen gibt, so gibt es auch Pseudochampagner. Die Flasche mag zwar in jeder Hinsicht wie eine echte Veuve Clicquot wirken, aber der Inhalt ist alles andere als echter Veuve Clicquot. Der Grund dazu liegt in den besonderen Schwachstellen im ganzen Verkaufsmuster des Champagners. Oft wird Champagner nicht konsumiert, weil man Freude am Genuß hat, sondern weil es eben zum guten Ton gehört, Champagner zu trinken. Ob einer am Pferderennen gewonnen hat (Dick Francis hat sogar einen Roman über gepanschten Champagner geschrieben, der bei solcher Gelegenheit die Runde machte), ob einer ein attraktives oder allzeit bereites Mädchen im Nachtklublokal einlädt, ob einer Hochzeit feiert – Champagner paßt zu jeder Gelegenheit. Champagner ist das klassische Getränk für einmalige Gelegenheiten. Die meisten Leute, die in einem solchen Moment Champagner bestellen, haben nur eine sehr vage Ahnung davon, was sie erwarten können. Und überhaupt: Wer will schon einen solchen Anlaß ruinieren, indem er eine schlechte Flasche griesgrämig zurückweist? Sehr oft sind solche Flaschen so sorgfältig eingewickelt wie ein neugeborenes Baby, damit ja kein Eckchen des Etiketts hervorlugt. Eine beliebte Variante des Kellners lautet: »Tut mir leid, das Etikett hat sich im Eiskübel gelöst.« Ich bin sicher, daß unter vergleichbaren Bedingungen mehr Wein als Champagner ausgegeben wird als irgendein anderes alkoholisches Getränk. Nicht so genau weiß ich allerdings, wie groß zum Beispiel der Anteil an falschem Veuve Clicquot daran ist. Die meisten Betriebe scheinen eine Art Gaunergalerie an Produkten heraufzubeschwören, die aussehen wie das echte Produkt; im Magazin *Impact* stand kürzlich zu lesen, daß Veuve Clicquot »Hunderte von Imitationsprodukten rund um die Welt gefunden« habe. Auch künstlicher Mumm-Champagner soll in Italien aufgetaucht sein. Es ist auf jeden Fall schwierig, diese besondere Art von Betrug richtig einschätzen zu können.

In gewisser Hinsicht sind die Champagnererzeuger auch keine Engel, sondern richten es gerne so ein, daß sie auf zwei Hochzeiten tanzen können. Viele von ihnen unterhalten ein Weingut in einem anderen Erdteil, wo sie Schaumweine produzieren. Für diese Taktik gibt es mei-

stens dreierlei Gründe. Zuerst einmal schwanken die Champagnerverkäufe auf dem französischen Markt gerne je nach Preislage. Wegen seiner besonderen ökonomischen Bedeutung tendieren die Champagnerpreise je nach Angebot zu steigen oder zu fallen. Wenn die Preise steigen, erhöht sich die Nachfrage nach billigerem, minderwertigem Champagner sowie nach den flaschengegärten Qualitätsweinen französischer Herkunft wie etwa dem Crémant de Bourgogne oder dem Crémant de la Loire. Ein zweiter Grund ist der, daß in vielen Ländern mit Fremdwährungsmangel der Import von Champagner entweder verboten oder mit unrealistisch hohen Einfuhrzöllen belegt ist. Der dritte Grund ist der, daß die großen Champagnerhäuser nicht ganz zu Unrecht ihre *Marques* als Qualitäts-Sortennamen verstehen. Es spricht also einiges dafür, die erstklassigen Schaumweine in einer anderen prestigeträchtigen Gegend zu produzieren.
Aus dem ersten Grund gibt es eine Ballung von Champagnerbetrieben im Loire-Tal, das im letzten Jahrhundert Erzeugerregion von Basisweinen für Champagner war und heute wahrscheinlich nebst der Champagne das höchste Ansehen unter den Schaumweinregionen Frankreichs genießt. Außerdem wird im Loire-Tal mit Ausnahme der Champagne weitaus am meisten Wein mit Flaschengärung produziert. 1984 betrug die Champagnerproduktion ungefähr 188 Millionen Flaschen und die Produktion von anderen französischen Schaumweinen ungefähr 167 Millionen Flaschen, davon wurden 54 Millionen nach der *Methode Champenoise* bereitet, und wiederum 24 Millionen Flaschen davon kamen aus dem Tal der Loire.
Unter den ausländischen Champagnerhäusern hat wahrscheinlich Moët et Chandon die größten Expansionsgelüste. M. Chandon ist in Deutschland ein Verkaufsschlager, genauso wie M. Chandón in Argentinien. Es existieren Produktionsbetriebe in Portugal und Brasilien sowie die Vorzeigedomäne Chandon in Yountville im Napa Valley. Zur Zeit scheinen vor allem Kalifornien und Australien die Champagnerfirmen anzuziehen, aber auch verschiedene, auf den ersten Blick etwas unrealistisch anmutende Unternehmungen wie die Eröffnung eines Betriebes in Korea unter der Führung von Champagne Deutz, um flaschengegärte Weine zu produzieren.
Ein immer wieder anzutreffendes und recht delikates

Problem ist die Angewohnheit vieler dieser Länder, jeden Schaumwein, ganz gleich, wie er bereitet wurde, Champán, Champaña, Champagne oder so ähnlich zu nennen. Spanien nennt zwar seine eigenen Weine seit dem EG-Beitritt nicht mehr Champán oder Champaña, aber diese Bezeichnung sieht man noch immer zuhauf an Reklamewänden; als ich kürzlich in Barcelona war, sah ich zudem eine ganze Reihe von Inseraten, die mich in eine Xampaneria einluden, wo ich eine schöne Palette von Cava-Weinen degustieren sollte. In einem solchen Land oder auch in Australien oder den Vereinigten Staaten, wo das Wort »Champagner« für die einheimischen Produkte gebraucht werden darf, ist es für ein französisches Champagnerhaus besonders wichtig, sich nach allen Seiten abzusichern, wenn es darum geht, das eigene Produkt zu benennen.

Ein gutes Beispiel für einen solch delikaten Umgang mit Namen ist M. Chandón in Hinsicht ihrer argentinischen Weine. Ich zitiere aus *Los buenos vinos Argentinos* von Enrique Queyrat: »Obwohl ich das Wort *Champana* von ganzem Herzen hasse, werde ich es gebrauchen, wenn ich von M. Chandón spreche, denn die Firma besteht angesichts der soeben von den Champagnerproduzenten zu Recht eingeführten Gesetzesregelung darauf, daß man das Wort *Champana* brauche anstatt *Champagne*.

Da ist die Verbindung zwischen Piper-Heidsieck aus Reims und indischen Partnern zur Produktion von flaschengegärten Weinen in Indien schon weniger geglückt. Man sagte mir zwar, der Wein sei vorzüglich, aber ich habe dennoch das Gefühl, daß die Art und Weise, wie die Firma das Ganze angeht, einiges zu wünschen übrig läßt. Zum ersten wird die Firma Champagne India Ltd. genannt, und das vorgeschlagene Etikett lautete:

Marquise de Pompadour
Grand Mousseux
Qualité Supérieure
750 ml   12,5% by vol.
Produit en Inde Collaboration avec
Champagne   *Technologie*
Reims   *France*

Nach mehreren Beschwerden wurde das Etikett zwar

zurückgezogen, aber es scheint dennoch etwas merkwürdig, daß eine Firma wie Piper-Heidsieck es überhaupt erst zuließ. Einerseits geht daraus nicht klar hervor, wie der Wein zubereitet wurde (ob Flaschen- oder Faßgärung) oder an wen sich das Etikett anlehnte, andererseits stellt es einen dreisten Versuch dar, den Wein als Produkt einer französischen Firma in Reims zu verkaufen. Nachdem das Etikett geändert worden war, soll der Exportmanager der Firma gebrummt haben: »Wir wurden gezwungen, einem erstklassigen Produkt einen zweitklassigen Namen zu geben.«

Bleibt nur zu hoffen, daß das Etikett nicht bewußt erschwindelt wurde. Ganz bewußt gehandelt haben aber sicher die Werber, die einen TV-Spot für einen *Cuve-Close-Wein* aus Frankreich namens Chantaine produzierten. Darin kommt eine Frau vor, die bei den Vorbereitungen für die Hochzeit ihrer Tochter eine Reihe vom Oberkellner vorgeschlagener, berühmter französischer *Champagnes* ablehnt und sich für das einzig Richtige, nämlich *Chantaine*, entscheidet. Man kann nur staunen, daß dieser Spot von der Kontrollbehörde zugelassen wurde. Einerseits kann jemand mit Sinn für Humor vielleicht den frechen Witz darin schätzen und über das Ganze schmunzeln, andererseits ist es traurig, daß das Produkt Champagner dermaßen mißbraucht wird.

Daß Amerika ganz allgemein eine sehr lockere Beziehung zum Wort »Champagner« hat, sieht man auch anhand einiger zufälliger Auszüge aus *The Signet Encyclopedia of Wine* von E. Frank Henriques, dem Priester mit ausgesprochener Vorliebe für und Kenntnis von Wein. Trotzdem: »Im engsten Sinn des Wortes gibt es nur einen echten Champagner, und der kommt aus französischer Produktion, und zwar aus einer ganz genau umrissenen Region im Norden Frankreichs. Alle anderen Schaumweine gleichen – oder auch nicht – dem echten Champagner, werden aber anders genannt... Amerika ist in dieser Beziehung die einzige andersdenkende Nation. In den USA kann man sozusagen jeden Schaumwein Champagner nennen, sogar roten Wein. Sogar die Franzosen scheinen an dieser traurigen Tatsache zu resignieren.«

Daß die Franzosen gar so resigniert sind, wie der Autor uns weiszumachen versucht, wage ich zu bezweifeln; es stimmt jedoch, daß der Konsument in Amerika – oder auch in Australien – ganz genau weiß, was er bestellt oder vorgesetzt bekommt. Champagner aus Frankreich muß französischer Herkunft sein. Wenn es das nicht ist, kann es sich um irgend etwas handeln, vom simplen Himbeergeist bis zum großartigsten Wein. Der Preis und vielleicht eine gewisse Kenntnis der lokalen Verhältnisse gibt dem Konsumenten Aufschluß darüber.

Kehren wir noch einmal nach Frankreich zurück und damit zu einem Phänomen, das mir noch niemand erklären konnte. Von Gesetzes wegen gibt es in Europa nur einen einzigen Rosé, der aus einem Gemisch von roten und weißen Weinen entsteht, und das ist Champagner. Ich weiß nicht, ob der Wein deswegen schlechter ist, aber auf jeden Fall ist das der billigere Weg, als wenn der Rosé extra vinifiziert wird, wie es ein oder zwei Champagnerhäuser machen. Diese Spezialregelung wird auch keinem anderen Appellation-Controlée-Schaumwein zugestanden; ein Crémant rosé aus dem Burgund etwa oder der Loire muß aus richtigem Roséwein hergestellt werden. Es mutet wirklich etwas befremdlich an, daß nur gerade der Champagner von dieser Regelung ausgenommen ist. Aber jedenfalls ist das noch besser, als was man früher machte. Offenbar war das Dorf Fismes im 19. Jahrhundert nämlich berühmt für seine Holunderbüsche, die zum Färben des Champagners dienten, damit er seine hübsche Roséfarbe bekam.

Wie alle anderen Weinbauregionen von hoher Qualität trägt auch die Champagne die Verantwortung dafür, daß die hohen Preise, die für Champagner verlangt werden, auch durch einen hohen Qualitätsstandard gerechtfertigt bleiben. Kaum jemand wird bezweifeln, daß in der Vergangenheit schon zu oft der kürzeste Weg zum Geld gewählt wurde, und daß der Konsument zu oft für dumm verkauft wird. Das trifft natürlich nicht nur auf die Champagne zu, sondern, wie wir gesehen haben, in ähnlicher Form im Burgund und im Bordeaux. Damit aber der Champagner sein hohes Ansehen aufrechterhalten kann, muß er auch mit etwas Besonderem aufwarten können. Das gewisse Etwas ist es ja, das den Champagner auszeichnet. Wie sagt doch eine Figur von George Bernard Shaw: »Ich bin nur Bier-Abstinenzler, nicht Champagner-Abstinenzler.« Champagner muß schon etwas Besonderes sein, um diesen Mann zum Trinken zu verleiten!

5. Einen Würfel oder zwei?

Fußgänger, die vor einigen Jahren durch die schmale Fußgängerpasserelle gingen, die im Zentrum von Paris, der Cité Berryer, von der Rue Boissy d'Anglas wegführt, mögen im Schaufenster der Weinhandlung Cave de la Madelaine mit erstaunten Augen einige Flaschen Beaujolais wahrgenommen haben, an deren Hälsen je zwei Würfel Zucker hingen. Die Botschaft dazu lautete: »Wir ziehen unseren Beaujolais neutral vor, aber wenn Sie ihn lieber gezuckert mögen, können Sie das gleich selbst tun.« Dahinter steckte die Andeutung, daß viele Beaujolais-Weine zu schwer waren, denn wenn die Gärung einsetzte, wurde der Wein mit Zucker angereichert, um den Alkoholgehalt zu erhöhen.
Viele Weinliebhaber – ich zähle mich auch dazu – sind der Meinung, daß der ideale Beaujolais frisch, leicht und fruchtig ist. Viele Erzeuger und Genossenschaftskeller sind aus unerklärlichen Gründen der Meinung, ein Beaujolais müsse wuchtig und warm sein. Für mich ist ein guter Beaujolais so, daß man mit Freude und Genuß eine zweite Flasche öffnen kann, ohne sich über eventuelle unangenehme Folgen wie Kopfschmerzen sorgen zu müssen. Vor einigen Jahren war ich zusammen mit John Arlott Ehrengast bei einem Essen im Beaujolais. In meiner Dankesrede gab ich meiner Auffassung eines idealen Beaujolais Ausdruck und bedauerte, daß so viele regionale Erzeuger ihren Weinen prinzipiell Zucker zusetzten, so daß die Weine am Ende nicht mehr echte Beaujolais waren. Kaum hatte ich mich wieder gesetzt, sprang der Abgeordnete des Chambre des Députés der betreffenden Region auf und bezichtigte mich mit harten Worten der Ehrverletzung seiner potentiellen Wähler. Mit Genugtuung erlebte ich allerdings, daß manche der Anwesenden hinterher zu mir kamen, um mich zu meiner Meinungsäußerung zu beglückwünschen.
Das Problem der Trockenzuckerung (das heißt, des auch Chaptalisieren genannten Anreicherns des Mostes mit Zucker vor der Gärung) muß im Bordeaux ziemlich aktu-

ell sein, den Fritz Hallgarten erwähnt in seinem Buch *Wine Scandal* eine ähnliche Geschichte. Auch da war es derselbe lokale Abgeordnete, der zur Verteidigung schritt. Der Arme hat sicher das Gefühl, daß er seine ganze Zeit und Energie darauf verschwendet, die unschuldigen Winzer im Beaujolais vor den ungerechtfertigten Attacken der perfiden Briten zu schützen.

Es gibt aber keine Zweifel darüber, daß die Trockenzuckerung in dieser Region ein heißes Eisen ist. Das Anreichern mit Zucker mag in vielen Jahren gerechtfertigt sein, aber nicht in allen Jahren und nicht in dem Maße, wie es oft betrieben wird. Interessanterweise haben die Behörden offenbar kürzlich für einige Weine des Beaujolais Höchstzugaben festgesetzt, angeblich, um das Typische des Weins nicht zu verfälschen.

Eine Geschichte aus dem Beaujolais aus der Zeit, da ich im Burgund arbeitete, mag die potentiellen Gefahren für die Händler durch den ganzen Problemkreis des Überchaptalisierens illustrieren. Vor einigen Jahren wurde der Firma Mommessin im Mâcon am Ende eines Arbeitstages eine Lieferung Beaujolais in den Keller gebracht. Als erstes erschienen am nächsten Morgen die amtlichen Weininspektoren, machten eine Analyse des betreffenden Weins und erklärten, daß er überchaptalisiert sei. Mommessin drohte der Prozeß. Kein Mensch kümmerte sich darum, daß die Firma gar keine Zeit gehabt hatte, den Zucker beizugeben, und falls doch, daß sich die Gärung in dieser kurzen Zeit nicht vollziehen konnte. Mommessin war der Schuldige, denn der Wein befand sich in seinem Besitz. Obschon es sonnenklar war, daß der Wein in diesem Zustand in Mommessins Keller gekommen war, blieb der Erzeuger, der den Wein bereitet und verkauft hatte, unschuldig. Die ganze Affäre wirbelte ziemlich viel Staub auf, denn die Händler fühlten sich einmal mehr als Prügelknaben der Erzeuger. (Dazu muß man wissen, daß in Frankreich die Erzeuger eine mächtige Lobby hinter sich haben, während die der Händler kaum Gewicht hat.) Leider weiß ich nicht, wie die Geschichte ausgegangen ist, ich kann mir aber vorstellen, daß man schließlich über das Ganze Gras wachsen ließ und daß es nie zum Prozeß kam. Seit diesem Vorkommnis war es aber für die Erzeuger einiges schwerer, ihre Weine ohne vorherige Analyse oder eine Garantie zu verkaufen.

Das Wort Chaptalisieren geht auf den Comte Chaptal zurück, dessen Buch *L'Art de faire le vin* wahrscheinlich 1800 zum ersten Mal auf den Markt kam. Nebst seiner Schreibtätigkeit über das Thema Wein war er unter anderem an einem Buch über die Butterherstellung beteiligt und war hauptsächlicher Förderer der Verwendung von Rübenzucker. Die Gewinnung von Zucker aus Rüben ist nichts Neues. Schon 1575 gelang es dem Franzosen Olivier de Serres, Rübenzucker herzustellen, der dem Rohrzucker sehr ähnlich war. Und 1786 baute der deutsche Chemiker Frederick Achard die erste Zuckerrübenfabrik mit Unterstützung des Königs von Preußen. Auch in Frankreich baute man zwei kleine Fabriken, aber der dort produzierte Zucker reichte nicht an die Qualität von Rohrzucker heran und kam zudem viel zu teuer zu stehen. Erst die Kontinentalsperre der Briten in den Napoleonischen Kriegen zwang die Franzosen zum Handeln. Die britische Vormachtsstellung zur See schnitt Frankreich von seinen Kolonien und deren Produkten ab, von denen vielleicht das wichtigste der Rohrzucker war. Innerhalb von sechs Jahren nach der Revolution stieg der Preis dieses Artikels auf das Zehnfache an. Man darf auch nicht vergessen, daß Frankreich die meisten anderen europäischen Länder mit Zucker belieferte.

Nach dem Frieden von Lunéville von 1801 baute man die Lagerbestände im Land wieder auf, aber Napoleon war bewußt geworden, wie verletzlich Frankreich im Falle eines erneuten Kriegszustands war, der ja auch bereits 1805 eintrat. Mit welcher Gründlichkeit die Briten damals die Schiffahrt kontrollierten, geht aus der Tatsache hervor, daß Frankreich im Jahr 1807 25 000 Tonnen Rohrzukker importierte und ein Jahr später nur noch 2000 Tonnen. Es kamen verschiedene Zuckerquellen in Frage, und jede hatte ihre Verfechter. 1809 publizierte Parmentier, der vielleicht besser bekannt ist als Förderer der Kartoffelverwendung, ein Buch namens *Instruction sur les sirops et les conserves de raisins, destinés à remplacer le sucre dans les principaux usages de l'économie domestique*. Darin propagiert er den Einsatz von Traubenzucker vor allem für die Kräftigung des Weins.

Trotz allem war Napoleon fest entschlossen, die Einsatzmöglichkeiten von Rübenzucker nicht aus den Augen zu verlieren, und so wurden 1811 45 000 Hektar Land und

107

eine Million Francs der Erforschung des Rübenzuckers geopfert. Leiter des Forschungsprogramms war Benjamin Delessert, und am 2. Januar stattete Comte Chaptal zusammen mit Napoleon der Fabrik von Delessert in Passy einen Besuch ab. Hier bekam der Kaiser die ersten Blöcke von Rübenzucker zu Gesicht, und der Legende nach war er davon so beeindruckt, daß er sein Ordensband der Légion d'Honneur vom Hals wickelte und es Delessert umlegte.

Delessert mag Napoleon einen triumphalen Tag geschenkt haben, aber langfristig hat er uns mit seinem Fortschritt auch ein Problem beschert, an dem wir heute noch kranken – nämlich dem der Überproduktion. Als der Krieg vorüber war, mußte für den Zuckerüberschuß ein neuer Verwendungszweck gefunden werden. Der Comte Chaptal, der aus Südfrankreich stammte, befand, einen Großteil des Zuckers könne man sinnvoll für das Anreichern von Weinen aus seiner Region wie auch aus anderen Regionen nutzen. Obschon der südliche Midi für die Weinerzeugung ein ideales Klima sein mag, wurden dort seit eh und je vor allem Reben gepflanzt, die viel Ertrag versprachen, jedoch im allgemeinen minderwertige Weine mit oft reduziertem Alkoholgehalt hervorbrachten. Eine solche Rebe ist zum Beispiel Aramon, die bis zu 250 Hektoliter Wein und mehr pro Hektar ergibt, Wein, der jedoch nur zwischen 7° und 9° Alkohol aufweist. Wenn man solche Gewächse mit unbegrenzten Mengen von billigem, selbst produziertem Zucker anreichern konnte, dachte Chaptal, dann wären alle Probleme der Winzer in seiner Heimat auf einen Schlag gelöst.

Es dauerte nicht lange, und die Idee faßte auch andernorts Fuß, nämlich in den Weinbauregionen mit edlen, exklusiven Weinen, die aufgrund des Klimas nicht jedes Jahr einen gleich guten Wein hervorbringen konnten. Das Burgund war zum Beispiel so eine Region, und so ist es nicht verwunderlich, daß man in Frankreich vor allem im Burgund mit den Vor- und Nachteilen der Trockenzuckerung konfrontiert ist.

Obwohl der Einsatz von Rübenzucker im großen Stil das Zuckern von Wein sicher förderte, kann man nicht sagen, daß es sich dabei um eine völlig neue Methode handelte. Camille Rodier schildert, wie die Zisterziensermönche von Clos Vougeot dem Wein ganze Zuckerblöcke beigaben, bevor ihre Besitze in Clos Vougeot und anderswo in der französischen Revolution konfisziert wurden. Bei einigen Autoren kann man lesen, daß ein Chemiker namens Marquet 1776 der erste gewesen sein soll, der bei der Weinbereitung Rohrzucker benutzte.

In der Schrift *Le parfait vigneron*, die 1738 in Turin erschien, beschäftigt sich der anonym gebliebene Autor ausführlich mit der Frage, was bei einer problematischen Weinlese zu tun sei, vor allem, wenn die Ernte bei Regen stattfinde. Überschüssiges Wasser kann man entweder durch Verdampfen oder Einfrieren loswerden; dem Most kann man entweder aus konzentriertem Traubensaft gewonnenen Sirup oder aufgekochten Wein im Verhältnis 1:20 beigeben, wenn die Trauben ins Gärfaß kommen.

Später beschreibt der Autor, wie man einen körperreichen Wein erhält. »Alles, was von Natur aus süß und zuckerig ist, kann dazu verwendet werden. Honig ist ein Süßstoff, der immer einen perfekten Wein ergibt. Abgesehen vom Vorteil des günstigen Preises (zumindest in Südfrankreich), ist Honig für diesen Zweck dem Zucker, dem Manna, dem Kassia und der Melasse etc. vorzuziehen.« (Manna war offenbar ein Süßstoff, der aus der Rinde einer Lärchenart gewonnen wurde, Kassia aus der Rinde einer Zimtbaumart.)

In seinem Buch erklärt Comte Chaptal die Gründe, warum er es vorzieht, dem Most Zucker beizugeben. Zucker hat »den zweifachen Vorteil, daß er den Alkoholgehalt eines Weins erheblich erhöht und gleichzeitig bei dünnen, körperarmen Weinen die Säureentwicklung hemmt.« Seine Propaganda für den Zucker stand im Gegensatz zu Parmentier, der lieber Traubensirup verwendet sehen wollte, aber Chaptal gewann die Oberhand, und noch bevor Rübenzucker ohne weiteres erhältlich war, wurde das Chaptalisieren zur üblichen Methode. In seiner *A History of Champagne* zitiert der Autor Vizetelly einen Brief, der knapp ein Jahr nach dem Erscheinen von Chaptals Buch geschrieben wurde. Darin bestätigt Nicolas Perrier aus Epernay, daß der Zusatz von Zucker zum Most die Qualität der zweitklassigen Weine aus dem Dorf Ay dermaßen angehoben habe, daß ihre Preise in nie dagewesener Weise gestiegen seien. Chaptal wird von einigen Bewunderern sogar dafür gerühmt, daß es erst durch seine Methode möglich geworden sei, den Cham-

pagner zu dem Qualitätswein zu machen und in diesen Quantitäten, wie wir es heute gewohnt sind. Die Trockenzuckerung war jedoch nicht überall gleich beliebt. An einer Weinkonferenz in Dijon im Jahr 1845 wurde der ganze Themenkomplex detailliert durchgegangen, indem man nebst Rüben- und Rohrzucker auch andere Süßstoffe besprach. Die Meinung über das Zuckern von Wein war alles andere als optimistisch und die allgemeine Schlußfolgerung lautete: »Das Anreichern mit Zucker denaturiert den Wein, indem es ihm sein Kostbarstes nimmt: das unvergleichliche Bukett und die Raffinesse, die den ganz besonderen Geschmack des Weins ausmachen.«
Trotz dieser kritischen Stimmen fand die neue Methode im Burgund rasch viele Anhänger, denn Puvis schreibt nur drei Jahre später: »Die Trockenzuckerung wurde im Burgund mit Begeisterung aufgenommen, man hat sie legal und illegal angewendet, alle Qualitätsklassen von Weinen waren davon betroffen: die *Premiers Crus* genauso wie die minderwertigen Weine. Der Handel verlangt weiche, alkoholreiche Weine von satter Farbe, und man hat das Chaptalisieren sehr großzügig gehandhabt; damit haben aber die großen Burgunderweine einen Teil ihres Charmes, ihres einzigartigen Buketts verloren, und es ist sogar vorgekommen, daß die gesüßten *Deuxieme Crus* den *Premiers Crus* den Rang streitig machen wollten, und die der dritten Klasse den Weinen der zweiten Klasse, und die unklassierten Weine denen der dritten Klasse. Das hat zu einem Chaos geführt, und einige Weine haben auf mysteriöse Weise ihren Namen gewechselt, vor allem die der unteren Klassen, die vorgaben, einer besseren Klasse anzugehören. So sind die Weine des Burgund in Verruf geraten und das Ansehen der erstklassigen Weine wurde geschädigt, und das der zweit- und drittklassigen natürlich noch viel mehr, so daß die Nachfrage merklich zurückgegangen ist.«
»Das Ganze hat sich wie üblich entwickelt: Begonnen hat es mit bescheidenen Beigaben von Zucker bei minderwertigen Weinen, vielleicht ein Kilo pro Hektoliter. Dieser Wein wurde wirklich besser und verkaufte sich leichter, denn er war jetzt weicher und körperreicher. Dann aber hat man angefangen, die Zuckermenge zu verdoppeln und zu verdreifachen, und als nächstes wollte man den erstklassigen Gewächsen in schlechten Jahren mit derselben

Methode nachhelfen, indem man beachtliche Mengen Zucker beimischte; dies aber hat diesen Weinen mehr geschadet als genützt. Die Chemiker sagten den Winzern ›gebt soviel Zucker hinzu, bis ihr statt 10 Grad 15 Grad erhält‹, so daß es Weine gab, deren Zuckergehalt nicht mehr mit dem Hefegehalt übereinstimmte und die man verkaufen mußte, ohne daß die Gärung abgeschlossen war. Diese Weine waren weich, körperreich und gefällig, aber auf lange Sicht bewirkte der Zucker eine zweite Gärung, die den Wein veränderte. Danach dachte man daran, dieselbe Methode anzuwenden wie man sie seit langem in Sizilien und Madeira kennt; die Weinkeller wurden in Öfen verwandelt und die süßen Weine einer weiteren Gärung ausgesetzt, was den doppelten Vorteil hatte, daß der Wein reifte und gleichzeitig den Zucker in Alkohol verwandelte. Aber solchermaßen forcierte Weine wurden nicht immer gut; um Schwierigkeiten zu vermeiden, wurden einige Weinfässer sehr stark gezuckert, mit 20, 30 oder 40 Kilo pro Hektoliter; diese Fässer wanderten sodann in den Ofen, um sogenannt ›verfeinerten‹ Wein zu erlangen, der beim Verschneiden mit verschiedenen Gewächsen diese tatsächlich zu verbessern schien. Aber auch dieses Verschneiden ging nicht immer gut aus, da oft nochmals eine Gärung eintrat, die den Wein grundsätzlich veränderte.« Auf einen Nenner gebracht: Puvis votiert zwar nicht für ein gänzliches Verbot des Chaptalisierens, aber er möchte, daß Mißbrauch bei der Trockenzuckerung strenger kontrolliert wird.
Fünf Jahre, nachdem Puvis dies geschrieben hatte, wurde in einigen Weindörfern der Côte d'Or eine interessante Umfrage gemacht. Den Winzervereinigungen von 46 Dörfern wurde ein Fragebogen zugestellt, aber nur 25 nahmen sich die Mühe, innerhalb der vorgegebenen Frist zu antworten, während Chambolle-Musigny und Morey-Saint Denis ihre Fragebogen später zurücksandten. Die 56. Frage lautete: ›Ist die Trockenzuckerung eine empfehlenswerte Methode und wenn ja, in welcher Hinsicht? Wie geht man dabei richtig vor?‹ Die Antworten sind erstaunlich, vor allem, wenn man bedenkt, was Puvis geschrieben hatte. Vierzehn Dörfer schrieben nämlich, daß ihre Winzer die Trockenzuckerung überhaupt nicht anwendeten, und sieben Dörfer, daß sie keinerlei Sinn darin sahen. Andererseits sagten sieben Dörfer, daß in schlechten Jah-

ren, bei kaltem Wetter oder später Lese die Trockenzuckerung ganz nützlich sein könne. Allgemein schien man der Auffassung zu sein, daß die Weine auf jeden Fall etwas von ihrem Charme einbüßten, wenn sie gezuckert wurden. Ein Dorf sagte, das Chaptalisieren habe man bei ihnen wieder aufgegeben, weil die Resultate unbefriedigend gewesen seien.

Trotz der allgemeinen Skepsis gegenüber der Trockenzuckerung kann man davon ausgehen, daß die Methode ziemlich verbreitet und beliebt war. Der burgundische Önologe Vergnette-Lamotte wiederholt eigentlich in seinem 1867 in Paris erschienenen *Le Vin* nur, was Puvis schon gesagt hatte. Auch er findet, daß die Trockenzuckerung unter gewissen Bedingungen ihre Vorteile hat, aber er kritisiert, daß Chaptal diese Methode sozusagen für den täglichen Gebrauch empfahl.»Chaptal, der aus dem Midi stammte und daher jeden Wein ausschließlich nach seinem Alkoholgehalt beurteilte, ist davon ausgegangen, daß Alkohol das wichtigste Präservierungsmittel des Weins sei, und auf dieser Grundlage stützen leider auch die unerfreulichen Praktiken in der Kelterung ab, die bei den Winzern heute üblich sind.«

Damit ist das ganze Dilemma der Trockenzuckerung angesprochen. In einer Weinbauregion, die vom Klima her nicht jedes Jahr auf eine optimale Reife der Trauben zählen kann, mag die Trockenzuckerung eine gute Möglichkeit sein, doch noch einen einigermaßen erfreulichen Wein zu erhalten, auch wenn dabei vielleicht einige der natürlichen Merkmale dieses Weins verloren gehen. Charles Tovey schrieb schon vor über hundert Jahren folgendes zu diesem Thema: »Bei meinem ersten Besuch im Burgund wurde mir zufällig bewußt, daß dem Burgundermost Rohrzucker beigemischt wurde, um den fehlenden Traubenzucker zu ersetzen. Während ich mit einem Makler zusammen im Keller eines Winzers in Nuits einige Weine kostete, wurde mir bewußt, daß all seinen Weinen Lebendigkeit, Rasse und Eleganz fehlten; die Weine waren schwer, brandig, körperreich, ohne zu gefallen. Eher nebenbei und ohne konkreten Verdacht fragte ich, ob diesen Weinen vielleicht Zucker beigefügt worden wäre, und der Makler bejahte meine Frage ohne Zögern und fügte gleich noch bei, daß alle Weine in diesem Keller gezuckert würden... Er belehrte mich, daß solchermaßen präparierte Weine in England mehr Abnehmer fanden als naturbelassene Weine.«

Die Frage, was denn ein Engländer heute von einem Burgunderwein erwartet, werde ich andernorts näher erörtern, aber ich kann schon hier bestätigen, daß viele Weintrinker in Großbritannien immer noch einen Burgunder vorziehen, der alle Merkmale eines chaptalisierten Weins aufweist.

Die Trockenzuckerung ist in den meisten nördlichen Weinbaugebieten Frankreichs weitverbreitet: im Burgund, in der Champagne, im Elsaß, in der Loire. In klimatisch problematischen Jahren ist es auch im Bordeaux erlaubt. Mißbräuche, wie sie Puvis beschreibt, gehören hoffentlich der Vergangenheit an. Puvis spricht davon, daß der Alkoholgehalt von gewissen Weinen regelmäßig um 5° forciert worden sei; heute gilt in der Regel die Vorschrift, daß der Alkoholgehalt höchstens um 2° mittels Zuckerung erhöht werden darf, zudem muß über alles, was die Trockenzuckerung betrifft, genau Buch geführt werden. Außerdem wird auf jedes Kilo Zucker, das zum Chaptalisieren gebraucht wird, eine Zusatzsteuer erhoben.

Während es im letzten Jahrhundert von vielen Winzern erbitterten Widerstand gegen diese Methode gab, scheint sie der burgundische Winzer heute als Teil der Weinbereitung zu verstehen. In aller Regel wird heute selbstverständlich Zucker beigegeben, außer in den heißesten Jahren wie zum Beispiel 1983 (und sogar damals gab es viele, die trotzdem chaptalisierten). Am besten bringt vielleicht der Winzer Louis Chapuis aus Aloxe-Corton zum Ausdruck, wie ein seriöser Weinbauer mit der Methode der Trockenzuckerung umgeht. »Chaptalisieren heißt nicht, daß man Wein aus Zuckerrübensaft macht. Jeder Winzer, der diese Berufsbezeichnung zu Recht trägt, wird seinen Wein nur in vernünftigem Rahmen zuckern, weil er weiß, daß ein zu alkoholreicher Burgunder sein Bukett verliert und nicht mehr gut ist. Die Zuckermenge, die man dem Most vor dem Vergären zugibt, variiert je nach Jahr. 1974 und 1976 waren sehr heiße und trockene Jahre, und ich habe meinen Wein damals kaum gezuckert, denn die Trauben enthielten genügend eigene Süße. Andererseits zuckerte ich ein wenig mehr als sonst in den Jahren 1975 und 1977, weil die Trauben damals zu wenig Zucker aufwiesen.«

Trotzdem steht fest, daß im Burgund eine Tendenz auszumachen ist, zu oft und zu reichlich zum Zuckersack zu greifen. Manche Winzer und Händler haben sozusagen einen eigenen Stil entwickelt, den ihre Kunden kennen und schätzen. Natürlich kann man anführen, daß das Gesetz ja den Einsatz von Zucker beschränkt, aber leider weist dieses Gesetz zwei Schwachstellen auf. Als erstes ist zwar der Einkauf und Einsatz der Zuckermenge gesetzlich beschränkt, aber es ist ja ein leichtes, sich über das Jahr im nahen Supermarkt mit Zucker einzudecken und sich so einen schönen Vorrat anzulegen. Ich frage mich sogar, ob es nicht noch leichter geht. Ich kann mich nämlich erinnern, im Languedoc einmal zur Weinlesezeit in einem Supermarkt riesige Stapel mit großen Zuckersäcken gesehen zu haben, welche mit dem Aktionsschild »zum Marmelade machen« angepriesen wurden. Was für »Marmelade« damit gemeint war, bleibe dahingestellt.
Die andere Schwachstelle des Zuckergesetzes ist die, daß den unterschiedlichen klimatischen Verhältnissen nicht Rechnung getragen wird. Deshalb werden die meisten Winzer sogar in den besten Jahren zuckern, obwohl der Wein diese Extrasüße gar nicht nötig hätte. Hier wurde bereits ein Schritt in die richtige Richtung unternommen, indem der maximale Alkoholgehalt für gewisse Weine gesetzlich festgelegt wurde – Montrachet und Beaujolais sind zwei Beispiele dafür, die ich bereits erwähnt habe.
Das ganze Thema löst nach wie vor heftige Diskussionen im Burgund aus. Die Ansicht des Weinbuchautors und Weinhändlers Anthony Hanson steht in direktem Widerspruch zu dem, was Louis Chapuis gesagt hat. Hansons Buch *Burgundy* nimmt viele Aspekte der Weinerzeugung im Burgund kritisch unter die Lupe. Das Thema Trockenzuckerung gehört in besonderem Maße dazu. »Die Beigabe von großen Mengen Zucker ist eine Methode, die durchs ganze Burgund hindurch viele Anhänger gefunden hat, auf großen Weingütern wie bei kleinen Weinbauern – am allermeisten aber an der Côte de Nuits. Ich nehme an, daß das die Reaktion der Erzeugerabfüller auf die reichhaltigen, samtigen, mediterranen Verschnitte ist, die als Burgunder verkauft werden und den Geschmack der Konsumenten beeinflußt haben. Und sie wollen diese Produkte allen Ernstes einen guten Wein nennen? Ich denke dabei an gewisse Weine der Domaine de la Romanée-

Conti, an einige von Armand Rousseaus 1972er Ernte, an Clair-Daus Gevrey-Chambertin Clos Saint Jacques von 1971, an Georges Roumiers Bonnes Mares von 1969 und an viele andere. Angesichts der Exempel, die von den großen Domänen gesetzt werden, ist es nicht verwunderlich, daß die Methode so weitverbreitet ist.«
Die Namen, die Anthony Hanson nennt, gehören den bekanntesten Winzern des Burgunds, deren Weine regelmäßig zu den teuersten zählen. Darüber habe ich nur mit einem der von Hanson erwähnten Erzeuger gesprochen, nämlich mit der Domaine de la Romanée-Conti. Ihr wurde regelmäßig eine zu hohe Zuckerbeigabe vorgeworfen, aber die Domäne streitet kategorisch alles ab und behauptet, die Reichhaltigkeit ihres Weines komme davon, daß sie die Trauben später ernteten als andere Winzer, so daß die Früchte mehr Zucker enthielten und der Wein mehr Alkohol.
Interessanterweise gehören die oben erwähnten Erntejahre auch zu den besten der letzten Zeit. 1971 zum Beispiel war die Weinlese fast zwei Wochen früher als üblich abgeschlossen, weil das Wetter so ausnehmend schön war. In solch einem Jahr sollte eine Trockenzuckerung wirklich nicht nötig sein.
Die Trockenzuckerung zeitigt noch andere Folgen. Eine davon wurde in der Rede des Abgeordneten der Winzervereinigung des Médoc, Monsieur C. Decombe angesprochen, eine Rede, die in der Ausgabe vom Sonntag, den 6. Juli 1930 im Leibblatt *L'Avenir du Médoc* abgedruckt wurde. Es ging dabei um das Thema, daß die Winzer von Bordeaux in einer finanziellen Krise steckten, weil »auf der ganzen Welt siebzehn Mal mehr Médoc getrunken als produziert wird« (eine immer wieder auftauchende Klage verschiedener *Appellations*, nur mit den entsprechenden Zahlen), und daß außerdem die Qualität eines Großteils des regional produzierten Weins seinem großen Namen keine Ehre mache. Er wandte sich mit sieben Maßnahmevorschlägen an die Behörden, wobei die erste Maßnahme die der »Unterdrückung des Chaptalisierens« war, »das unter dem Vorwand eines höheren Alkoholgehalts im Most eingesetzt wird, in Tat und Wahrheit aber eher zu höheren Mengen Wein führt«.
Interessant daran ist, daß diese letzte Kritik aus dem Bordeaux kommt, im Burgund habe ich nie so etwas

gehört. Trotzdem scheint sie mir angebracht, denn wenn ein Winzer das Recht hat, den Gehalt seines Weins mittels Zuckerung zu erhöhen, dann kann er sehr wohl auch der Verlockung erliegen, den Ertrag mittels Wasserbeigabe zu erhöhen. Dieses Problem ist vor allem in Deutschland aktuell, und ich werde im nächsten Kapitel näher darauf eingehen.

Es sieht ganz so aus, als ob die Trockenzuckerung heute im Bordeaux weitverbreitet und allgemein anerkannt wäre. David Peppercorn schreibt in seinem Buch über diese Region, daß jedes Jahr eine neue Erlaubnis für das Chaptalisieren eingeholt werden muß, daß aber »in letzter Zeit eine Tendenz festzustellen ist, die Bewilligung häufiger zu geben«. Bei einem persönlichen Gespräch mit ihm wies er allerdings auf einen wichtigen Punkt hin, der leicht übergangen wird. Was immer man von der Trockenzuckerung halten mag, sicher ist, daß sie auf den Stil der Weine einen erheblichen Einfluß gehabt hat. Als Weinsachverständiger schätzt David Peppercorn, daß die roten Bordeauxweine, die um die Mitte des letzten Jahrhunderts erzeugt wurden, etwa einen Alkoholgehalt von 10,5 Prozent hatten; heute beträgt ihr durchschnittlicher Alkoholgehalt etwa zwei Prozent mehr. Ein Teil dieser Zunahme ist sicher der verfeinerten Weinbereitungstechnik zuzuschreiben, aber ein ansehnlicher Teil ist ganz eindeutig einem simplen Faktor zuzuschreiben: dem Zucker.

Wenn wir schon beim Thema sind, möchte ich noch schnell mein erstes Erlebnis mit der Trockenzuckerung beschreiben, die erst noch illegal stattfand. Bei der Ernte 1960 war ich als Traubenleser im Château Cantenac-Brown, einem klassifizierten Gewächs im Médoc, beschäftigt. Am Abend hatte ich anschließend in der Kelteranlage zu helfen, denn schließlich war ich Praktikant und daher eine billige Arbeitskraft. Diese Weinlese gestaltete sich besonders schwierig, denn es regnete oft, so daß es vielen Weinen sowohl an Farbe als an Alkohol fehlte. Eines Abends nun hieß man mich, an einem besonders problematischen Faß vorbeizugehen, dabei zu stolpern und zufälligerweise den Sack Zucker, den ich tragen mußte, in das Faß auszuschütten. Auf diese Weise konnte man dann immer noch behaupten, es handle sich um ein Mißverständnis mit einem unbeholfenen Engländer, falls jemand das Thema später anschneiden sollte.

Eine andere amüsante Geschichte passierte etwa zur selben Zeit und betraf einen einheimischen Zuckerhändler, der die beiden Domänen Château Cantenac-Brown, wo ich arbeitete, und Château Brane-Cantenac verwechselte. Die Verwechslung wurde noch schlimmer, weil zu der Zeit das eine Château einem Monsieur Lawton gehörte, während der Besitzer des anderen Monsieur Lurton hieß. Der Zuckerhändler glaubte am Telefon die Bestellung dieses Jahres von Brane zu bestätigen, obwohl er in Tat und Wahrheit mich von Brown am Draht hatte. So wenig braucht es, damit aus Geheimnissen offene Geheimnisse werden!

Ist die Trockenzuckerung nun also eine Notwendigkeit zum Nutzen des Weins oder nicht? Dagegen läßt sich anführen, daß die Winzer während Jahrhunderten ohne ausgekommen sind und daß die Methode ihre Entstehung eigentlich einer Maßnahme gegen den Zuckerüberschuß zu verdanken hat. Andererseits ist die Trockenzuckerung in vielen Regionen mit großen Weinen, aber problematischen Klimaverhältnissen *der* Ausweg, um trotzdem jedes Jahr Wein erzeugen zu können. Leider betrachten aber viele Erzeuger das Zuckern nicht mehr als Ausweg in Notsituationen, sondern als notwendige Selbstverständlichkeit, und man kann nicht abstreiten, daß als Folge davon ein großer Teil des Weins in der Qualität nachgelassen hat.

David Peppercorn schreibt diesbezüglich: »Bei vielen Leuten herrscht noch immer das unbestimmte Gefühl, daß das Zuckern des Mostes eigentlich etwas Unseriöses ist. Das ist allerdings ganz falsch, vorausgesetzt, das Zuckern wird maßvoll betrieben.« Das ist denn auch der springende Punkt. Ich finde, ein Wein sollte immer so natürlich wie möglich belassen werden. In schlechten Jahren muß der Natur bei manchen Weinsorten vielleicht einfach ein bißchen nachgeholfen werden. Man kann das ganz schön vergleichen mit der Verwendung von Make-up. Es gibt nichts Erfreulicheres als eine hübsche Frau mit einem natürlichen Aussehen. Bei manchen Frauen mag aber ein Hauch von Make-up die positive Wirkung noch hervorheben. Auf der anderen Seite gibt es nichts Abstoßenderes als eine verwelkte alte Vettel mit einer dicken Schicht Rouge und Puder, die ihre Häßlichkeit noch unterstreicht.

Ich möchte den Weinerzeugern in denjenigen Regionen Frankreichs, wo eine Trockenzuckerung angebracht scheint, einen Ratschlag geben. Weshalb halten sie es damit nicht wie die Deutschen? (»Halt!« höre ich die Franzosen schon rufen, von diesen Chemikern lassen wir uns nichts sagen.) Was ich vorschlagen möchte, ist nur dies: Jeder Wein, der höher klassifiziert wird als mit der Benennung des Herkunftsdorfes – also ein Château im Bordeaux, ein *Premier Cru* oder *Grand Cru* im Burgund – muß naturbelassen sein, er darf also nicht chaptalisiert werden.

Meiner Meinung nach sollte ein Wein dem natürlichen Traubensaft so ähnlich wie möglich sein. Ich bestreite nicht, daß in manchen Fällen etwas zusätzlicher Zucker nötig ist. Aber trauriger Weise wird mit der Trockenzuckerung heute in großem Stil Mißbrauch getrieben. Für die Behörden ist es schwierig, dem Mißbrauch einen Riegel vorzuschieben. Im Bordeaux mag die Situation noch etwas besser sein, aber im Burgund ist man schon über den kritischen Punkt hinweg. Ich bin zwar nicht für eine Zutatendeklaration auf dem Flaschenetikett, aber staunen würden wir wahrscheinlich schon, wenn wir erfahren würden, wieviel Zucker welcher Erzeuger seinen Weinen beigibt. Man kann nun sagen, Zucker sei ein natürlicher Bestandteil von Wein, aber dabei handelt es sich natürlich um Traubenzucker, nicht Rübenzucker. Es gäbe natürlichere Methoden, um denselben Effekt zu erreichen; eine davon wurde von Parmentier erwähnt – das Süßen mit Traubensaftkonzentrat. Etwas ähnliches wird tatsächlich von einigen Weingütern praktiziert, indem man entweder Mostkonzentrat oder speziell – und eventuell künstlich – gereifte Trauben ins Gärfaß gibt. Beide Methoden sind aber viel teurer als das Anreichern mit Zucker.

Die Trockenzuckerung ist aus der Weinbereitung nicht mehr wegzudenken. Wir sollten deshalb versuchen, uns auf eine verbindliche Regelung zu einigen, bevor das Zuckern außer Kontrolle gerät.

6. Ein bißchen Zucker – und auch Liebfrauenmilch rutscht lieblich durch die Kehle

Ich finde es immer wieder interessant zu beobachten, wie beim Weinkonsum über die Jahre hinweg verschiedene Modeerscheinungen kommen und gehen. In der viktorianischen Zeit waren deutsche Weine sehr beliebt, aber diese Vorliebe wurde für einige Zeit von reichhaltigeren, süßeren Weinen verdrängt, und diese Weine kamen vornehmlich aus Österreich, Ungarn oder sogar Griechenland. Der Weinhändler und Weinbuchautor James L. Denman offerierte auf seiner Weinliste 1865 neunzehn verschiedene ungarische Weine mit Namen an, während seine 30 deutschen Weine nur unter allgemeinen Bezeichnungen wie *Hochheimer*, Stillwein, und *Moselwein*, Schaumwein, figurierten. Die Weinberge in Deutschland konnten zwar großartige süße Weine hervorbringen, aber nur in ganz guten Jahren, denn die deutschen Rebberge gehören zu den nördlichsten Weinanbaugebieten der ganzen Welt. In den wärmeren Klimazonen Mittel- und Südeuropas ist es natürlich viel leichter, körperreiche Weine zu produzieren.

Die Winzergenossenschaften Deutschlands haben eigentlich selbst ein Problem heraufbeschworen, obwohl sie andererseits auch wieder in gewisser Weise Opfer der deutschen Trinksitten waren. Öfter als in anderen europäischen Ländern wird nämlich in Deutschland der Wein nicht in Zusammenhang mit einem Mahl getrunken, sondern als Inbegriff von gesellig-gemütlichem Beisammensein verstanden. Der burgundische Winzer erzeugt einen Wein, der zu dem herzhaften Essen seiner Region paßt; dieser Wein muß körperreich sein, er braucht eine gewisse Menge Säure und Tannin, um zu den reichhaltigen Saucen und Fleischgerichten zu passen, die der Burgunder gewohnt ist. Vom deutschen Winzer verlangt man eher einen Wein, der weniger Alkohol enthält und dafür einen Rest Zucker, einen Wein also, den man ohne weiteres auch bloß und in größeren Mengen trinken kann. Angesichts des deutschen Klimas ist es leicht, Weine mit niedrigem Alkoholgehalt zu erzeugen, denn sie gehören schon von Natur aus zu den leichtesten Weinen der Welt. Andererseits muß der Zucker vollkommen vergärt sein, will man auch in nicht ganz so guten Jahren zumindest auf den ohnehin schon niedrig angesetzten Alkoholspiegel kommen; das hat zur Folge, daß ein solcher Wein leider oft hart und sauer ist, und hier muß dann der Zucker einspringen.

Der leichte und leicht süße Stil, der Deutschlands Weine bekannt gemacht hat, wurde von vielen jungen Weinländern wie Großbritannien, die Vereinigten Staaten und Japan geschätzt. Die Nachfrage aus diesen Ländern hat denn auch die Produktion unter schweren Druck gesetzt, vor allem, weil die Nachfrage sich fast ausschließlich auf billigere Weine konzentriert. Denn meistens ist es so, daß ein Novize im Weintrinken nicht viel Geld ausgeben mag für etwas, das er eigentlich nicht versteht. Ein anderer Nebeneffekt dieser Tendenz ist die Konzentration auf einige wenige Namen, unter denen deutsche Weine verkauft werden. Bis zum Juli 1971 gab es in Deutschland über 30000 eingeschriebene Weinbergbezeichnungen, und noch heute gibt es über 2500. Dem durchschnittlichen ausländischen Weinkonsumenten ist aber auch das noch zu viel, und er hält sich deshalb am liebsten an diejenigen Namen, die ihm bekannt sind, was natürlich nur wenige sein dürften. Den meisten Weintrinkern genügt die Bezeichnung *Liebfrauenmilch* vollständig, obwohl es sich dabei um nichts anderes handelt als einen Verschnitt einer gewissen Qualität aus einem oder mehreren der deutschen Weinanbaugebiete – Rheinhessen, Rheinpfalz, Nahe und Rheingau. Um einen Eindruck von der Wichtigkeit der Liebfrauenmilch – weltweit gesehen – zu geben, nenne ich folgende Zahlen: Die führende Marke verkauft über zwei Millionen Kisten pro Jahr in über 80 Länder, während weniger als 1% dieses Umsatzes von »Blue Nun« in Deutschland selbst stattfindet. Ähnlich verhält es sich mit »Black Tower«, von dem jährlich über 1300000 Kisten umgesetzt werden, aber keine einzige Flasche im Erzeugerland.

Um bei solchen Umsatzzahlen die Qualität einer bestimmten Marke aufrechterhalten zu können, bedarf es schon eines großen Aufwandes, vor allem in einem Klima, in dem es nicht selbstverständlich ist, guten Wein zu erzeugen. Der Direktor der Genossenschaft, die »Blue

Nun« verkauft, fragte mich einmal, warum ich diesen Wein nicht kaufe. Ich antwortete, daß ich einfach das Gefühl habe, bei solch enormen Umsatzzahlen müsse die Qualität über kurz oder lang nachlassen. Er meinte, ich würde staunen ob der Qualität einiger der Verschnittweine, die dazu gebraucht würden.
Viele Leute sind erstaunt, wenn sie hören, wie wenig Wein Deutschland produziert. Es ist nicht ganz einfach, an verläßliche Statistiken heranzukommen, aber wenn man sich auf Hugh Johnsons »Weinatlas« stützt, dann figuriert Deutschlands Weinbaufläche weltweit erst an 15. Stelle, also noch hinter Ländern wie zum Beispiel Griechenland, Rumänien oder Chile. Dafür steht Deutschland bei der Produktionsmenge an siebenter Stelle direkt nach den Vereinigten Staaten und vor Südafrika.
Am meisten überrascht aber die Zahl, die man bekommt, wenn man das eine durch das andere dividiert, so daß man die durchschnittliche Produktion in Hektolitern pro Hektar Reben erhält. Man sollte dabei auch nicht ganz vergessen, daß im allgemeinen die Regel gilt »weniger Ertrag = besserer Wein, hoher Ertrag = schlechterer Wein«. In dieser Rubrik figuriert Deutschland mit dem unglaublich hohen Durchschnittsertrag von 129 Hektolitern pro Hektar an erster Stelle. Deutschland steht damit nicht nur an erster Stelle, sondern führt mit deutlichem Abstand zu den zweit- und drittklassierten Südafrika und Argentinien mit 91 respektive 76 Hektolitern pro Hektar.
Diese Zahlen werden zwar aus anderen Quellen wie zum Beispiel der Impact Data nicht direkt bestätigt, aber in deren kurzlicher Analyse von zehn führenden Weinländern geht Deutschland auch wieder als Land mit dem regelmäßig höchsten Ertrag pro Hektar hervor, wobei die Zahlen zum Beispiel für die Ernte 1983 erstaunlich nahe bei denen von Hugh Johnson liegen.
Das Bild, das man sich lange von Deutschlands Weinanlagen machte, bestand meistens aus steilen Hängen entlang der Flüsse, an denen die mühselig gezogenen Reben klebten, wo der Winzer ausschließlich von Hand arbeitete und wo die Erträge trotz allem klein blieben. Solche Rebberge gibt es tatsächlich, am Rheinufer etwa, an der Mosel und an der Nahe. Die Erträge dieser Rebberge sind tatsächlich klein, aber sie tragen dennoch zu den Gesamtzahlen bei. Die Jahresproduktion einiger anderer Weinan-

lagen ist jedoch schwindelerregend hoch, und nicht umsonst sagen die französischen Winzer von ihren Berufskollegen jenseits des Rheins gerne: »Ils font pisser leurs vignes.«

Trotzdem: nicht jeder dieser Weine ist auch guter Wein. Im Gegenteil – ein großer Teil davon wäre überhaupt nicht verkäuflich, wenn nicht der Zucker wäre. Aber auch mit Zucker kann die weltweite Nachfrage nach leichtem, leicht süßem Weißwein nicht gedeckt werden. Die Deutschen haben zwei Auswege aus diesem Dilemma gefunden: einer davon ist legal, aber fragwürdig, der andere eindeutig illegal.

Der erste Ausweg heißt EG-Verschnitt beim Tafelwein. Darunter versteht man einen Wein, dessen Verschnitte aus verschiedenen Ländern der Europäischen Gemeinschaft eingeführt werden, meistens aus Italien. Diese Basisweine werden dann vielleicht noch mit etwas deutschem Wein gemischt und sodann unter einem deutschen Markennamen und in deutschem Stil abgefüllt und etikettiert. Nur derjenige Konsument, der genau Bescheid weiß, kann verstehen, daß es sich bei diesem Tafelwein nicht um einen deutschen Wein handelt. Die Weinwelt war zuerst so vor den Kopf gestoßen über diese Tatsache, daß man mit Gesetzesvorschriften Klarheit schaffen mußte. Man kann aber fast in jeder Weinhandlung deutsche Flaschen von deutschen Weinhändlern mit deutschen Markennamen finden. Während ich dies schreibe, habe ich aus dem Regal hinter mir ein paar Weinlisten genommen, auf denen ich zum Beispiel St. Jacob-Hauswein, Kellers Wein oder Sonnenstübchen-Wein finde. Keiner dieser Weine ist deutscher Herkunft, obwohl alle von deutschen Händlern kommen und deutsche Namen tragen. Zwei davon sind korrekt als EG-Tafelweine aufgeführt, der dritte, der von einem sehr bekannten Weinhändler angeboten wird, ist unter der Rubrik »Deutschland« aufgeführt, mit dem Untertitel »Tafelwein weiß« und einem Hinweis auf Seite 62 der vorherigen Liste, die etwa ein halbes Jahr vorher versandt worden war. Dieser dritte Wein könnte theoretisch ein deutscher Wein sein, aber ich bezweifle es, denn ein anderer solcher Wein wird auf der Liste korrekt beschrieben.

Bei so großen Mengen von Weinen, die zur »Germanisierung« eingeführt werden, liegt es auf der Hand, daß

manche davon im Laufe dieses Prozesses neu benannt werden. Es scheint sogar natürlich, wenn man bedenkt, daß ein Großteil des deutschen Grundweins schon von schlechter Qualität ist.
Und hier liegt denn auch das zweite Problem. Was kann man tun, um so viel qualitativ schlechten Wein den Konsumenten am andern Ende der Welt schmackhaft zu machen? Das Problem wird noch viel gravierender, wenn man bedenkt, daß dieser Wein das Schlußlicht des Marktes darstellt, der Weinen aus der ganzen Welt offen steht. Die Preise müssen also konkurrenzfähig sein. Und dieser Wettbewerb hat zweifelsohne viele Erzeuger dazu verleitet, ein paar Abkürzungen auf dem Weg nach oben zu suchen.
Jede reife Traube enthält eine natürliche Süße, denn dieser Zucker ist es ja, der schließlich in Alkohol umgewandelt wird. Es gibt nun verschiedene Wege, einen süßen Wein zu erzeugen, legale und illegale. Die schönsten natürlich süßen Weine stammen aus den besten Lagen in den besten Jahren. Ein solcher Rebberg hat sein spezielles Mikroklima, das die Trauben vielleicht früher und voller reif werden läßt als andere. Mit anderen Worten, dieser Rebberg mag für den Befall mit *Botrytis cinerea*, dem Edelfäulepilz, besonders geeignet sein. Dieser Pilz greift die Beerenhaut an und läßt die Flüssigkeit im Innern verdunsten, wodurch vor allem Zucker zurückbleibt. Wie zu erwarten, wird dadurch der Ertrag viel kleiner, dafür ist der Wein aus solchen edelfaulen Trauben viel süßer. Edelfäule tritt vor allem in Regionen mit feuchten Herbstnebeln auf, also oft in Wassernähe. Das können Flüsse sein, wie bei den Weingebieten im Bordeaux oder in Deutschland, es können Seen sein wie in der Neusiedlerregion in Österreich, es kann aber auch Bewässerungswasser sein wie in den Riverina-Weinbergen im australischen New South Wales. Da die Weinhefe vor dem Absterben nur eine ganz bestimmte Menge Zucker aufnehmen kann, entstehen dann Weine mit relativ tiefem momentanem Alkoholgehalt, aber mit viel potentiellem Alkohol im unvergärten Zucker. Dies ergibt die großen deutschen Weinsorten *Beerenauslese* und *Trockenbeerenauslese*. Beim letzteren muß der Winzer theoretisch während der Erntezeit mehrere Male durch den Weinberg gehen und die einzelnen Beeren ablesen, die dunkel-

blaurot und geschrumpft an den Reben hängen. In der Praxis wird aber heute nicht mehr darauf geachtet, wie die Trauben geerntet wurden, sondern nur noch auf ein besonders hohes Mostgewicht.

Andere Methoden zur Herstellung von süßen Weinen bestehen im Abtöten oder »Kidnappen« der Hefepilze, bevor sie allen Zucker aufgenommen haben. Das Abtöten kann mittels Beigabe von Branntwein (wie beim Portwein) oder von Schwefel geschehen, wie es traditionsgemäß bei minderwertigen Weinen in Frankreich, Spanien und Deutschland gemacht wird, oder aber durch Sterilisieren. Mit »Kidnappen« meine ich das Filtrieren des Weins vor dem Abschluß der Gärung durch sehr feine Filter. Aber all diese Methoden tragen das Risiko in sich, daß entweder der Geschmack des Weins verfälscht wird oder daß die Hefen nicht vollständig vernichtet werden, so daß später unter Umständen eine Nachgärung eintritt. Wegen dieser Risiken besteht heute die populärste Methode im Beigeben von Mostkonzentrat zum durchgegorenen Wein, in Deutschland unter dem Ausdruck *Süßreserve* bekannt.

Intressanterweise hatte Fritz Hallgarten in seinem 1951 erschienenen Buch *Rheinland – Weinland* offenbar Grund zur Annahme, die Süßreserve sei der Methode des Sterilisierens gewichen. Seither hat man sich aber vermehrt wieder der Süßreserve zugewandt, obwohl auch diese Methode verschiedene Nachteile mit sich bringt. Der wichtigste davon ist der, daß es unter Umständen schwierig sein kann, einen ohnehin schon sehr leichten Wein auf den von der Europäischen Gemeinschaft vorgeschriebenen minimalen Alkoholgehalt von 7% zu bringen (selbst nach der Trockenzuckerung), nachdem man ihn mit nichtalkoholischem Saft noch gestreckt hat. Und obwohl die Süßreserve sehr süß ist, braucht es viel davon, um den Wein so süß zu machen, wie es die Konsumenten wünschen. Vielleicht wäre die Naßzuckerung – auch Gallisieren genannt – die richtige Lösung? Genau, denn durch den Zusatz von in Wasser gelöstem Zucker läßt sich viel konzentrierter süßen und erst noch billiger. Das hat aber wiederum einen Haken: Das Beigeben von Wasser und Wein ist verboten. Dafür hat die Naßzuckerung den Vorteil, daß sie den Wein auf sehr effiziente Weise entsäuert und zudem die Gesamtertragsmenge erhöht.

Auch wenn man die Deutschen normalerweise als autoritätsgläubiges Volk ansieht – das, was allgemein als Naßzucker-Skandal bekannt wurde, war ein starkes Stück. Es stand dabei einiges auf dem Spiel, denn mit nur einem Kilo Zuckerwasser konnte man im Nu 46 Flaschen bescheidenen Tafelweins in edle und teure Ausleseweine verwandeln.

Die Betrüger hatten dank der föderalistischen Gesetzesstruktur in Deutschland ein leichtes Spiel. Das hieß, daß jeder auf einen guten Freund im Behördenapparat zurückgreifen konnte, der bei einem allfälligen Verdacht schon ein Auge zudrücken würde. Diese Art von Schwindel ist an sich nicht leicht aufzudecken, und die Behörden der verschiedenen Bundesländer müssen zu einem großen Teil von dem Schwindel gewußt haben. Nachdem offenbar durch ein freiwilliges Geständnis Licht hinter die Sache gekommen war, fand sich unter den Angeklagten unter anderem der Präsident der Deutschen Winzergenossenschaft. Schon vier Jahre zuvor hatte eine staatliche Weinchemikerin ihren Verdacht geäußert, daß dieser Mann Weinbetrug betreibe, worauf sie eindrücklich vor dem Äußern ihres Verdachts bei der Justizbehörde gewarnt wurde und sogar anonyme Morddrohungen erhielt.

Das Ausmaß dieses Weinbetrugs ist in der Tat atemberaubend. Eine Moselgenossenschaft wird verdächtigt, allein über 13 Millionen Flaschen illegal gesüßten Weins innerhalb von drei Jahren in Umlauf gebracht zu haben. Man rechnete aus, daß in den zweieinhalb Jahren bis zum Oktober 1980 über 4000 Tonnen Naßzucker an die Winzer in der Region Mosel-Saar-Ruwer verkauft wurden, etwa 1000 Tonnen in Rheinhessen und kleinere Mengen in den übrigen Weinbaugebieten Deutschlands. Die Methode wurde so populär, daß sie wahrscheinlich auch im Westen, in den Weinregionen des Elsaß und in Luxemburg, Fuß faßte.

Wie bei so manchem Skandal war die Regierung bemüht, im Interesse der Bewahrung des guten Rufs ihres Weingeschäfts das gigantische Ausmaß der Affäre möglichst unter Verschluß zu halten. Das erstaunt weiter nicht angesichts der Beweisführung vor Gericht, bei der sich herausstellte, daß genügend Zucker im Einsatz gewesen war, um etwas über 260 Millionen Flaschen billigsten Rebensafts in erstklassigen Wein zu »verwandeln«. Die wirkliche Menge

muß aber aus zweierlei Gründen noch viel höher gewesen sein. Erstens ist es unwahrscheinlich, daß der ganze Skandal aufgedeckt wurde – wahrscheinlicher ist, daß dies nur die Spitze des Eisbergs war. Und zweitens – und das scheint mir noch ausschlaggebender – ist es höchst unwahrscheinlich, daß der größte Teil des Zuckers zur Qualitätsverbesserung um mehr als eine Klasse verwendet wurde; nur in Ausnahmefällen wird man einen gewöhnlichen *Tafelwein* in *Auslese* verwandeln. Normalerweise wird aus einem Tafelwein höchstens ein *Kabinettwein*, aus dem Kabinett ein *Spätlesewein* und so weiter, Stufe um Stufe. Ich sollte vielleicht erwähnen, daß diese Hierarchie in Deutschland je nach dem Zuckergehalt in den Beeren zur Zeit der Ernte festgelegt wird. Zuunterst stehen die Schoppenweine, dann folgen die Kabinettweine, die *Spätlese, Auslese, Beerenauslese* und *Trockenbeerenauslese*.
Aber zurück zu den Menschen: Über 2500 Weinerzeuger wurden gerichtlich belangt, und jeder bekam eine dreijährige Haftstrafe bedingt und eine Geldstrafe von rund 17 000 £ aufgebrummt. Auch wenn angesichts des Ausmaßes dieses Schwindels die Höchststrafen unbedingt ausgesprochen worden wären, hätten die meisten Schuldigen nach ihrer Entlassung aus dem Gefängnis immer noch ins gemachte Nest fliehen können. Die meisten Gefängnisstrafen wurden schließlich aber erlassen und nur einige wenige Schuldige mußten die maximalen Geldbußen bezahlen. Vielleicht waren die Richter insgeheim der Auffassung, die Angeschuldigten hätten der Europäischen Gemeinschaft bei der Lösung von zwei Problemen geholfen: dem chronischen Produktionsüberschuß von Zucker und Wein. Ohne die Machenschaften der Weinbranche wäre ein großer Teil des Weins nämlich unverkäuflich und ein großer Teil des Zuckers jahrelang in den Lagerhäusern liegen geblieben.
Das Problem der Überproduktion von »Grenz«-Wein beschäftigt Deutschland noch immer. Durch den ständigen Kampf um Sonne, die vielleicht höchstens in drei von zehn Jahren genug scheint, und bedingt durch die Riesenerträge der meisten Weinberge, häufig aus Trauben, die höchstens mittelmäßigen Wein hervorbringen, ist es kein Wunder, daß die Winzer immer wieder nach einer Möglichkeit Ausschau halten, ihre Weine künstlich zu süßen. Es ist auch kein reiner Zufall, daß man nach dem öster-

reichischen Weinskandal auch in mehreren deutschen Weinen deutliche Spuren zu Diäthylenglykol gefunden hat. Die Importeure konnten der Versuchung nicht widerstehen, ihre deutschen Weine durch Beimischen von oft alkohol- und zuckerhaltigeren und erst noch günstigeren süßen österreichischen Weinen zu »verfeinern«. Zuerst hatte man zur Verteidigung der Deutschen angeführt, diese Spuren seien im Laufe der absolut legalen Abfüllungen von österreichischen Weinen in den Abfüllmaschinen zurückgeblieben, aber eine nähere Abklärung entlarvte diese Entschuldigung schon bald als zu naiv für die Behörden.
Daß man dem Wein Zucker beifügte oder ihn mit Zuckerwasser mischte, ist nichts Neues; schon im Jahre 1874 schrieb James Denman in der »Times« vom 15. August 1874 folgendes: »Die Handelskammer Köln klagt in ihrem Jahresbericht über das Panschen oder sogenannte »Verfeinern« von deutschen Weinen; diese Methode nahm letztes Jahr unter allen oder fast allen Weinbergbesitzern der Mosel und vielen Weinbauern aus der Pfalz alarmierende Ausmaße an. Ungezuckerte, natürliche Weine sind heute sehr rar in der Moselgegend, und die Beimengung von Zucker geht Hand in Hand mit der großzügigen Beimengung von Wasser und den üblichen Mengen Weingeist. Die Mischung wird mit Traubenschalen angesetzt und das Ganze als hochgezüchteter Wein angepriesen. In der letzten Saison wurden 18000 Zentner gewöhnlichen Kartoffelzuckers von Koblenz in die Moselgegend verschifft, davon eine erhebliche Menge in die obere Rheingegend, so daß viele Weinkeller jetzt mehr 1873er Wein enthalten als die Rebberge jemals hervorbrachten.«
Die großen deutschen Weine sind wahre Meisterwerke, die die besten Lagen in Spitzenjahren hervorbringen. Die große Mehrheit der deutschen Weine aber ist im besten Fall ein anonymes Erzeugnis, das jedoch dem Geschmack des Konsumenten entspricht, weil er sich daran gewöhnt hat, einen bestimmten, ihm zusagenden Weinstil unter einem familiären Namen wie Liebfrauenmilch, Niersteiner oder Piesporter wiederzufinden. Diese Anspruchslosigkeit von Seiten der Konsumenten wurde von den Behörden auf schnöde Weise ausgenützt, als sie 1971 die Revision des Weingesetzes guthießen. Auf allen Gütestufen wurde die Zahl der Weinbauregionen angehoben, die

ihre Weine mit Modenamen bezeichnen dürfen. Nehmen wir zum Beispiel den Schwarzlay. Dies war früher der Name einer bestimmten Lage, die den beiden Moseldörfern Zeltingen und Ürzig gehörte. Heute darf die Bezeichnung Schwarzlay nicht mehr von diesen beiden Dörfern benutzt werden, denn Zeltingen hat dieses Recht verloren, sondern für Weine aus Erden, Kinheim, Traben, Trarbach, Enkirch und weitere unbekanntere Dörfer, nebst Ürzig. Dasselbe gilt für einen Wein namens Bereich Bernkastel: Er kann sowohl aus Bernkastel stammen wie auch aus etwa hundert anderen Orten der Mittelmosel. Sogar der zur obersten Güteklasse gehörige Bernkasteler-Doktor-Rebberg ist mehr als doppelt so groß geworden. Offiziell wird als Grund für solche Veränderungen eine Vereinfachung im Sinne der Konsumenten vorgeschoben. Ich muß gestehen, daß ich bei den deutschen Weinen zu einem großen Teil noch immer nicht einen klaren Durchblick habe. Für ein tiefergehendes Verständnis der undurchschaubaren deutschen Weinseele kann ich Fritz Hallgartens Buch *Weinskandal* wärmstens empfehlen. Es ist eine traurige Schicksalsfügung, daß ausgerechnet Hallgartens Familienbetrieb an die Firma Pieroth verkauft wurde, deren guter Ruf nach einigen Jahren ins Kreuzfeuer der Kritik geriet. Es war sogar Fritz Hallgarten selbst, der einen Prozeß gegen Pieroth anzettelte, weil die Firma Etikettenschwindel betrieb. Hallgarten gewann den Prozeß.

Man mag erstaunt sein ob dem Ausmaß, das das Naßzukkern in Deutschland selbst unter dem strengen Auge der Kontrollbehörden angenommen hat; man mag aber noch viel mehr staunen, wenn man erfährt, daß es eine wichtige Weinbauregion gibt, wo das Chaptalisieren, Gallisieren und Panschen des Weins nicht nur völlig legal ist, sondern auch als natürlicher Bestandteil des größten Teils der lokalen Weinerzeugung angeschaut wird. Es ist dies die Region Finger Lakes im amerikanischen Bundesstaat New York. Dort herrscht ein Kontinentalklima mit außergewöhnlich kalten Wintern und heißen, feuchten Sommern. Traditionsgemäß arbeitet man dort vor allem mit amerikanischen Hybridreben, die einen eher leichten Wein mit hohem Säuregehalt und einem typischen Geschmack ergeben, der manchmal als »fuchsig« beschrieben wird. Mich dünkt der Geschmack schlichtweg ungenießbar. Wir haben hier also das gleiche Problem wie in Deutschland: Eher ungeeignete Grundzutaten müssen solchermaßen »korrigiert« werden, daß daraus ein schmackhafter Wein gemacht werden kann.

Das Bundesgesetz ist in den Vereinigten Staaten einiges lockerer als das europäische EG-Gesetz. Außer in Kalifornien darf man in jedem Bundesstaat Wein mit einem Fremdanteil von bis zu 25% machen und das Endprodukt nach dem betreffenden Staat nennen, zum Beispiel New-York-State-Wein. Zusätzlich darf man diesem Verschnitt bis zu 35% Zucker und/oder Wasser beifügen. Wenn man also 75 Gallonen New-York-State-Wein mit 25 Gallonen Kalifornischem Wein mischt und dem Ganzen noch 35 Gallonen Wasser beigibt, erhält man ein Produkt, das nur noch zu 55% dem entspricht, was auf dem Etikett steht. Für meinen Geschmack ist das eindeutig zu liberal.

Den Grund für diese scheinbare Gesetzesmilde erklärt Peter Quimme in seinem Buch *American Wines:* »Wenn wir die Weinproduktion im Osten der Vereinigten Staaten betrachten, dürfen wir nicht übersehen, daß das, was der Qualität eines *Vinifera*-Weins schaden würde, nicht unbedingt auch der Qualität eines *Labrusca*-Weins schadet. Es wird oft hervorgehoben, daß die Bundesgesetzgebung im Osten das Beigeben von Zucker und Wasser zum Most erlaubt, damit aus den Labrusca-Trauben mit ihrem sehr tiefen Zucker- und hohen Säuregehalt dennoch ein ausgewogener Wein hergestellt werden kann. Während das Beigeben von Wasser zu einem *Vinifera*-Wein das Produkt nur verwässern würde, ergibt der Wasserzusatz bei einigen *Labrusca*-Weinen zweifellos einen zwar milden, aber insgesamt schmackhafteren Wein.«

Diese Methode war und ist nicht unumstritten und wird sogar von einigen Winzern aus der betreffenden Region kritisiert. Der Anführer dieser Opposition war Walter Taylor, dessen Familie eines der größten Weingüter im Staat New York gründete und in dem Walter Taylor mehrere Jahre mitgearbeitet hat. Vielleicht mag es unter diesen Umständen übereilt gewirkt haben, als Walter seine Attacken gegen die von ihm »Verräter des Weinhandels« genannten Personen zu reiten begann. Es überrascht jedenfalls nicht, daß im Protokoll eines Komiteemeetings vom 22. April 1970 steht: »Das Komitee wurde auf verschiedene neuere Zeitungsartikel, Pressemitteilungen und

öffentliche Meinungsäußerungen von Walter Taylor aufmerksam, der auf perfide Art und Weise die Weinbranche im Staat New York angreift. Nach eingehenden Diskussionen über seine Kritik, die unablässig die Weingesellschaft verunglimpft und ihren Interessen entgegenwirkt, wurde beantragt, unterstützt und schließlich einstimmig beschlossen, daß Walter S. Taylor mit sofortiger Wirkung und ohne Abfindung seines Amtes enthoben wird.«
Walter Taylor reagierte darauf mit der Gründung einer eigenen kleinen Weinkellerei, wo er jetzt seinen Bully-Hill-Wein aus verschiedenen europäischen Hybridreben macht. Ich persönlich wäre glücklicher, wenn Walter bei seiner eigenen Produktewerbung den Kunden etwas klareren Wein einschenken würde. Seine Weine sind soweit gut, aber zu behaupten, daß die Baco Noir ein Gewächs ist, aus dem man den besten Burgunder macht, ist schlichtweg falsch und eigentlich genauso irreführend wie der Etikettenschwindel, den Taylor anderen Weingütern New Yorks vorwirft.
Ich muß hier erwähnen, daß im Staat New York auch Anstrengungen unternommen wurden, aus solchen *Vinifera*-Reben wie der Chardonnay Wein zu machen. Der Initiant dazu war Charles Fournier, ein Franzose, der vorher für Veuve Clicquot gearbeitet hatte. Ursprünglich holte man ihn nach Amerika, damit er für die Firma Gold Seal Wine Cellars New-York-State-»Champagner« mache, aber im Laufe der Zeit setzte er sich in den Kopf, auch einige der regionalen Stillweine zu verbessern. Als Assistent setzte er Dr. Konstantin D. Frank ein, ein Exilrusse, der Erfahrung mit der Weinbereitung im strengen Kontinentalklima der Ukraine hatte. Nach nicht allzu langer Zeit machte er sich mit seiner eigenen Weinkellerei Vinifera Wine Cellars in Hammondsport selbständig. Trotz harscher Kritik von Seiten des regionalen Landwirtschaftlichen Beratungsdienstes produziert er erfolgreich Wein aus verschiedenen europäischen Traubensorten wie zum Beispiel Chardonnay, Cabernet Sauvignon, Pinot Noir und Riesling. Aus der Rieslingtraube hat er sogar einige Weine bis zur Klasse der *Trockenbeerenauslese* bereitet. Ich hoffe, daß er nicht etwa zur Naßzuckerung gegriffen hat, um dieses hohe Ziel zu erreichen!
Es muß betont werden, daß an der Methode der Etikettierung der New-York-State-Weine nichts Unlauteres ist.

Alles entspricht ganz dem Bundesgesetz. Andererseits ist nicht von der Hand zu weisen, daß diese Weine in der Europäischen Gemeinschaft nicht erlaubt wären, und daß die Produktionsmethode dieser Weine sogar gemessen am Naßzuckerskandal Deutschlands eine sehr eigenwillige ist. Aber obwohl dieser Wein absolut legal ist und obwohl natürlich die Vorschriften jeder einzelnen Region und jedem Land angepaßt sein sollten, scheint es mir etwas bedenklich, daß man einen Wein so leichtfertig als solchen etikettieren darf, obschon unter Umständen nur 65% davon wirklich aus Trauben einer bestimmten Quelle gemacht sind und vielleicht nur gerade 55% des Flascheninhalts aus dem deklarierten Bundesstaat kommt.

7. Geschichten aus dem Wienerwald

In der Welt des Weins ist ein kurzes Gedächtnis gefragt, und so erinnerten sich denn anläßlich des österreichischen Weinskandals von 1985 nur wenige an die zwölf Jahre alte Geschichte, die einem so treffend die österreichische Philosophie nähergebracht hatte, daß nämlich Weingesetze nur auf dem Papier gelten, und daß man nicht zögern sollte, sie frischfröhlich zu umgehen, wenn sich damit Geld machen läßt.

Eine der cleversten Weinmarken, die je kreiert wurde, ist »Hirondelle« der Bass-Charrington-Gruppe. Ihr zugkräftigstes Verkaufsargument ist das, daß die Konsumenten es mit keiner bestimmten Lieferquelle in Verbindung bringen. Ich habe die Gefahren, die aus einem Erfolg erwachsen können, ja schon zur Genüge aufgezeigt. Mouton Cadet mußte im Laufe der Jahre den Standard seiner Basisweine senken. Auf den großen deutschen Weingenossenschaften lastet der Druck, genügend Produzenten für ihre international beliebten Liebfrauenmilchweine zu finden. Bass hingegen war clever genug, immer von jenen Ländern zu kaufen, die den richtigen Wein zum richtigen Preis offerierten. Hirondelle kam im Laufe der Jahre einmal aus Frankreich, dann wieder aus Ländern hinter dem Eisernen Vorhang, dann aus Zypern und anfangs der 1970er Jahre aus Österreich.

Die Gesellschaft, die den Wein lieferte, Lessner und Kamper, produzierte exzellente Weine in offenbar unbeschränkten Mengen. Ich vermute, daß als weitere Attraktivität Freundschaftspreise bei den Einfuhrgebühren lockten, denn sowohl Großbritannien wie Österreich waren damals Mitglied der Europäischen Freihandelszone. Hirondelle wurde sehr rasch zu einem absoluten Schlager, denn sein Geschmack sagte der neuen Generation von Weintrinkern zu, die wahrscheinlich zum ersten Mal auf einer Urlaubsreise Wein getrunken hatten und zufrieden waren, wenn sie auch zu Hause einen Wein zu einem günstigen Preis bekamen. Hirondelle füllte also eine bedeutende Marktlücke, und der Umsatz stieg kometenhaft an.

Die *Sunday Times* war es, die der Öffentlichkeit vor Augen führte, daß der Konsum von rotem Hirondelle, der als österreichischer Wein verkauft wurde, bereits die Jahresproduktion von Rotwein des ganzen Landes überstieg. Auf der einen Laderampe luden Tanklastwagen tonnenweise osteuropäischen Wein ab, und von der anderen Rampe fuhren sie wieder mit offiziell österreichischem Wein ab. Hedges and Butler, die Weinspezialisten im Bass-Imperium, betonten nicht ganz grundlos, daß sie auf offiziellen Begleitpapieren beharrten, welche die Echtheit des Weins garantierten. Sie müssen die enormen Mengen von ausländischem Wein gesehen haben, die in Lessner und Kampers Kellern lagerten. Sie müssen auch gewußt haben, wieviel österreichischer Wein hineinkam und wieviel hinausging. Kann sein, daß die Behördenvertreter Nieten in Mathematik waren; kann aber auch sein, daß man ihnen einfach klarmachte, wie schade es wäre, wenn sie sich diese wichtige Deviseneinnahmequelle vermasseln würden.
In der *Times* vom Montag, den 19. August 1985 schrieb deren Wiener Korrespondent Richard Bassett einen Artikel, der deutlich zeigte, daß die Korruption in Österreich heimisch ist. Er zitierte unter anderem auch Metternichs berühmtes Wort, daß »der Balkan vor den Toren Wiens« beginnt. Erst nach meinem Besuch nach dem großen Weinskandal wurde mir bewußt, wie wahr das ist. Auch die Österreicher stimmen dem zu, aber sie hören es nicht gerne; man tritt ihnen damit leicht zu nahe. Ein bekannter österreichischer Weinjournalist nannte das Burgenland einmal »den österreichischen Kongo«. Gaunerei und Schwindel wurden dort als etwas Gottgewolltes hingenommen, und auch der unter dem Namen Frostschutz-Skandal bekanntgewordene Schwindel hatte seine Wurzeln im Burgenland.
Man muß dabei jedoch zwei verschiedene Fakten ins richtige Verhältnis rücken. Erstens einmal ist der Zusatz, der in aller Leute Mund war, nämlich Diäthylenglykol, nur relativ schwach toxisch. Die einzigen Todesfälle, die nach dem Genuß dieser Substanz verzeichnet wurden, traten nach einer massiven Überdosis auf, die man niemals bei einem normalen Weinkonsum aufnehmen kann. Die Wissenschaftler erklärten übrigens bald einmal, daß der Alkohol im Wein potentiell gefährlicher war als die

Diäthylenglykol-Spuren, die man in einigen wenigen Weinproben entdeckte. Meines Wissens hat nie jemand anders als mit Kopfweh unter dem Wein gelitten, und das kann auch unter topseriösen Umständen passieren. Die Gefahren beim Trinken von österreichischem Wein wurden völlig überrissen dargestellt, wenn man bedenkt, wie der österreichische Skandal an der Öffentlichkeit breitgeschlagen wurde, obwohl niemand körperlich zu Schaden kam, und wenn man es mit der späteren italienischen Geschichte vergleicht, wo über zwanzig Menschen nach dem Genuß von Markenweinen starben, die mit Industriealkohol versetzt waren. Noch heute ist Österreich willkommenes Opfer für Weinwitze, während Italien nur ganz kurz im Gerede war.
Der andere Mythos, mit dem man endlich aufräumen sollte, ist der, daß Diäthylenglykol ein Bestandteil von Gefrierschutzmitteln sei. Dabei handelt es sich um eine kleine chemische Verwechslung, denn nicht Diäthylenglykol steht im Winter allüberall im Einsatz, sondern *Äthylenglykol*. Trotz dieses Sachverhalts hatte die britische Fernsehgesellschaft BBC die Unverschämtheit, österreichischen Wein als erprobtes Mittel bei zugefrorenen Start- und Landebahnen in Flughäfen vorzuschlagen, wobei im Fernsehen eine Flasche einer bestimmten Weinmarke gezeigt wurde, bei der nie Spuren Diäthylenglykol gefunden worden waren. Tatsächlich gefriert Wein – und nicht nur österreichischer – bei tieferen Temperaturen als Wasser, so daß man in gewisser Weise schon von Gefrierschutzeigenschaften des Weins sprechen kann, aber es war doch etwas unvorsichtig, um nicht zu sagen verleumderisch von BBC, diesen Zusammenhang in einer so heiklen Angelegenheit darzustellen. (Übrigens wurde kürzlich, als wir im Eis des Flughafens von Bordeaux festsaßen, Urin von Tieren als Taumittel eingesetzt!)
Während die Presse ihre ganze Aufmerksamkeit auf einen einzigen Aspekt im großenteils korrupten Weinhandel Österreichs konzentrierte, schien sie andere, und vielleicht noch bedenklichere Tatsachen zu ignorieren, die bei der ganzen Geschichte eine wichtige Rolle gespielt hatten und schließlich zu dem dramatischen Höhepunkt führten. Das Grundübel in Österreich ist seit langer Zeit die enorme Überproduktion in bestimmten Weinbauregionen. Da das österreichische Weingesetz in keiner Weise

eine Kontrolle darüber hatte, wieviel Wein pro Hektar produziert wurde, führte schon diese Tatsache an sich zu zahlreichen Mißbräuchen, die von den Behörden oftmals stillschweigend geduldet, wenn nicht gar gefördert wurden. Der Schwarzhandel mit den offiziellen Begleitpapieren, der Garantie, die jeden Qualitätswein begleiten muß, war weitverbreitet. Auf diese Weise wurden Weine mit Qualitätsgarantien geschmückt, die sie nicht verdient hatten, mit Adelsprädikaten, mit denen sie unrechtmäßig versehen wurden.

Aber es kommt noch besser: Offenbar passierte ein beachtlicher Anteil des Weins, der auf dem österreichischen Markt verkauft wurde, überhaupt nie eine amtliche Kontrolle. Der Wein kam also vom Erzeuger zum Detaillisten und von dort zum Kunden, ohne jemals irgendwie versteuert worden zu sein. Ein führender Kopf des Weinhandels vertraute mir an, daß seiner Schätzung nach mindestens 40% des auf dem heimischen Markt produzierten und konsumierten Weins durch die Maschen des Steuernetzes schlüpfte. Daraus wird leicht ersichtlich, wie schwer es für die ehrlichen Leute im Weingeschäft wurde, ehrlich zu bleiben und trotzdem konkurrenzfähig zu sein. Sie waren gezwungen, ihren Wein aus billigeren Quellen zu beziehen, und das wiederum setzte die Winzer unter Druck.

Nebst dem Diäthylenglykol gab es aber noch zwei andere »chemische« Fragezeichen im Frostschutz-Skandal. Das erste betrifft den weitverbreiteten Einsatz von Stabilisatoren bei den süßeren Weinen, die gefährlich und unbeständig sind. Einer davon soll bei unsachgemäßer Behandlung sogar hochexplosiv sein.

Noch nachdenklicher macht die Geschichte von Otto Nadrasky Snr, genannt das Superhirn, der eine Weinbereitungsmethode erfand, die mit Trauben rein gar nichts mehr zu tun hat. An sich war das nichts Neues, und auch in Italien war die Methode Jahre zuvor beliebt gewesen, und Nadrasky soll denn auch in seinem südlichen Nachbarland in die Lehre gegangen sein. Er verfeinerte das Rezept aber so, daß er chemisch gesprochen eine Substanz produzieren konnte, die für den Konsumenten nicht mehr von richtigem Wein unterscheidbar war. Dieser Aspekt des österreichischen Weingeschäfts scheint im Trubel um das ganze Schlamassel völlig untergegangen zu

sein, was den Betroffenen natürlich nur recht sein konnte. Ein weiterer, nicht unwichtiger Faktor war der deutsche Absatzmarkt. Seit dem nur wenige Jahre zurückliegenden Naßzuckerungs-Skandal fehlte es in Deutschland allgemein an den vom Konsumenten so geschätzten süßen Weinen. Österreich bot sich als natürlicher Lieferant geradezu an, denn dort wird viel süßer Wein produziert, vor allem im östlichen Landesteil, dem Burgenland nahe der ungarischen Grenze, das dank den häufigen Herbstnebeln vom Neusiedlersee ein ideales Klima für edelfaule Beeren bietet. Überhaupt ist das Klima in Österreich weniger problematisch als in Deutschland. Es stimmt zwar, daß die Produktionsmenge von Jahr zu Jahr stark variieren kann, aber andererseits stimmt es auch, daß man jedes Jahr süße Weine von guter Qualität erhalten kann. Das österreichische Weingesetz schreibt einen höheren natürlichen Zuckergehalt in den Trauben vor als das deutsche für einen gleichwertigen Wein; was also in Österreich ein *Spätlesewein* ist, wäre in Deutschland schon ein *Auslesewein*. Viele deutsche Weinhändler begannen, österreichische Qualitätsweine offen einzuführen und sie in Deutschland selbst abzufüllen. Die Nachfrage stieg rapide an und die Konkurrenz wurde immer härter. Sehr wahrscheinlich wurde zu der Zeit in Deutschland viel von dem verfälschten Wein zu sehr tiefen Preisen verschleudert. Dies setzte die ehrlichen Weinhändler weiter unter Druck, denn sie waren jetzt nicht nur auf dem Binnenmarkt nicht mehr konkurrenzfähig, sondern auch auf dem wichtigsten Exportmarkt.
Bevor wir nun den Diäthylenglykol-Skandal und seine Folgen näher anschauen, lohnt es sich vielleicht, nach dem Grund zu fragen, weshalb der Zusatz überhaupt dem Wein beigegeben wurde. Man konnte oft hören, daß Diäthylenglykol einen Süßstoff enthalte. Das ist aber ein Irrtum. Es verhält sich vielmehr so, daß, wie Otto Nadrasky herausfand, das Diäthylenglykol zusammen mit Zucker bewirkt, daß der Zucker im Wein chemisch nicht mehr nachweisbar ist. Nach dem Naßzuckerungs-Skandal in Deutschland hielten die Regierungschemiker auf der ganzen Welt besonders aufmerksam Ausschau nach solchermaßen manipulierten Weinen. Auch Glyzerin, das Alternativmittel, das den Wein ebenfalls süßer und schmeichelnder macht, war den Chemikern wohlbekannt.

Und da lag denn auch das größte »Verdienst« Otto Nadraskys: Er hatte eine Substanz gefunden, die einerseits den massiven Zuckerzusatz im Wein vertuschte und andererseits bei den Chemikern nicht auf der schwarzen Liste stand. Zwar wurden Lacke und Desinfektionsmittel auf diese Substanzen hin untersucht, aber wer hätte sie schon im *Wein* erwartet? Es ist genau, wie Colin Parnell, Herausgeber des Magazins *Decanter,* in einem Leserbrief an die *Times* pointiert formulierte: »Wenn jemand Ofenreiniger in den Wein geben würde, damit er alle Merkmale eines großen Bordeaux aufweise, würde es wahrscheinlich Jahre dauern, bis man darauf käme, denn keinem normalen Menschen kommt es in den Sinn, einen Wein auf Spuren von Ofenreiniger hin zu untersuchen.«
Es herrscht einige Unstimmigkeit darüber, wie lange dem Wein schon Diäthylenglykol beigegeben wurde, als der Schwindel aufflog. Mit Sicherheit läßt sich nur feststellen, daß einige der manipulierten Weine, die später in Deutschland auftauchten, Etiketten von der 1978er Ernte trugen. Das bedeutet entweder, daß der Schwindel spätestens im Herbst 1978 begann, oder aber, daß nicht nur bei der Wein*bereitung* geschwindelt wurde...
Die offizielle Version der ganzen Geschichte bezeichnet den März 1985 als das Datum, an dem der Betrug durch Zufall aufflog. Der *Wust*-Inspektor im Dorf Pamhagen, das zu einem der abgelegensten Weinbaugebiete Österreichs am südlichen Ufer des Neusiedlersees nahe der ungarischen Grenze gehört, kontrollierte bei der Einreise den lokalen Weinhändler Siegfried Tschida. Dabei fand er verschiedene Belege für den Ankauf von Diäthylenglykol. Da sich der Inspektor nicht erklären konnte, weshalb eine Weinhandelsfirma so etwas brauchte, fragte er seinen Kollegen, den lokalen Gesundheitsinspektor, um Rat. Wenn diese Geschichte auch stimmen mag, so besteht doch der berechtigte Verdacht, daß die österreichischen Behörden schon seit dem November des vorherigen Jahres von diesem illegalen Geschäft wußten. Ganz sicher ist auf jeden Fall, daß sie ihre deutschen Kollegen im April warnten, es sei manipulierter Wein nach Deutschland ausgeführt worden.
Zwischen April und Juli scheint man dann in irgendeinem Amt übereingekommen zu sein, daß man die ganze Affäre besser geheim halte. Es war natürlich im Interesse

der österreichischen Behörden, daß so wenig wie möglich an die Öffentlichkeit geriet, und wahrscheinlich fanden auch die Deutschen, ein zweiter Weinskandal, auch wenn sie davon nur indirekt betroffen waren, würde die Glaubhaftigkeit ihrer Weinhändler weiterhin schmälern. Die offizielle Version, die die deutschen Behörden verlauten ließen und am 5. August 1985 im *Time Magazin* zitiert wurde, lautete, daß »die Österreicher« (als sie die Warnung wegen des manipulierten Weins durchgaben) »sich nicht an die zuständige Stelle gewandt und die Warnung zu harmlos formuliert« hätten.

Großbritannien erfuhr von Holland als erstes am 11. Juli von der Geschichte, die vorerst keinen großen Aufruhr bewirkte. In Deutschland hingegen wurde jetzt Alarm geschlagen, und die *Welt* publizierte am 19. Juli eine Liste von 125 zum größten Teil in Deutschland abgefüllten Weinen, welche mit dem chemischen Zusatz verunreinigt waren. Am gleichen Tag erschienen in der *Times* drei diskrete Meldungen:

Das Landwirtschaftsministerium erhielt den Auftrag, die britischen Weinhändler anzuhalten, alle österreichischen Weißweine aus den Lagern zu nehmen, und die Öffentlichkeit wird davor gewarnt, solche Weine zu trinken, nachdem gestern abend in Süd-Yorkshire bei Probeanalysen mit Frostschutzmittel versetzte Weine festgestellt wurden.

Die Analyse wurde vorgenommen, nachdem bei der Verwaltungsbehörde von Yorkshire eine Klage von einem Konsumenten eingegangen war. Der Lieferant des betreffenden Weins, eines Georgener Spätlese, war gestern abend noch nicht bekannt. In den vergangenen Tagen wurden in der Bundesrepublik Deutschland Tausende von solchermaßen manipulierten Flaschen österreichischen Weißweins entdeckt.

Auf einer anderen Seite stand unter dem Titel »Medizinische Ratschläge« zu lesen, daß die Leser keinen Grund hätten, in Panik auszubrechen, und daß »hundert Milligramm Aethylenglykol (Frostschutzmittel) pro Liter Wein als maßvoll eingesetzter Süßstoff gelten« dürfe. Der Leser solle sich bitte keine unnötigen Sorgen machen, denn »Alkohol wirkt im Falle einer Vergiftung durch Frostschutzmittel als ideales Antigift. Auch der schwächste österreichische Wein enthält genug Alkohol, um eventuelle Nebenwirkungen erfolgreich zu neutralisieren.« Es wurde sodann zurückhaltend angedeutet, daß »einige österreichische Winzer etwas zu großzügig Frostschutzmittel in ihre Weine gegeben haben« und daß Nierenschäden nicht auszuschließen seien, wenn jemand solchen Wein im Übermaß genieße.

Die Reaktion auf diese Geschichte hielt sich in Großbritannien in Grenzen, bis der *Observer* am Sonntag, den 11. August, einen fundierten Artikel über das ganze Ausmaß des Weinskandals brachte. Erst jetzt wurden sich viele Leser bewußt, wie sehr der Wein im Laden um die Ecke vergiftet sein konnte. Ich sage zwar, der Wein im Laden, aber theoretisch war zu diesem Zeitpunkt schon jede Weinflasche österreichischer Provenienz von den Ladenregalen verschwunden und harrte der chemischen Analyse, die über Genießbarkeit oder Ungenießbarkeit entscheiden sollte. Der *Observer* zählte aber auch dreizehn österreichische und fünf deutsche Weine auf, in denen das Gefrierschutzmittel bereits nachgewiesen worden war.

Das Prüfen des Weins verursachte allerdings ein großes Problem, wie ein Artikel in der *Sunday Times* vom selben Datum darlegte. Das staatliche Labor in Norwich mußte von einem Tag auf den andern eine Riesenmenge von Weinproben analysieren und eine Substanz suchen, der es vorher noch nie bei einem Wein begegnet war und dessen Grenzwerte viel tiefer angesetzt waren als üblich. Zudem standen die Chemiker auch unter einem nicht zu unterschätzenden Druck der britischen Importeure von österreichischem und deutschem Wein, die natürlich darauf hofften, daß die Weine zum weiteren Verkauf freigegeben wurden. Es stellte sich aber später heraus, daß auch freigegebene Weine sich nicht mehr unbedingt gut verkauften, denn die britischen Konsumenten hatten das Vertrauen in Österreich und seine Produkte nun doch verloren.

Und was ging unterdessen in Österreich vor? Noch vor Ende Juli kündete der österreichische Kanzler Fred Sinowatz an, daß seine Regierung das »strengste Weingesetz Europas« erlassen würde. Daraufhin wurden sofort Stimmen laut, die das geltende Weingesetz in Schutz nahmen, das erst 1972 revidiert worden war. Dazu muß man sagen, daß in der Tat einige Verbesserungen möglich gewesen wären, daß aber nicht so sehr der Gesetzesparagraph an

sich zu wünschen übrig ließ, sondern seine Anwendung und Kontrolle in der Praxis. Daran waren vor allem die Behörden schuld. (Dazu erzählte mir ein Mann ein Beispiel, dessen Vater amtlicher Weininspektor gewesen war. Als er 1981 eine der führenden Gesellschaften des Landes wegen Weinbetrugs anklagen wollte, wurde ihm das von der Regierung schlichtweg untersagt.)
Der Justizminister Harald Ofner nannte den Weinskandal »das schlimmste Delikt der Nachkriegsjahre« und der Präsident Rudolf Kirchslager appellierte an eine höhere Moral, die es wieder zu erlangen gelte, denn sonst kämen die Österreicher im Ausland in Verruf. Jedermann schien seinen Segen zu der verfallenden Moral der Österreicher geben zu wollen. Es wurden verschiedene Zahlen von Leuten genannt, die im Gefängnis saßen, aber die meisten waren nur kurz in Untersuchungshaft und wurden dann gegen Kaution freigesprochen.
Welches Ausmaß hatte denn nun der österreichische Weinskandal wirklich angenommen? Dies zu berechnen ist fast unmöglich in einem Land, wo ganze Ladungen mit Offenwein vollkommen unkontrolliert hin- und hertransportiert wurden und wo einige Firmen belangt wurden, weil sie Wein verkauften, den sie nie gesehen hatten. Eine solche Firma war unter anderem das prestigeträchtige Haus Lenz Moser, eine Firma, die mehr als andere über die Jahre hinweg den Ruf des österreichischen Weins zu festigen versuchte, indem sie in einem Jahr über 1 800 000 Kisten Wein in 36 verschiedene Länder exportierte. Die Firma hatte von einem Winzer einen Ruster Spätlese 1984 gekauft und direkt nach Deutschland transportiert, wo anhand einer Analyse Diäthylenglykol im Wein gefunden wurde. Ähnlich ging es der Döblinger Herrenhaus-Kellerei in Wien, die einen Tanklastwagen voll Welschriesling 1983 direkt vom Erzeuger im Burgenland nach Manchester geschickt hatte, wo man sehr zur Überraschung des Importeurs ebenfalls Spuren von Diäthylenglykol fand.
Im folgenden gebe ich einige Statistiken wieder, die damals die Runde machten. Im Juli 1985 verkündete die deutsche Regierung, daß 78 000 Gallonen Wein, der aus Österreich importiert worden war, Diäthylenglykol enthielten. Darin inbegriffen waren insgesamt 350 verschiedene Weinsorten. Anfang August sprach der österreichische Justizminister von 38 Weinhändlern, die wegen Wein-

betrugs im Gefängnis säßen und von weiteren 156 Verdächtigen, die vernommen würden. Es ging um Wein in Millionen von Litern, und auch das war »nur die Spitze des Eisbergs«. Am 10. August verkündete der Landwirtschaftsminister, der übrigens nicht lange im Dienst war, daß 15 Millionen Liter Wein konfisziert worden seien.
Ein Beispiel aus der Praxis: Im Keller einer Supermarktkette fand man den Gegenwert von zwei Millionen Flaschen manipulierten Weins. Der Direktor des Supermarkts, Karl Siegfried Peer und sein Labormitarbeiter Thomas Eckert wurden festgenommen. Gerhard Fischler, Besitzer einer Chemiefabrik, gab zu, lastwagenweise Diäthylenglykol an die Firma Fürst in Retz geliefert zu haben; ich nehme an, es handelt sich um eine frivole Laune des Schicksals, daß ausgerechnet in Retz auch die Weinbauschule beheimatet ist. Offenbar deckte sich Franz Schaden, der Besitzer von Fürst, jedes Jahr mit genug Chemie ein, um gegen drei Millionen Flaschen Wein künstlich zu süßen. Es überrascht wohl kaum, daß auch er festgenommen wurde. Des weiteren stellte sich heraus, daß die weitherum bekannte und geachtete Firma Gebrüder Grill in Fels am Wagram in den vorhergehenden fünf Jahren nicht eine einzige Flasche unverfälschten Wein verkauft hatte. Das mag etwas damit zu tun haben, daß der Kellermeister dieser Firma jahrelang Otto Nadrasky Snr hieß; vielleicht war er sogar von seinem Arbeitgeber bei der Erfindung des künstlichen Weins unterstützt worden. Herr Richard und Joseph Grill schließlich wanderten alsbald zu den anderen Hauptangeklagten ins Gefängnis, der eine für zehn Jahre.
Otto Nadrasky Snr, der Kopf der ganzen Betrugsaffäre, war für die Behörden nicht so leicht zu fassen, und er wurde sogar für einige Zeit wieder auf freien Fuß gesetzt. Der Grund dafür lag darin, daß das Experimentieren mit Wein an sich nicht strafbar war und daß die Justizbehörden Mühe hatten, Nadrasky eine direkte Beteiligung am Verkauf des verfälschten Weins nachzuweisen. Schließlich wurde er aber doch für schuldig befunden und mußte eine happige Freiheitsstrafe verbüßen. (Ganz interessant ist der Vergleich der Höchstgefängnisstrafen zwischen Deutschland beim Naßzuckerungs-Skandal mit drei Jahren Freiheitsentzug und dem Frostschutzskandal mit bis zu zehn Jahren Freiheitsentzug.) Ein weiterer Hauptange-

klagter, der Weinhändler Hubert Haimerl, erhielt zweieinhalb Jahre Gefängnis, während die meisten anderen Angeklagten mit Geldstrafen und bedingt erlassenen Freiheitsstrafen davonkamen. Vielleicht fürchtete man, der ganze österreichische Weinhandel könnte zusammenbrechen, wenn man allzu viele führende Köpfe aus dem Verkehr zog.

In Österreich selbst hatte der Skandal ganz direkte Folgen. Mehrere betroffene Weinhandelsfirmen gingen in Konkurs, so zum Beispiel die Gebrüder Grill mit 150 Entlassenen, dann Hieber, Petermichli, Kleinbauer, Haimerl und Hafner und weitere kleinere Firmen im Burgenland, darunter die Firma, die den angereicherten Welschriesling für Manchester geliefert hatte. Leider führte der weltweite Kollaps im Umsatz dazu, daß der vormalige Familienbetrieb Lenz Moser zur Mautner-Markhof-Gruppe wechselte, die sich bereits Marktanteile im Bier- und Nahrungsmittelsektor gesichert hatte.

Aber auch an anderen Ländern ging die österreichische Geschichte nicht spurlos vorüber. Sogar im fernen Japan führte der verfälschte Wein, von dem einige Flaschen auch dort aufgetaucht waren, zu Mißverständnissen, weil die Nachrichtensprecher den Namen Österreich nicht aussprechen konnten. Viele Leute glaubten, es handle sich um Australien statt Austria, und der Exportmanager eines großen Weingutes in Südaustralien erzählte mir, daß ihre Produkte wegen dieses Mißverständnisses mindestens zwei Jahre länger um Anerkennung in Japan kämpfen mußten.

Die nachhaltigsten Folgen aber zeitigte der österreichische Skandal wahrscheinlich in Deutschland, denn es war während langer Zeit der hauptsächliche Exportpartner für Österreich gewesen. Wie bereits erwähnt, mußten die österreichischen Weine zu einem Teil die süßen deutschen Weine ersetzen, nachdem sie beim Naßzuckerungs-Skandal in Verruf geraten waren. Es bestehen zwar keine Zweifel darüber, daß die meisten der österreichischen Weine, die Deutschland importierte, korrekt etikettiert waren, es bestehen aber auch kaum Zweifel darüber, daß einige dieser Importweine dazu mißbraucht wurden, die deutschen Weine künstlich etwas süßer zu machen. Diejenigen Firmen, deren deutsche Weine deutliche Spuren von Diäthylenglykol aufwiesen, waren zufälligerweise auch

die Hauptimporteure von österreichischen Offenweinen. Sie versuchten sich mit dem Argument herauszureden, daß die Spuren bei der Flaschenabfüllung verschleppt worden seien, weil die Abfüllmaschinen nicht genügend gereinigt worden seien. Es ist aber offensichtlich, daß sie es gewohnt waren, die deutschen Weine zu strecken. Als die Zahlen aus der chemischen Analyse von den EG-Behörden miteinander verglichen wurden, stellte sich auf jeden Fall heraus, daß etwas über 1000 österreichische Weinsorten, ca. 50 deutsche Weinsorten und 10 italienische Weinsorten verfälscht worden waren. Die fünfzig deutschen Weinproben stammten aus vier Betrieben: zwei von Peter Mertes und der Rest von Walter Seidel, Ferdinand Pieroth und dem Niederthaler Hof. Zufälligerweise gehören die beiden letztgenannten zu derselben Gruppe und beide sind auf den Direktverkauf an die Konsumenten spezialisiert.
Noch nie hat jemand auf befriedigende Weise die Frage beantwortet, wie das Diäthylenglykol in die italienischen Weine kam. Die erste Antwort einer der betroffenen Firmen, Biscardo in Verona, war die, daß es von einem chemischen Spray stammen müsse, mit dem die Reben behandelt würden. Und die Österreicher meinten darauf, die ganze Idee mit dem Diäthylenglykol komme ohnehin aus Italien!
Auf dem britischen Markt hat Österreich selbst die kleinen Marktanteile verloren, die es vorher hatte. Großbritannien bezog von Österreich vor allem Weine der unteren Preisklasse; einige davon wurden in Großbritannien abgefüllt. Jetzt, einige Jahre nach der Affäre, wendet Österreich einiges an Geld auf, um seine besseren Weine dem britischen Konsumenten wieder schmackhaft zu machen, aber der Erfolg läßt bis jetzt auf sich warten. Es ist schade und vielleicht auch ungerecht, daß österreichischer Wein zu einem Dauerscherz geworden ist, der regelmäßig zum Winteranfang im Zusammenhang mit dem einsetzenden Frost die Runde macht.
In Österreich selbst hat sich die Situation seit dem Skandal drastisch verändert. Dafür dürfte vor allem die neue Weingesetzgebung verantwortlich sein, obschon sowohl die Konservativen wie die Volkspartei zuerst nichts davon wissen wollten. Eine Zeitlang sah es ganz so aus, als würde »das strengste Weingesetz Europas« nie entstehen.

Es scheiterte vorerst an der vorgeschlagenen Höchstproduktionsmenge pro Hektar, ein Paragraph, der natürlich den freiheitsgewohnten Winzern unter die Haut ging, vor allem jenen im Burgenland, wo die Reben vor allem in der Fläche kultiviert werden, und wo astronomisch hohe Erträge pro Hektar an der Tagesordnung sind. Für viele Winzer, vor allem diejenigen mit Hanglagen, waren kleine Erträge das Normale. Am Ende einigte man sich auf einen Kompromiß, und so mußte man sich zum ersten mal mit den Zahlen für Höchsterträge befassen.
Viele der anderen »Neuheiten«, die eingeführt wurden, waren eigentlich nichts als logische Konsequenzen. Wenn die Ernte, die Traubensorte oder der Erzeugerweinberg auf dem Etikett erwähnt werden, muß der Flascheninhalt zu 100% der Deklaration entsprechen. Außerdem mußten Weine wie Gumpoldskirchner oder Falkensteiner auch wirklich aus diesen Dörfern stammen und nicht bloß aus einer unklar definierten Region in der Nähe. Ein Großteil des restlichen Gesetzes regelte die Abfüllvorschriften, damit in Zukunft keine Abfüllprobleme mehr im Ausland entstehen konnten. So mußte zum Beispiel der qualitativ hochstehende *Prädikatswein* von nun an in Österreich abgefüllt werden und durfte nicht mehr in Tanklastwagen nach Deutschland gebracht werden. Mehr Kontroversen rief das Einführen einer Banderole hervor, die auf dem Korken, von der Kapsel festgehalten, den Flaschenhals zieren sollte. Dagegen wurde angeführt, daß diese Arbeit sehr aufwendig sei und daß es Unmengen von Geld kosten würde, sich dafür Maschinen anzuschaffen, Geld, das die kleinen Weinbauern ohnehin nicht hätten. Um diese Frage und um die Höchsterträge stritten sich die Winzer am erbittertsten. Der neue Landwirtschaftsminister Dr. Erich Schmidt fand, daß ein Tauschgeschäft mehr bringe als ein offener Krieg, und auf dieser Basis fand man sich denn auch zu einem Kompromiß zusammen. Waren die Winzer mit den Höchsterträgen einverstanden, wollte man ihnen bei der Banderole entgegenkommen, indem nur diejenigen Firmen sie anbringen mußten, die mehr als 45 000 Liter pro Jahr umsetzten und nur bei Weinen, die für den Export bestimmt waren. Die kleineren Firmen mußten dafür auf dem Flaschenhals ein Schildchen anbringen, das dem Konsumenten ähnliche Informationen wie die Banderole bot.

Ich persönlich kann keinen großen Unterschied darin sehen, ob eine Banderole über den Korken und unter der Kapsel befestigt oder ein Schildchen auf den unteren Flaschenhals geklebt werden muß. Der Erfolg hängt einzig und allein von der Ehrlichkeit des Erzeugers ab. Man muß nur einmal an den Mißbrauch denken, der mit einem ähnlichen System in Deutschland, der Amtlichen Prüfnummer, getrieben wird, um seinen Enthusiasmus über den österreichischen Gesetzesvorschlag in Grenzen zu halten. Robert Lehner, der frühere Leiter der Genossenschaftskellerei in Gumpoldskirchen, sagte einmal: »Ich wurde so erzogen, daß ich die seriöse Weinbereitung als Ehrensache ansah, aber es gibt viele, die denken da anders. Wenn ich betrügen möchte, würde ich mir überlegen, wie ich das Gesetz umgehen kann. Nehmen wir zum Beispiel die Banderole: Ich könnte sie irgendwo im Ausland drucken lassen. Kann sein, daß es noch zwei oder drei Jahre dauert, bis jemand darauf kommt. Wir wurden zu plötzlich mit zuvielen Gesetzen überschwemmt.«
Im allgemeinen aber wurde das neue Weingesetz gutgeheißen. Der Vollzug in der Praxis gestaltet sich schon etwas problematischer. Denjenigen Firmen, die exportieren wollten, schien die neue Gesetzgebung unüberwindbare Hindernisse in den Weg zu legen. Ein Beispiel, das wiederum Robert Lehner an einem Symposium über den Exporthandel vorbrachte, zeigt sehr schön die Pingeligkeit des österreichischen Beamtentums: »Für eine einzige Fracht brauchte ich 250 Stempel auf den Ausfuhrdokumenten und ebenso viele Unterschriften. Dazu mußte ich mehrere Male verschiedene Ämter aufsuchen, so daß die Fracht zwei Monate lang zurückgehalten wurde. Meine ausländischen Kunden werden dies nicht mehr lange in Kauf nehmen.«
Tatsächlich kamen verschiedene Weinhändler zur Überzeugung, daß es sich nicht mehr lohne, Wein zu exportieren. Diese Tendenz wurde noch unterstützt von den schlechten Erntejahren 1985 und 1986, in denen die Erträge kleiner blieben als normal und der Wein fast vollständig auf dem Binnenmarkt abgestzt werden konnte. Auch in Österreich mußte die Lücke, die das weitgehende Fehlen von verfälschtem Wein hinterließ, erst wieder gefüllt werden. Schließlich war es zumindest theoretisch zu Ende mit den 40% Wein, die unkontrolliert

durch die Maschen des Gesetzes schlüpften, zu Ende auch mit dem ausschließlich künstlich hergestellten Wein oder mit dem künstlich gesüßten Wein. Anstelle dieser Machenschaften war das ernsthafte Geschäft getreten, aus dem man einen Gewinn schlagen konnte. Warum sich mit dem Export von Wein herumplagen, wenn damit eine Bürokratie verbunden ist, die mit den Worten eines Journalisten »wie etwas aus Swift anmutet, etwas, das vermeintlich Dinge regeln will, in Tat und Wahrheit aber bloß Vorschriften ersinnt«.

In Deutschland kann offenbar ein Skandal einen weiteren Skandal zur Folge haben. Blüht dem österreichischen Wein das gleiche Schicksal? Ich hoffe von ganzem Herzen, daß das nicht eintreffen wird. Wie sagte doch Alexander Unger, ein Winzer und Händler aus dem Burgenland, der aufgrund eines Artikels im *Observer* schuldlos ins Gefängnis wanderte, weil einer seiner Weine vor dem Kauf von einem anderen Händler mit Glykol versetzt worden war: »Keiner aus unserer Generation wird jemals diesen Weinskandal vergessen. Aber es hatte auch etwas Gutes. Unsere Weine müssen jetzt zu den reinsten und saubersten der Welt gehören – alles, was man nur prüfen kann, wurde überprüft.« Hier spricht offensichtlich ein Optimist. Etwas pessimistischer tönt es von einem anderen Burgenländer, Max Juhasz aus Neusiedl. In einem Brief, den er neun Monate nach dem Skandal an die österreichische Tageszeitung *Der Kurier* sandte, beklagt er sich bitter: »Hat die Regierung die Weinfarce vom letzten Jahr und die unschuldigen Weinbauern, die darunter zu leiden hatten, schon vollständig vergessen? Kann sie sich erst jetzt den nachfolgenden Schwierigkeiten von Firmen wie Voest-Alpina, Intertrading, Steyr-Daimler-Puch und Merx widmen?« Das kommt davon, wenn man mit den melancholischen Balkanen sozusagen Tür an Tür lebt...

8. Ein Gläschen Port in Ehren

Hilaire Belloc sagte vom Portwein einmal, das sei kein richtiger Wein, und mit dieser Auffassung ist er traditionsgemäß in guter Gesellschaft. Ich glaube, es gibt in Großbritannien kaum ein anderes, aus Trauben hergestelltes Getränk, das auf so viel Zuneigung und so viel Kritik gestoßen ist wie der Portwein. Der Port wird manchmal auch »des Engländers Wein« genannt, und das nicht zu Unrecht. Portwein, so wie wir ihn heute kennen, wurde von Briten für Briten entwickelt, und das Geschäft liegt noch heute vorwiegend in britischen Händen, obwohl es vielleicht mittlerweile Länder gibt, wo öfter und häufiger Port getrunken wird als in Großbritannien.
Um den Portwein wirklich zu verstehen, muß man mehr als bei jedem anderen Wein seine Geschichte berücksichtigen. Die Tatsache, daß Portwein in Großbritannien so beliebt ist, basiert nicht ausschließlich auf einer besonderen Vorliebe der Briten für Weine aus Portugal, sondern zu einem guten Teil auch darauf, daß er den Briten von den Politikern sozusagen aufoktroyiert wurde. Immer, wenn zwischen Frankreich und Großbritannien Krieg war, herrschte zwischen Großbritannien und Portugal Friede. Und immer, wenn den Briten der Konsum von französischem Wein verboten wurde, wich man auf portugiesische Weine aus.
Schon 1353 bestanden zwischen Lissabon, Oporto und Großbritannien Handelsabkommen. Unter dem Zepter Heinrichs des VIII. bewirkte das Wachstum der Mittelschicht, die vor allem im Handel tätig war, daß es in Lissabon, Oporto und Viana bereits Fabriken und anerkannte Vereinigungen von britischen Händlern gab, mit legalem Status und bestimmten diplomatischen Privilegien. Eigentlich war Viana ursprünglich das Verschiffungszentrum für die Weine aus dem Norden Portugals, die oft im Tausch für Trockenfisch aus Neufundland oder Wolle und Wollartikel aus Großbritannien gehandelt wurden. Die große Chance für den Portwein kam aber 1678, als der Import von französischen Weinen nach Großbri-

tannien für acht Jahre verboten wurde. 1703 unterzeichneten die Portugiesen und die Briten zwei Abkommen; das erste, das Paul Methuen im Mai unterschrieb, sollte es den englischen Truppen ermöglichen, in Portugal zu landen, das Land zu durchqueren und die Spanier anzugreifen. Das zweite Abkommen, das unter dem Namen Methuen-Vertrag in die Geschichte einging, folgte sieben Monate später und wurde von einem anderen Mitglied der Methuen-Familie unterzeichnet, nämlich Pauls Vater John, dem britischen Botschafter. Das Handelsabkommen öffnete den portugiesischen Markt für britische Textilien und umgekehrt den britischen Markt für Wein aus Portugal.

Die Weine, die man damals im Tal des Douro erzeugte, müssen ziemlich »grün« und spritzig-frisch gewesen sein, vielleicht ähnlich wie der rote Vinho Verde, der heute für Portugal sehr typisch ist, jedoch einen so besonderen Geschmack hat, daß er nur selten ins Ausland exportiert wird. Zwei junge Engländer, die 1678 Portugal bereisten, um Weine einzukaufen, hatten eine Lösung für dieses Problem gefunden. Wie in vielen Ländern, entstand auch in Portugal der beste Wein in den Rebbergen der Kirchen, und so besuchten die beiden Engländer auch das Kloster Lamego, das im Tal des Douro etwa 90 Kilometer stromaufwärts von Oporto liegt. Dort kosteten sie von einem samtigen, leicht süßlichen Wein, der anders war als alles, was sie bisher auf ihrer Reise gekostet hatten. Das Geheimnis lag laut Aussagen des Abts darin, daß dem Most vor der Gärung Branntwein beigegeben wurde. Gleichzeitig fanden die beiden englischen Weinhändler heraus, daß die leichten, stark säurehaltigen Weine der Region die Reise über den Golf von Biscaya zu den Weinhäfen in Südwestengland oft schlecht überstanden. Eine wohldosierte Beigabe von Branntwein vor der Reise machte solche Weine offenbar einiges widerstandsfähiger. Das Anreichern mit Branntwein fand also statt, wenn der Wein schon voll vergoren war, so wie es heute beim Sherry gemacht wird. Erst gegen 1730 kam man darauf, den Branntwein schon während der Gärung beizugeben, so daß der Wein süßer wurde. Damit hatte man genau den Wein, den der britische Konsument wollte, süß und mit hohem Alkoholgehalt. Hier liegen auch die Wurzeln zu dem jahrelangen Streit, ob ein Portwein eher natürlich

und leicht sein sollte oder körperreich und farbintensiv.
In den 1849 anonym erschienenen *Maxims of Sir Morgan O'Doherty Bart* behandelt die erste Maxime den Portwein. »Wer im Sinn hat, nach dem Essen viel zu trinken, sollte während des Essens nicht viel trinken... Drei Gläser Port zum Essen – drei Flaschen Bordeaux nach dem Essen; man sollte sich unbedingt an dieses ausgewogene Verhältnis halten und nur die allerbesten Weine berücksichtigen.« Daraus geht klar hervor, daß Port als leichter Wein galt.
1863 korrespondierte Charles Tovey, der Weinhändler aus Bristol und Autor von Wein- und Branntweinbüchern, mit George Sandeman von der gleichnamigen Firma, wobei er bemerkte, daß die natürlich belassenen Weine vom Oberen Dourotal außergewöhnliche Weine mit eigenständigem Charakter seien, »voll herrlichen Aromas – Chambertin, Clos de Vougeot, Romanée-Conti, das heißt, die auserlesensten Burgunder können ihren exquisiten Charakter nicht überragen«. Sandeman seinerseits sprach ausführlich von den Experimenten, die er in seinen Kellern in Vila Nova de Gaia machte. »Mein erstes Experiment betraf die gute Ernte von 1815. Ich nahm drei Pipes aus dem gleichen Faß; der ersten fügte ich einen Drittel der normalen Menge Branntwein bei, der zweiten zwei Drittel und der dritten die volle Menge. Es war also eines der besten Erntejahre, die ich je erlebt habe und die Proben stammten aus einem der besten Fässer des Jahres. Ich füllte alle drei Pipes zur gleichen Zeit in Flaschen ab, und nach einem bis zwei Jahren wurde der Wein in der ersten Pipe sauer, so daß ich ihn wieder ins Faß schütten und mit Branntwein versetzen mußte. Nach drei oder vier Jahren geschah dasselbe mit der zweiten Pipe, aber der Wein aus der dritten Pipe war so beliebt, daß man mir dafür eine Guinee pro Flasche offerierte. Ich aber behielt den Wein, ›um ihn daselbst zu genießen‹.«
Um genau den Wein zu kreieren, der häufig als idée fixe in den Köpfen der britischen Konsumenten herumgeisterte, sahen sich die portugiesischen Weinhändler oftmals gezwungen, zu künstlichen Mitteln zu greifen, um den gewünschten Effekt zu erlangen.
Es spricht jedenfalls alles dafür, daß manch ein Wein, der Mitte des 18. Jahrhunderts aus Portugal kam, von sehr schlechter Qualität war. Der Konsum ging in Großbritan-

nien daraufhin zurück, und es hagelte Beschwerden von den britischen Weinhändlern. Die Händler beschlossen deshalb, wenn immer möglich die Schuld dafür den Winzern und Maklern im Alto Douro in die Schuhe zu schieben. Im September 1754 schrieb dann die Händlergruppe im Oporto-Betrieb an die »Kommissare« in Regua und formulierte einige konkrete Beschwerden. Am häufigsten waren Klagen wie:
1. Die Winzer kaufen anderswo minderwertigen Wein ein, den sie dem eigenen beifügen.
2. Die Weinbereitung ging zu schnell vor sich, so daß sich das erwünschte Bukett nicht voll entwickeln konnte.
3. Durch die Beigabe von Branntwein wurde die Gärung gestoppt. Dadurch wurden die Weine instabil. Zudem war der verwendete Branntwein von minderwertiger Qualität.
4. Weil die roten und weißen Trauben zusammen vermischt wurden, fehlte es den Weinen an einer klaren, tiefen Farbe. Dieses Defizit wurde oft mit dem Zusatz von Holundersaft wettgemacht.
Die Kontrollbehörden stritten nicht ab, daß die Qualität der Weine oft zu wünschen übrig ließ, aber die Schuld dafür gaben sie eindeutig den Händlern. Als die Weine noch absolut rein und natürlich gewesen waren, seien sie von bester Qualität gewesen, aber die Fabrik wünsche ja künstliche, feurige Weine. Die Händler bekamen nun nicht nur die gewünschten Weine, sondern manipulierten sie noch mehr, sobald sie in ihren Kellern lagerten. Man mußte nur einmal beobachten, welche Mengen von Billigweinen aus anderen Regionen, schlechtem Branntwein und Holundersaft die Händler direkt einkauften, um sich ein Bild davon machen zu können, welche diabolischen Methoden in den Kellern der Händler praktiziert wurden. Wahrscheinlich steckte hinter ihren Beschwerden ohnehin bloß der pure Neid auf die ausländischen Händler, die sich in Portugal niedergelassen hatten und sich vor den Weinbauern als Herren aufspielten.
Im Laufe der Verhandlungen fand die portugiesische Regierung schließlich doch noch eine Lösung. Im Jahre 1755 wurde Lissabon von einem Erdbeben erschüttert, und der Mann, der im folgenden Chaos wieder Ordnung ins tägliche Leben brachte, machte sich einen solch guten Namen, daß er von König José I. zum Ministerpräsident ernannt wurde. Dieser Mann sollte auf den portugiesi-

schen Weinhandel einen nachhaltigen Einfluß ausüben. Sein Name war Sebastiâo Carvalho e Mela, Marquess von Pombal.

1756 erweckte er die todgeweihte Oporto-Weinhandelsgesellschaft zu neuem Leben und gestand ihr eine Monopolstellung beim Vertrieb von Weinen zu, die im Oberen Douro-Tal erzeugt wurden. Eine der Maßnahmen, die er ergriff, war das Abgrenzen der Rebbauflächen für die Produktion von Portwein. Dies war weltweit der erste Vorstoß zur Begrenzung von Produktionsflächen für einen Qualitätswein. Des weiteren verbot er den Einsatz von Tierdung als Düngemittel zur Ertragssteigerung. Alle Holunderbäume in der ganzen Umgebung mußten gefällt werden. (Gemäß *A treatise on the wine trade* von John Croft, das 1788 erschien, setzte der Weinhändler Peter Bearsley aus Viana, dessen Firma später Taylor's Port vertrieb, als erster Holundersaft zum Färben von Wein ein.) Das Destillieren von Branntwein war nur noch der Oporto-Weinhandelsgesellschaft erlaubt, und sie mußte auch Buch führen über die Weinmenge, die von jedem Winzer erzeugt wurde, sowie entscheiden, welche Weine für den Export und welche für den Eigenbedarf geeignet waren. Der Marquess von Pombal war mit diesen Vorschriften seiner Zeit um einiges voraus, und das, was er damals vorschrieb, fand später überall auf der Welt Eingang in die Weingesetzgebung. Leider war er daneben ein eigenwilliger Autokrat, der nicht viele Freunde hatte, weder unter den Weinbauern noch unter den Händlern.

Leider auch konnten sich seine Vorschriften nicht lange halten, und die Oporto-Weinhandelsgesellschaft ging abermals bankrott. Der viktorianische Schriftsteller und Dubliner Zollbeamte Samuel Morewood sagte: »Die Erfahrung zeigt, daß privilegierte Firmen meistens dem Handel und Kommerz abträglich sind und in der Regel jede Verbesserung bei Herstellern, Unternehmern und allgemein den Industriebetrieben verhindern; die Firma, von der soeben die Rede war, ist ein zündendes Beispiel dafür, weil sie es versäumt hat, irgend einen ihrer Vorsätze zu erfüllen.« Etwas weniger schwülstig ausgedrückt heißt das: Nur zu bald waren die Zustände wieder so desperat wie eh und je.

Anfangs des 19. Jahrhunderts hatte sich der Portwein bei den Briten endgültig als In-Drink durchgesetzt. Cyrus

Redding meint dazu: »Viele Leute glauben, Port sei der einzig wirkliche Wein der Welt und zucken zusammen, wenn der Name Romanée-Conti oder Lafitte erwähnt wird.« Er läßt einige ausschlaggebende Statistiken folgen, um diese Behauptung zu illustrieren. In der ersten Dekade des 18. Jahrhunderts wurden 81 293 Tonnen Portwein nach Großbritannien eingeführt; in der ersten Dekade des 19. Jahrhunderts wurden trotz, oder gerade aufgrund der Tatsache, daß Großbritannien meist in einen Krieg verwickelt war, 222 022 Tonnen eingeführt. Man muß leider annehmen, daß der meiste Wein sowohl in Portugal wie in Großbritannien künstlich manipuliert wurde. Am 12. Juli 1812 wurde ein Bericht der Londoner Weinhändler über den Portweinhandel als Petition im House of Commons eingereicht. Darin wurden die Weine als »widerliche Mixtur« bezeichnet, die mit »Holundersaft, derbem Branntwein und Süßstoffen versetzt« würden. Der Wein war nur noch ein »maßgeschneiderter Drink ohne eigenständigen, natürlichen Geschmack«.

Eine Ahnung davon, was wahrscheinlich an der Tagesordnung war, gibt uns ein Ausschnitt aus *Wine and Spirit adulterators unmasked*. Dieses Werk stieß offenbar auf reges Interesse, denn bereits 1829 erschien die dritte Auflage.

Portwein
Die üblichste Methode der Portweinverfälschung besteht im Beimischen der folgenden Zusätze in verschiedenen Mengen, ungeachtet der verschiedenen Qualitäten und Quantitäten des Ports in seinem Urzustand; diese Zusätze erachtet der Billigwein-Händler als zweckmäßig zur Erlangung des gewünschten Weins.

Benecarlo, ein schwerer, deftiger spanischer Rotwein, bekannt unter der Bezeichnung Spanish Black Strap, Kaufpreis inklusive Zollgebühren ca. £ 38 pro Pipe oder 115 Gallonen.

Figuera, ein Rotwein aus der portugiesischen Provinz Estremadura, in der Qualität zwischen dem Black Strap und einem schlechteren Port stehend, eher dem Port ähnlich, normalerweise zum Preis von £ 45 pro Pipe von 115 Gallonen inklusive Zollgebühren zu haben.

Red Cape, ist inklusive der niederen Zollgebühren für etwa £ 32 pro Pipe von 91 Gallonen zu haben, stellt also einen sehr kostengünstigen Zusatz dar.

Mountain, wird, falls erwünscht, nur in kleinen Mengen beigegeben, um den Wein samtiger und reichhaltiger zu machen.
Sal Tartar, wird gelegentlich der Zusammensetzung bei der Flaschenabfüllung in kleinen Mengen beigegeben, damit sich eine schöne Kruste bildet, verschmilzt sodann bald mit einer angemessenen Menge von
Gum Dragon, um ein abgerundetes, volles Aroma zu geben und einen körperreichen Wein zu erhalten und um dem Ganzen etwas Charakter zu verleihen.
Berry-Dye, ein Farbstoff aus deutschen Blaubeeren, der unter diesem Namen bekannt ist;
zusätzlich kann man folgendes beifügen:
Brandy Cowe (die Überreste aus einem leeren Branntweinfaß), gratis, in einer Menge von etwa drei Gallonen auf hundert Gallonen fertigen Weins. Ein weiterer Zusatz, den man erwähnen sollte ist
Ziderbranntwein, aber da dies nur zur Anwendung gelangt, wenn ein zweitklassiger Port erwünscht wird, ist es wohl nicht nötig, daß ich eine andere Beschreibung gebe als die, die folgt.
Die Beschreibung, die der Autor liefert, lautet: als Basis nehme man eineinhalb Pipes »kräftigen, guten Port« zu £ 76 pro Pipe und eine Pipe »gewöhnlichen Port« zu £ 63 pro Pipe; daraus kann man leicht acht Pipes von erlesenem Portwein machen, hergestellt nach den besten und erprobtesten Rezepten, der unsere aus der Reklame bekannten Händler höchstens £ 50 pro Pipe oder 115 Gallonen kostet, alle Nebenkosten inklusive. Sollte aber auch das ein zu hoher Preis sein und die *Bescheidenheit,* für die unsere Händler so bekannt sind, gefährden, kann mühelos eine kleine Änderung in der prozentualen Menge einer der Zutaten vorgenommen werden, um eine Korrektur im Sinne des Händlers zu erreichen.
Kein Wunder, konnte solchermaßen ein happiger Profit gemacht werden. In einigen Fällen war die Kunst dieser Alchemisten eine pure Notwendigkeit, wie der Autor hervorhebt, weil viele der »Weine der schlechtesten Qualität nie und nimmer von den Konsumenten gekauft werden, bevor sie nicht eine kleine ›Kur‹ durchgemacht haben«.
Um einen idealen, wenn vielleicht auch künstlichen Portwein zu erhalten, ob in London oder Oporto, wurden

offenbar drei Zutaten benötigt: ein Grundwein, Branntwein und Farbstoff. Mitte des letzten Jahrhunderts waren alle diese Zutaten immer leicht greifbar, und auch an Alternativen mangelte es nicht. Man konnte ja immer noch fertigen »Port« von sonstwoher holen. James Denman, selber auch Weinhändler mit Filialen in Londons Piccadilly und in der Abchurch Lane, behauptete, daß es Zeiten gab, da die offiziellen Importzahlen für Portwein nach Großbritannien auf 20 000 Pipes pro Jahr lauteten, während der wirkliche Konsum von sogenanntem Port in Großbritannien etwas über 60 000 Pipes pro Jahr betrug. Denman nannte die spanische Stadt Tarragona als Lieferquelle für dieses »mehr oder weniger derbe, fruchtige, feurige, runde, lohfarbene und billige Getränk für widerstandsfähige und wenig empfindsame Gaumen«. Tatsächlich wurden vor etwa 30 Jahren, als ich ins Weingeschäft einstieg, in Liverpool, und soviel ich weiß auch anderswo, eine ganze Menge von Quartflaschen mit Tarragona konsumiert, den man liebevoll »spanischen Port« nannte. Und noch vor gar nicht allzu langer Zeit sah man auch in Spanien die Korbflaschen mit in Spanien erzeugtem Port überall.

Ich möchte nun ein authentisches spanisches Rezept für die Bereitung von »künstlichem Portwein« (zumindest ist der Autor so ehrlich, die Dinge beim Namen zu nennen) aus dem Jahre 1885 wiedergeben:

Guten Rotwein	50 Liter
Walnußfarbstoff	0,75 Liter
Mandelfarbstoff	1,50 Liter
Alkohol	1,50 Liter

Alles gut zusammen vermischen und einige Tage ruhen lassen, dann in geschwefelte Gefäße gießen, wenn nötig filtrieren. Zum Süßen nehme man zwei Kilo Traubensirup oder, falls nicht vorhanden, zwei Kilo Zucker, die man vorher mit Wasser zu einem dickflüssigen Sirup vermischt hat.

In Friedenszeiten war das an Frankreichs Mittelmeerküste gelegene Cette (das heutige Sète), das damals das Zentrum der Weinbereitung war, eine weitere nützliche Quelle für Portwein. Dort gab es genügend Händler, die, ohne Zutaten aus Portugal zu benötigen, eine ganze Reihe von auf den Geschmack der Konsumenten abgestimmten »Portweinen« produzieren konnten.

Wie man sieht, war also Holundersaft das häufigste Färbemittel. Das portugiesische Wort *Geropiga* scheint in diesem Zusammenhang eine Zeitlang etwas Verwirrung gestiftet zu haben. Dieser Ausdruck wurde laut Oswald Crawfurd, dem britischen Konsul in Oporto, der 1867 einen Bericht über die Weinhandelsmethoden in der Stadt abfaßte, jahrelang dazu gebraucht, um »den Stoff zu beschreiben, der aus Zuckersirup, unvergärtem Traubensaft, Holunder und Branntwein« gemacht wurde. Er bemerkte, daß echter *Geropiga* »ein sogenannter *Vinho Mudo* ist, der auf dem Höhepunkt der Zuckergärung mit einem Zusatz von etwa 32% normalstarkem Weingeist behandelt wird... Es gilt zu beachten, daß es dabei zwei Varianten von *Geropiga* gibt – das eine ist das soeben beschriebene Getränk, das andere *Geropiga tinta* oder gefärbter *Geropiga*, das heißt, mit Holundersaft dunkler gemacht; soviel ich weiß, wird letzteres nur selten gebraucht, um Wein zu kolorieren. Der richtige *Geropiga* wird Weinen beigegeben, die man süßer machen möchte, ohne daß sie an Intensität verlieren«.

Es scheint, daß heute das Wort das bedeutet, was Crawfurd unter der Bezeichnung »echter Geropiga« beschrieb. George Robertson schreibt in seinem Buch *Port*: »Wenn man sehr süßen Port oder *Geropiga* macht, wird die Gärung so früh wie möglich gestoppt, und das *Aguardente* sodann auf 135 Liter (pro Douro-Pipe von 550 Litern) erhöht, während ein trockener Port weniger als die üblichen 110 Liter bekommt.«

Jedenfalls muß man im Gespräch mit Portweinherstellern darauf achten, daß beide das gleiche meinen, wenn von *Geropiga* die Rede ist. Ich erinnere mich zum Beispiel an ein solches Gespräch, bei dem ich der Meinung war, *Geropiga* sei eine Mischung, die unter anderem Holundersaft enthalte, während der Spediteur, wie sich nach einer Weile herausstellte, darunter einen natürlichen, extrem süßen Wein verstand. Zum Glück konnten wir uns schließlich doch noch auf eine gemeinsame Bedeutung einigen.

Wenn Mr. Crawfurd glaubte, Holunder werde zu seiner Zeit nicht mehr gebraucht bei der Portweinherstellung, dann wollte er entweder die lokalen Händler schützen oder aber er war sehr naiv. Es muß ein lebhaftes Geschäftsjahr in bezug auf den Portweinhandel gewesen sein, denn am 6. Juli sandte der Ehrenwerte Robert Lytton, Botschaftsrat seiner Majestät in Lissabon, der später als Lord Lytton Vizekönig von Indien wurde, einen ausführlichen Bericht über den Portweinhandel an das Außenministerium. Das sahen die Weinhändler wohl nicht so gerne. »Ich persönlich glaube«, so schrieb Robert Lytton, »daß kein echter Portwein jemals die Grenze zu England passiert hat... Des weiteren glaube ich, daß die besondere Farbe fast jedes Portweins, der in England getrunken wird (eine Farbe, die sich markant von der unterscheidet, die die Portweine – jedenfalls solche, die von den Einheimischen getrunken werden – in Portugal haben) nur mit künstlichen Mitteln hervorgebracht werden kann, das heißt, durch die Beigabe von Holundersaft. Holunderbäume gibt es im Paiz de Vinhateiro in Hülle und Fülle, und die Beeren werden an der Sonne oder im Ofen gedörrt. Dann wird der Wein darübergegossen und solange gestampft, bis er mit der Beerenfarbe getränkt ist... Mr. Johnstone von der Londoner Zollbehörde, dessen scharfer Geist auf diesem Gebiet eine reiche Erfahrung genossen hat, schätzt die durchschnittliche Menge von Holundersaft in jeder 115-Gallonen-Pipe Portwein, die den Londoner Zoll passiert, auf sage und schreibe fünf Gallonen.«

Es mutet merkwürdig an, daß zwei offizielle Berichte im selben Jahr so unterschiedliche Aussagen machten, aber es scheint, daß sich der Bericht von Lytton als der glaubwürdigere herausstellte. Es ist aber nicht so, daß Holunderbeeren der einzige Farbstoff waren, der in Oporto und London zur Anwendung gelangte. Wir sind bereits den deutschen Blaubeeren in derselben Eigenschaft begegnet, aber es wurden offenbar auch weit exotischere Substanzen auf breiter Basis gebraucht. Morewood meint dazu: »Um die Farbe des Port intensiver zu machen, geben die Portugiesen den Saft von Kermesbeeren bei, ein Zusatz, der viel schlimmer ist als Holundersaft, der vorher zum selben Zweck gebraucht wurde; die Kermesbeeren geben dem Wein eine Note von grobem und unvollkommenem Charakter.«

Es wurden noch andere Substanzen empfohlen; darunter jene »zur Erlangung dieser angenehmen Herbheit, die dem Port so eigen ist; der Saft des Schlehdorn ist dazu vorzüglich geeignet, wenn er dem Wein in vernünftigen

Mengen beigemischt wird«, steht im *Palmers publican's Directory* zu lesen. Nicht zu schlagen mit seinen frivolen Empfehlungen für den Weinhandel war aber *The Vintners' and licensed victuallers' Guide,* der »feine Holzspäne« oder Sandelholz vorschlug. Solche und ähnliche Fauxpas müssen der Öffentlichkeit bekannt gewesen sein, denn der *Oxford English Dictionary* führt unter dem Stichwort »Blauholz« an: »Der angebliche Gebrauch von Blauholz zum Färben von unechtem oder verfälschtem Portwein war eine Zeitlang ein beliebter Scherz.« Offenbar wurden auch einheimische schwarze Kirschen bis ins Jahr 1920 regelmäßig gebraucht, wenn man der Aussage von P. Morton-Shand Glauben schenken will.

Schließlich gab es da auch noch den Cudbear in Pulverform, dessen Purpurfarbe aus Lichenflechten gewonnen wurde, ein Verfahren, das ein gewisser Dr. Cuthbert Gordon entwickelte, der das Ganze sodann nach der gälischen Version seines Vornamens benannte.

Interessant ist, daß nebst Mr. Crawfurd noch andere Leute an die Farbechtheit des Portweins glaubten, unter anderem ein Dr. J.L.W. Thudichum, der ebenfalls zu Königin Victorias Zeiten ein kritischer und umstrittener Weinautor war. Offenbar muß ihn der ganze Themenkreis arg beschäftigt haben, denn in seinem Buch *Treatise on Wines* verwendete er einen guten Teil des Kapitels über die portugiesischen Weine auf die Frage »Holundersaft und Blauholz«.

»Man sagt, daß der Portwein mit Holundersaft und anderen Farbsubstanzen gefärbt wird, daß er mit Geropiga und Zuckersaft gesüßt und außerdem mit Branntwein angereichert wird; ich konnte bis jetzt weder für das eine noch das andere Beweise finden, jedenfalls nicht bei den Alto-Douro-Weinen. Holunderbäume sind zudem im Alto Douro sehr selten, und ich kann die Aussage von Konsul Crawfurd in dieser Hinsicht nur bestätigen. Zudem sind die Alto-Douro-Weine zumindest in einem guten Jahr so farbvollkommen, ja, geradezu vollgesogen mit Farbe, daß eine zusätzliche Färbung völlig überflüssig ist; die Holunderbeeren, die über Oporto exportiert werden, braucht man vielmehr für andere Weine, vor allem für spanischen Port, Bergport, Küstenport und Rotweine aus Sizilien, die nach England ausgeführt werden, das heißt, in ein Land exportiert werden, wo die Leute den Wein eher nach

seinem Namen denn nach seiner Qualität auslesen. Oft liest man auch – wie in Mr. Cyrus Fields Bericht des Parlamentskomitees von 1852 erwähnt –, daß der Portwein manchmal mit Blauholz gefärbt werde; dies aber ist ganz und gar ausgeschlossen, denn man kann keinen Wein mit Blauholz färben, weil die purpurnen Farbpigmente nur in alkalischer Lösung wirksam werden, während sie in saurer Lösung nur lohfarben wirken. Außerdem ist es sehr adstringent, eine Eigenschaft, die fast jeden Portwein auszeichnet. Blauholz wird von Fachleuten nie für das Erlangen einer purpurroten Farbe verwendet, und die große Menge Blauholz, die Euorpa importiert, wird mit Hilfe von Eisenbeizen fast ausschließlich für das Erzeugen von tiefem Schwarz auf verschiedenartigen Stoffen gebraucht. Wenn es auch vorkommen mag, daß einige besonders geschickte Alchemisten von Zeit zu Zeit ein paar Pipes weißen Weins mit Holunderbeeren färben und ihm mit Blauholz die gewünschte Härte verleihen, so glaube ich doch, daß solche Erzeugnisse weder die Kosten noch die Mühe lohnen und daß sie allenfalls eine winzige Minderheit unter den Weinen darstellen, die in Oporto das Land verlassen. Ich bin deshalb der Meinung, daß wir diese Vorurteile und Irrtümer so schnell wie möglich vergessen sollten – je schneller, desto besser.«
Während ich es Dr. Thudichum noch abnehme, daß er nicht an die Verwendung von Blauholz beim Portwein glaubt, bin ich von der Logik seines Plädoyers in bezug auf den Holundersaft nicht mehr so überzeugt. Im Alto Douro gibt es tatsächlich nicht viele Holunderbäume, aber es sind eine ganze Menge Holunderbeeren für den Export aus Oporto erhältlich, die gebraucht werden, um Wein zu färben, der den Port konkurrenziert oder als Port ausgegeben wird. Noch 1929 schrieb ein Autor, daß ungefähr ein Prozent allen exportierten Weins mit Holunderbeeren gefärbt sei.
Nebst der weitverbreiteten Kritik an den künstlichen Färbesubstanzen, die bei der Portbereitung eingesetzt wurden, war man ganz allgemein auch nicht zufrieden mit dem Anreichern des Weins mit zusätzlichem Alkohol. Es gab viele, die am liebsten einen völlig naturbelassenen Wein wollten, aber es gab weitaus mehr, die eine gewisse Menge zusätzlichen Alkohols begrüßten. Man darf dabei nicht vergessen, daß die Methode des Mischens von Wein

mit Branntwein ziemlich alltäglich war. Sogar die besten Bordeauxweine wurden oftmals durch das Beimischen von einer oder zwei Gallonen Branntwein pro Faß »verbessert«. Was beanstandet wurde, waren vielmehr die zu hohen Mengen, die bisweilen beigegeben wurden, sowie die Qualität des Branntweins.
Einer der Gründe für den Marquess von Pombal, die Branntweindestillation auf eine einzige Firma, die Oporto-Wein-Gesellschaft, zu konzentrieren, war die Überwachung der Branntweinqualität. Zweifelsohne benutzten die Weinerzeuger in den darauf folgenden Jahren nur zu gerne oft den billigsten Branntwein, der erhältlich war, und der war nicht gezwungenermaßen aus Trauben gemacht. Ob es ausschlaggebend ist, daß der Branntwein zum Beimischen aus Trauben gemacht ist oder nicht, damit ein guter Port entsteht, kann ich nicht beurteilen; wenn man Portwein jedoch als Wein und nicht einfach als Likör auf Traubenbasis betrachten will, sollte natürlich auch der Branntwein aus Trauben gemacht sein.
Cyrus Redding war jemand, der sich nicht nur mit der richtigen Quantität des Branntweins befaßte, sondern mindestens so sehr mit der Qualität und Herkunft. »Portugiesischer Branntwein ist meistens scheußlich. Er wird häufig aus Feigen und Weinbeeren gemacht, für die man keine andere Verwendung hat. Es besteht kein Zweifel, daß die Weine eine Seereise auch ohne eine übermäßige Zugabe von Branntwein überstehen. Ein paar Flaschen guten Branntweins pro Pipe, die man dem Wein beim Verschiffen beifügt, würden alle Lagerungsprobleme lösen, wenn diese Behauptung wahr wäre.«
Was meinte er mit »übermäßiger Zugabe von Branntwein«? Wenn man Mr. Johnstone, dem Londoner Zollbeamten, glauben will, den Robert Lytton schon in seinem Bericht erwähnte, wurden jeder Pipe Portwein, die in England verkauft wurde, sage und schreibe 34 Gallonen Branntwein beigemischt: 25 Gallonen beim Einsetzen der Gärung, sechs Gallonen zusammen mit der Beigabe der Holunderbeeren, zwei Gallonen beim Abfüllen und die letzte Gallone beim Verschiffen. Noch heute macht der Branntwein offenbar ca. einen Fünftel des Endproduktes aus, obwohl ich nicht sicher bin, ob der heute verwendete Branntwein so stark ist wie vor hundert oder mehr Jahren. Während in Großbritannien häufig Kritik am Portwein-

handel geübt wurde, waren die Händler im portugiesischen Oporto nur zu glücklich mit den »Verbesserungen« ihres Weins und dem daraus resultierenden Profit. Offenbar gab es an der portugiesischen Front wenig Kritik, bevor 1831 ein 22jähriger in die Firma seines Onkels, Offley Forrester, eintrat. Der Junge hieß Joseph James Forrester und könnte einem viktorianischen Aufbauungsroman entsprungen sein: an allem interessiert, war der junge Forrester begabter Künstler, Sprachgenie und Sportskanone in einem. Bei der Besetzung Oportos, die ein Jahr nach seinem Eintreffen in Portugal stattfand, verteidigte er tapfer den Besitz des Betriebes. Er fertige eine Übersichtskarte des Flusses Douro und der Portweinberge an, verstand es, sich mit allen Leuten gut zu stellen und wurde von der portugiesischen Regierung zum Baron erhoben. Er fand jedoch nicht an allem Gefallen, was er sah, und so publizierte er 1844 anonym das Buch *A word or two on Port Wine, shewing how and why it is adulterated and affording some means of checking its adulteration*. Das Buch erschien wie gesagt anonym, aber Forrester machte keine Mördergrube aus seinem Herzen und stand bald einmal dazu, Vater dieses Kindes zu sein, das ihm alle Portweinfabrikanten der Region auf den Hals hetzte. Das ist auch gar nicht erstaunlich, denn Forrester nahm kein Blatt vor den Mund. Er beschrieb zum Beispiel folgendermaßen »wie Portwein gemacht wird«:

Um *schwarzen, starken* und *süßen* Wein zu erhalten, wird folgendermaßen vorgegangen: Die Trauben werden unverlesen mitsamt den Stielen in offene Bottiche geschüttet, und zwar schöne wie verdorbene Beeren, dann von Männern solange gestampft, bis ein Brei entstanden ist und so bis zur Gärung stehen gelassen. Wenn der Wein halbvergoren ist, wird er in Fässer abgefüllt und mit Branntwein (einige Grad über der Normalstärke) versetzt, etwa im Verhältnis 12–24 Gallonen auf eine Pipe Most, wodurch der Gärprozeß stark beeinflußt wird. Etwa zwei Monate später wird diese Mischung wie folgt gefärbt: eine bestimmte Menge Holunderbeeren kommen in grobes Sacktuch, diese Säcke werden in Bottiche gelegt und ein Teil des zu färbenden Weins darüber gegossen. Dann stampfen die Männer die Holunderbeeren solange, bis aller Farbstoff ausgepreßt ist; die Beerenschalen werden nun herausgelesen und weggeworfen. Die so entstandene Färbesubstanz kann nun je nach Lust und Laune des Portherstellers eingesetzt werden – in der Größenordnung zwischen 28 und 56 Pfund getrockneter Holunderbeeren pro Pipe Portwein. Danach kommt nochmals Branntwein hinzu, etwa vier bis sechs Gallonen pro Pipe, und danach wird die Mischung ungefähr zwei Monate stehen gelassen. Nach dieser Zeit wird das Gebräu, falls es verkauft wird (was ganz klar ist, nach solch *umsichtiger* Bereitung!), nach Oporto geschickt, wo es ein- oder zweimal umgeschüttet, nochmals mit zwei Gallonen Branntwein pro Pipe versetzt wird und endlich als exportfertig erachtet und nach Großbritannien verfrachtet wird. Zu diesem Zeitpunkt ist der Wein etwa neun Monate alt, und übrigens wird beim Verschiffen normalerweise nochmals eine Gallone Branntwein pro Pipe beigemischt. Nachdem dieser Wein nun mindestens 26 Gallonen Branntwein pro Pipe intus hat, wird er vom Händler als stark genug bezeichnet – eine Behauptung, die der Schreibende hier keineswegs anfechten möchte.

Forrester beschrieb Portwein als »ekelerregendes, brennendes Gebräu aus Süßstoffen, Färbesubstanzen und Alkohol«. Der Portweinhandel in Oporto wurde unvermittelt in zwei ungleiche Hälften gespalten: auf der einen Seite 22 Betriebe, auf der andern die Firma Offley Forrester. Zumindest in der Theorie wurde Offley Forrester von den Portugiesen unterstützt, und sogar der ansässige Kardinal sprach sich gegen eine »übertriebene Opposition« aus. Im Laufe der Jahre wurde Forrester selbst einiges diplomatischer, und im »Oliveira Prize Essay of Portugal«, der 1853 erschien, drückt er sich schon sehr viel milder aus, obwohl von Zeit zu Zeit seine alte Vehemenz durchbricht. »Seit einiger Zeit ist das Gezeter unserer Opponenten ruhiger geworden, und obwohl wir uns still verhielten, blieben wir doch nicht untätig... Wir wollen nach wie vor, daß unverfälschter Wein gemacht wird, nicht nur für den reichen Mann, sondern auch für die Armen, nicht nur für die Gesunden, sondern auch für die Kranken, was natürlich nicht heißt, daß man Branntwein als Wein ausgeben soll.«

Mit zunehmendem Alter wurde Forrester weniger streitsüchtig und gewann nach und nach den Respekt seiner britischen Gegenspieler in Oporto. Er starb leider schon kurz nach fünfzig einen tragischen Tod, als das Boot, mit

dem er einen Ausflug unternahm, in dem von tagelangen Regenfällen angeschwollenen Douro kenterte. Der Segelbaum traf den armen Mann am Kopf, er fiel ins Wasser und wurde von seiner schweren Geldkatze, die er um die Taille geschlungen hatte, in die Tiefe gezogen, so daß er ertrank. Die Damen jedoch konnten gerettet werden, und zwar dank ihrer Krinolinen, die sich im Wasser aufblähten wie Rettungsgürtel, so daß sie das sichere Ufer erreichen konnten.
Obwohl der Branntwein zum Anreichern von Portwein von Rechts wegen aus Portugal stammen muß, gibt es immer wieder Vorfälle von Branntwein, der nicht aus Trauben hergestellt wurde und der auch nicht aus Portugal kommt. Wie wir schon gesehen haben, wurde er manchmal auch aus Weinbeeren oder Feigen gemacht, aber auch diese Früchte lieferten in manchen Jahren nicht genug Rohmaterial zum Brennen. James Denman spricht von 30000 Pipes Wein, die jedes Jahr in Portugal gebrannt wurden, aber mit einem Dekret aus dem Jahre 1858 wurde unter anderem die Einfuhr von ausländischem Weingeist zum Zwecke der Portweinanreicherung erlaubt. Der Zufall wollte es, daß ausgerechnet die Weine der 1959er Ernte laut einem Konsulatsangestellten »mehr als die übliche Menge Alkohol« brauchten. Angesichts des hohen Alkoholgehalts der betreffenden Weine und Branntweine kann man sich kaum vorstellen, daß die Extraportion Alkohol noch einen großen Einfluß gehabt haben könnte. Trotzdem ließen sich die britischen Schnapsbrenner diese Gelegenheit nicht entgehen, und R. Druitt zitierte im *Report on the cheap wines* einige interessante Zahlen aus dem Handelsmagazin *Ridley's Monthly Circular* vom März 1865. Offenbar hatte Großbritannien im vorherigen Jahr 3344871 Gallonen Port aus Portugal importiert, während Portugal in derselben Zeitspanne 1630304 Gallonen Weingeist aus Großbritannien zur Anreicherung des Portweins einführte. Woraus auch immer der Weingeist gemacht war – es waren sicher nicht Trauben, soviel steht fest.
Großbritannien war nicht die einzige Lieferquelle von Alkohol zum Zwecke des Anreicherns. Wenn Dr. Thudichum auch keine Zweifel an den Geschichten über Blauholz und Holunderbeeren hatte – bei den verwendeten Branntweinen kam sogar ihm das eine oder andere spa-

nisch vor. Er erinnert sich, daß jedes Frühjahr »die Weinhändler aus Oporto ihre Weinfässer hinaufschicken, manche davon gefüllt mit Branntwein«. Vor nicht allzu langer Zeit war der Slogan ›Port kommt aus Portugal‹ weit verbreitet; in viktorianischen Zeiten kam allerdings nicht viel Port auch wirklich aus Portugal, und der, der aus diesem Land kam, war zu einem großen Teil nicht ausschließlich aus Zutaten portugiesischer Herkunft gemacht.

In der zweiten Hälfte des 18. Jahrhunderts ging der Verkauf von Portwein in Großbritannien rapide zurück, was zum Teil sicher auf die unvorteilhaften Enthüllungen über die handelsüblichen Praktiken in der Presse zurückzuführen war. Der hohe Alkoholgehalt des Portweins wurde vor allem auch von medizinischer Seite angegriffen, und so war es in gewissen Kreisen plötzlich nicht mehr chick, Port zu trinken. Der Weinliebhaber Dr. J.L.W. Thudichum schrieb diesbezüglich: »Es wurde viel geredet und geschrieben über die schädlichen Eigenschaften von stark mit Branntwein versetztem Port, und in gehobeneren Kreisen hat man in der Folge fast ganz aufgehört, Portwein zu trinken. Ich habe schon mit zehn oder zwölf Herren getafelt und erlebt, daß kein einziger dieser Gentlemen zum Port griff, als dieser Wein aufgetischt wurde. Als ein Weinhändler aus Oporto in London eine Dinnerparty für zwanzig Leute gab, trank kein einziger der Gäste auch nur ein Gläschen des Weins, der aus der besten Ernte des Händlers stammte. Falls diese Abneigung anhält, stehen die Chancen nicht schlecht, daß der Alkoholgehalt beim Portwein wieder unter das Niveau eines *Delirium tremens* fällt.« Aber ungeachtet der Gepflogenheiten der »gehobeneren Kreise« wurde auch in den nächsten fünfzig Jahren oder so von den weniger gehobenen Kreisen fleißig Portwein getrunken, weil sie nicht auf ihr »Port and lemon« verzichten mochten.

In unserem Jahrhundert war der Portwein weniger umstritten, aber auch weniger beliebt. Allerdings wurde mehr als einmal die Frage aufgeworfen, was wohl im Endprodukt alles enthalten sein mochte. Deutsche Wissenschaftler, die 1975 eine Studie über die Altersangaben von käuflichen Portweinen machten, fanden heraus, daß der Weingeist, der dem Port beigegeben wurde, jedenfalls nicht aus Trauben gemacht war, wie es von Gesetzes wegen Vorschrift wäre. Auch einige Spediteure aus Oporto wurden in dieser Hinsicht angegriffen, aber die ganze Affäre verlief schließlich ohne große Enthüllungen im Sande. Interessant in diesem Zusammenhang ist, daß George Robertson, er selbst ein anerkanntes Mitglied des Portweinhandels, in seinem Buch *Port* kaum Kritik an der handelsüblichen Praxis verlauten läßt. Im Gegenteil, er spricht frei von der Leber weg von der Ernte 1904, als in Portugal Mangel an Traubenschnaps herrschte und die Spediteure offenbar fast alles in den Portwein schütteten, was ihnen in die Hände kam, vom Branntwein aus den Azoren (scheinbar aus Rohrzucker gebrannt) bis zu Korn und Kartoffelschnaps aus Deutschland und vielleicht auch Kornschnaps aus Schottland. »Merkwürdig«, sinniert George Robertson, »daß die Ernte 1904 eine großartige Ernte war, und daß diejenigen zu beneiden sind, die von dem berühmten Portwein dieses Jahres gekostet haben und diesen schönen Wein nicht so schnell vergessen werden.«

In Portugal wurde diese Geschichte um den fremden Weingeist im Port unter dem Namen C 14-Affäre bekannt, weil der Test so hieß, mit dem man dem Mißstand auf die Schliche kam. Offenbar war die portugiesische Regierung der Meinung gewesen, daß ein Überfluß an Traubenschnaps herrsche und hatte den vermeintlichen Überschuß an Jugoslawien verkauft. Es dauerte allerdings nicht lange, da bemerkte Portugal seinen Irrtum und fragte bei der jugoslawischen Regierung nach, ob sie vielleicht den Branntwein zurückkaufen könnte. Jugoslawien war mit dem Handel einverstanden, und der Branntwein wurde wieder auf Schiffe Richtung Portugal verladen. Aus Gründen, die bis heute im Dunkeln blieben, legte das Schiff aber in Marseille an, wo der Branntwein an Land gepumpt wurde. Danach sollte er auf dem Landweg doch noch nach Portugal gelangen.

Eine spätere Analyse brachte zutage, daß der Branntwein, der aus Jugoslawien zurückkam und in Portugal zur Anreicherung von Portwein verwendet wurde, nichts anderes war als neutraler Industriealkohol einer Sorte, die nur in Frankreich und Großbritannien hergestellt wurde. Natürlich gab niemand zu, den Alkohol ausgetauscht zu haben. Geschah es in Jugoslawien, Frankreich oder Portugal? Das Land, das später am meisten Aufruhr um den

»verfälschten« Wein machte, war Frankreich, was nicht weiter erstaunt, denn dort wurde der meiste Portwein konsumiert. Im Laufe der Zeit siegte Diplomatie über Ehrlichkeit, und über die ganze Sache ließ man etwas Gras wachsen. Gut möglich, daß der schöne alte Port, den Sie gerade genüßlich schlürfen, auch nicht mit Traubenschnaps angereichert wurde, denn der fragliche Portwein wurde nie vom Verkauf zurückgezogen. Offenbar hat niemand Schaden gelitten, aber ein paar Schlaue haben sich ganz schön daran bereichert. Könnte es gar sein, daß der eine oder andere von uns Konsumenten schon mal geglaubt hat, er trinke französischen Traubenschnaps, während es sich dabei in Tat und Wahrheit um einen Branntwein handelte, der in Portugal gebrannt worden war und dann eine Reise nach Jugoslawien und wieder zurück gemacht hatte? Man hat ja schon Geschichten von französischem Branntwein gehört, der noch ganz andere Abenteuer überstanden hat! Die Moral von der Geschicht': Es kommt nicht darauf an, woraus man einen Wein macht, wenn nur das Endprodukt schmeckt.

Schließlich ist da noch ein Aspekt in der Portwein-Gesetzgebung, der mich nicht befriedigt. Vor allem auf dem Kontinent herrscht eine besondere Vorliebe für alten, lohfarbenen Port mit Altersangabe auf dem Etikett. So werden Sie, wenn Sie eine Flasche Port mit einer Altersangabe von 30 Jahren auf dem Etikett sehen – und die Flasche wird nicht billig sein – natürlich glauben, dieser Wein sei mindestens 30 Jahre alt. Weit gefehlt! Was das Gesetz nämlich vorschreibt, tönt folgendermaßen: »Der Wein muß die Merkmale eines 30 Jahre alten Weins aufweisen, und der Spediteur muß in seinem Keller ein Lager von dreißigjährigen Weinen nachweisen können, das mindestens die Liefermenge deckt.«

In der Praxis wirkt sich dieses Gesetz etwa gleich aus wie das »Tunnel-System« im Burgund oder das »Bordeaux-Abkommen«. Der einzige Unterschied ist der, daß es diese französischen Tricks zumindest theoretisch nicht mehr gibt, während die etwas merkwürdigen Altersbestimmungen beim Port noch heute Teil der Weingesetzgebung sind.

Ich bin sicher, daß man zur Verteidigung dieser Gesetzgebung anführen wird, es sei eben schwierig, in den Lagerkellern alle Portweine schön getrennt nach Alter aufzubewahren, und daß viele Weine verjüngt werden. Das mag sogar stimmen, aber das Argument bleibt dennoch auf der Strecke, denn andererseits muß der Spediteur ja imstande sein, alten Wein in seinem Lager nachweisen zu können. Wenn er das kann, dann dürfte es auch nicht so schwierig sein, darauf zu beharren, daß das der Wein ist, den er unter dem betreffenden Etikett verkauft. Man muß annehmen, daß ein Wein, der 30 Jahre alt ist, auch die Merkmale eines dreißigjährigen Weins aufweist – oder wurde da der Maßstab, mit welchem die Qualität der Weine gemessen wird, vielleicht an der Realität vorbei angesetzt? Ganz sicher wäre das Ganze einiges einfacher, wenn man den Standard erreichen könnte, indem man verschiedene jüngere Weine zusammenmischt. Gemäß der Gesetzgebung ist das auch erlaubt, solange das Endprodukt den Kriterien für alten Wein standhält. Wenn man diese Logik in aller Konsequenz durchführen wollte, würde es sich für den Spediteur finanziell sogar lohnen, eine Anzahl sonst unverkäuflicher Weine als Altersgarantie an Lager zu halten. Dann müßte er nur noch das Gewünschte aus jüngeren Jahrgängen zusammenmischen, was ihn kein Vermögen kosten würde.

Glücklicherweise kann man heute auf dem Markt wieder einen Trend zu guten Portweinen feststellen. Dabei geht es um mehr als Nationalstolz. Man hat heute – wenn auch widerwillig – akzeptiert, daß die Franzosen mehr Port trinken als die Engländer. Die Portweinhändler haben gelernt, sich erneut dem Geschmack ihrer Kundschaft anzupassen. Auch wenn das *Petit verre de Porto*, das einem in Frankreich zum Apéritif serviert wird, ein ganzes Stück entfernt sein mag von dem, was der Engländer unter Port versteht, so hat dieser Absatzmarkt doch dem Portweinhandel zum Überleben verholfen. Der beachtliche Konsum der Franzosen von etwas, was die Traditionalisten unter den Weinliebhabern als minderwertig verachten, hat die Portweinfirmen in einer schwierigen Zeit über Wasser gehalten.

Zur Feier ihres dreihundertjährigen Betriebsjubiläums hat Croft Port ein kleines Büchlein über ihre Firma herausgegeben. Sein Titel lautet *Croft, a Journey of Confidence*. Nur schade, daß nicht auch die Geschichte des Port in denselben dreihundert Jahren immer von Vertrauen geprägt war.

9. Familie Sherry und ihre unehelichen Nachkommen

Dicht hinter dem Port, der den Titel des Lieblingsweins der Engländer für sich beansprucht, folgt der Sherry an zweiter Stelle. Die Geschichte des Sherry-Trinkens führt uns tatsächlich mindestens bis in elisabethanische Zeiten zurück, wie die Lobeshymnen von Shakespeares Falstaff und das Lagerinventar der Mouth Tavern in Bishopsgate Without im London des Jahres 1612 bezeugen. Unter dem aufgezählten Inventar befindet sich unter anderem: »Ein Faß Sherrywein, enthaltend sechzehn Gallonen... £1 12s 0d.« Man erfährt auch, daß man schon zu jener Zeit bemüht war, die Echtheit eines Weins zu garantieren, denn Markham sagt in *The English House-Wife:* »Der beste Sherry kommt aus Jerez in Spanien« und »Sherrywein erkennt man, falls er aus Jerez stammt (was er sollte) an dem Brandzeichen am einen Ende des Korkens.«

Der Sherry erlitt aber fast dasselbe Schicksal wie der Port, indem er seinen Charakter allmählich den britischen Konsumenten anpassen mußte, und die stellten an den Sherry ähnliche Ansprüche wie an den Port: Der Wein mußte einen hohen Alkoholgehalt aufweisen und war oft so süß, daß der eigentliche Charakter darunter verloren ging. Darunter litt nicht nur die Qualität des Sherrys, so daß er bald seinen guten Ruf verlor, sondern es ermöglichte auch Imitate, die nicht nur in Spanien selbst auftraten, sondern nach einiger Zeit auch in Frankreich und schließlich sogar in Hamburg und Großbritannien. All diese Imitate wurden unter dem Namen Sherry verkauft, und erst im Februar 1967 wurde der Name unter Schutz gestellt, nachdem die Sherry Shippers Association in einem Fall gegen die Hersteller von »britischem Sherry«, Vine Products Ltd. ermittelt hatten. Die Spanier sahen dies als Sieg für ihre Seite an, denn die richterliche Verfügung lautete, daß das Wort »Sherry« an sich einen Wein bezeichne, der in der spanischen Provinz Jerez erzeugt werde, daß aber Bezeichnungen wie British Sherry, South African Sherry und Cyprus Sherry erlaubt seien. Was noch mehr erstaunt, ist die Tatsache, daß solche und ähnliche

Bezeichnungen mit dem Eintritt Spaniens in die Europäische Gemeinschaft weiterhin geführt werden dürfen. Die Schuld dafür ist eindeutig bei den spanischen Produzenten zu suchen, die im Laufe der Jahrzehnte nur wenig unternommen haben, um ihre Interessen zu schützen. Niemand wird bestreiten wollen, daß das Wort »Sherry« eine englische Verballhornung des Städtenamens Jerez in Andalusien ist, wo der Sherry seit eh und je produziert wird. Andere Eigennamen, die in ähnlicher Weise mißbraucht wurden, wie zum Beispiel Champagne, Cognac oder Sauternes, haben zum größten Teil ihre Konsequenzen gezogen und ihren Namen nicht mehr für allgemeine Weinbezeichnungen hergegeben. Nicht so beim Sherry.
Daher erstaunt es fast ein wenig, daß die Sherryproduzenten immerhin der britischen Warenhauskette Sainsbury verbieten wollten, den echten Sherry als »Spanish Sherry« zu verkaufen, scheinbar, weil das andeuten würde, es gebe noch andere Sherry als den aus Spanien. Andererseits könnte man auch ins Feld führen, daß eben dies das Image des betreffenden Sherrys stärken würde, indem explizit garantiert wird, daß er aus Spanien kommt. Sainsbury gewann in dem Streit schließlich die Oberhand, und so wird der Sherry heute noch unter dieser Bezeichnung verkauft.
Die unterbliebenen Schutzbemühungen hinsichtlich des Namens und die untypischen Merkmale eines Großteils des angebotenen Sherrys führten zu weitverbreiteten Mißbräuchen mit diesem Wein. Der viktorianische Weinhändler und Schriftsteller James Denman formulierte es folgendermaßen: »Es ist schwierig, nein, geradezu *unmöglich*, das Echte zu imitieren; die handelsüblichen Ports und Sherrys aber, die ja selbst ein Gemisch verschiedenster Provenienz darstellen, laden geradezu ein zum mißbräuchlichen Imitieren.«
Es mag uns etwas merkwürdig anmuten, daß gerade die Weinberge des Gebietes, das heute seine Produkte unter dem Namen Sherry verkaufen darf, in einem alten Bericht im Zusammenhang mit dem fälschlichen Ausgeben von anderem Wein als Sherry erwähnt wird; es handelt sich dabei um die Region Manzanilla um die Stadt Sanlúcar de Barrameda. Im Jahre 1793 widmete D. M'Bride dem Prince of Wales ein Weinbuch, das zwar *General Instruction for the Choice of Wines and Spirituous Liquors* hieß,

sich aber fast ausschließlich als Lobhudelei eines spanischen Tokaiers entpuppte, dessen Quelle nur Mr. M'Bride zu kennen schien und der bemerkenswerte medizinische Eigenschaften haben mußte. Trotz seiner ausgesprochenen Neigung zu einem bestimmten spanischen Wein scheint M'Bride gute Kenntnisse des Landes und des Sherrys gehabt zu haben, und er schreibt vom Sherry: »Xerez, oder Sherry, ist ein guter, trockener Weißwein, der vor allem in Großbritannien gerne konsumiert und oft bewundert wird. San Lúcar ist ein weiterer Weißwein aus demselben Distrikt, gilt aber als weniger gut als der Sherry; ob dies aber mit den Reben, dem Boden oder der Bereitung zu tun hat, konnte ich noch nicht überprüfen. Die jährliche Produktion von San Lúcar ist aber viel höher als die von Sherry, und da der San Lúcar billiger ist, wird er oft mit dem Sherry vermischt; ob vermischt oder einzeln – ein maßvoller Konsum zum Essen ist ganz bekömmlich.«

Vierzig Jahre später bemerkte James Busby, der sich im Auftrag der Siedler von New South Wales auf einer Studienreise durch die europäischen Weinbaugebiete befand, daß beachtliche Mengen Wein aus anderen Regionen zum späteren Verkauf als Sherry nach Jerez gebracht wurden. Er nennt Málaga als eine der Quellen eines Großteils dieses Weins. Zu diesem Zeitpunkt wurde allerdings der Wein aus San Lúcar bereits als Sherry angesehen, wenn auch von minderer Qualität.

Es mag erstaunen, daß heute solch »importierter« Wein aus anderen spanischen Regionen noch immer eine Rolle bei der Produktion von Sherry spielt. Da nicht genügend Pedro Ximenez oder süßer Wein im Sherry-Bezirk produziert wird, werden jedes Jahr beachtliche Mengen davon aus Regionen wie Málaga und Montilla eingeführt. Tatsächlich beruht die ganze finanzielle Basis dieser beiden Weinbauregionen auf diesem Handel. Die Konkurrenz, vor allem zwischen den Weinen aus Montilla und dem Sherry, ist zwar groß, aber der eine ist auf den andern angewiesen.

Was in Spanien mit den Weinen geschah, schien wenig Einfluß auf die regelmäßigen, oder besser gesagt, regelwidrigen, Methoden in England zu haben, die darauf abzielten, einen Wein zu schaffen, der den Konsumenten paßte und nicht zu teuer war. Schon im 18. Jahrhundert war der

Wein, den man in Spanien schätzte, viel leichter und trockener als das, was die Briten tranken – und das gilt auch heute noch. Auch in Spanien muß der Sherry jedoch von unterschiedlicher Qualität gewesen sein, denn ein viktorianischer Reisender beschrieb den Wein, der ihm in der Fonda de Londres in Sevilla offeriert wurde, als »ein wundersames Gemisch aus Feuer und Wasser«. Die Fonda de Jerez in derselben Stadt produzierte hingegen »ein noch viel teuflischeres Gebräu«, obwohl man in Jerez selbst Sherry fand, der bewirkte, daß »ein Mann genüßlich mit den Lippen schmatzt und fröhlich mit den Augen zwinkert«.

Die Zutaten bei der Portweinbereitung habe ich ja schon gemäß dem Autor von *Wine and Spirit adulterators unmasked* wiedergegeben. Derselbe Autor zählt auch eine nicht weniger furchteinflößende Liste von Zutaten für ein Rezept von hellem Sherry auf. Er rät dem Leser, als erstes darauf zu achten, daß er einen Wein macht, der dem Auge des Konsumenten schmeichelt. Nichts leichter als das für einen Weinpanscher. Je nach dem Ehrlichkeitsgrad des Alchemisten kann der Grundwein zum Beispiel ein billiger dunkler Sherry sein. Dieser kann mit Kapwein ersetzt oder gestreckt werden. Um die Farbe völlig kostenlos aufzuhellen, genügt es, wenn man die Reste aus einem leeren Branntweinfaß beigibt. Um den Nußgeschmack zu erreichen, nehme man Mandelextrakt (als andere Möglichkeit war eine Mischung von süßen und bitteren Mandeln und zu Puder zerriebenen Austernschalen angegeben – man darf dabei nicht vergessen, daß Austern damals sehr viel billiger waren als heute). Um den Geschmack harmonisch abzurunden, nehme man eine kleine Menge Kirschlorbeerwasser. Auch Benzoeharz ist ein nützlicher Aromaverstärker, und um die Farbe so hell zu machen wie beim fahlgoldenen Sherry, sollte man auf hundert Gallonen etwa eineinhalb Liter Lammblut beimischen. Gemäß einer Tabelle des Autors zahlte man für echten hellen Sherry zwischen £65 pro Butt für die schlechteste Qualität, und £105 pro Butt für die beste. Dunkler Sherry kostete zwischen £58 und £110. Mit Hilfe des Rezeptes des Autors konnte man beide Varianten für höchstens £48 pro Butt herstellen.

Ein anderer, ebenfalls anonym gebliebener Autor schreibt einige Zeit später: »Farbe aus gebranntem Zuk-

ker, Bittermandeln, Pfirsichkernen, Mandelöl, Kirschlorbeerblättern, Natriumsulfat und Pottasche und eine ganze Menge weiterer Ersatzstoffe haben zu größtem Unbehagen im Sherrygeschäft geführt, so daß der Sherry... bei den Konsumenten an Beliebtheit einzubüßen scheint.«
Diese »britischen« Eigenfabrikate mußten sich auch gegen »Sherry« durchsetzen, der auf dem Kontinent fabriziert wurde. Den Hambro' Sherry haben wir ja schon kennengelernt. Was auch immer in den Sherry hineingeschüttet wurde, es herrschte nie Mangel an willigen Konsumenten. Während das oben zitierte Rezept immerhin noch ein bißchen Wein aus Jerez enthielt und dabei auf £48 pro Butt zu stehen kam, wurde der Hambro' Sherry in London für £11 bis £14 pro Butt verkauft. Dem »Wein« wurde schließlich zum Verhängnis, daß er einen zu hohen Alkoholgehalt aufwies. Das erweckte die Aufmerksamkeit der Finanzabteilung für indirekte Steuern, die sich in einem Bericht von 1863 gegen den Hambro' Sherry aussprach. »Die Einfuhr von verfälschtem Wein, besonders aus Hamburg, hat uns im letzten Jahr häufig beschäftigt. Die Praxis des Importierens eines Produktes unter der fälschlichen Bezeichnung von Wein hat in den letzten Jahren überhand genommen, eines Produktes, das zu einem großen Teil aus Weingeist besteht und nur zu einem kleinen Teil – falls überhaupt – aus den üblichen Zutaten für echten Wein, um das Getränk mittels Farbe und Geschmack als Wein auszugeben; diesem Problem gegenüber tragen wir eine große Verantwortung, und es ist sowohl im Interesse des ehrlichen Weinhändlers wie des Finanzzolls, sich dieses Problems anzunehmen.« Als Folge dieses Berichts wurden auf dem Getränk Zollgebühren erhoben, so, als handle es sich um Spirituosen und nicht um den Wein, den es vorgab zu sein.
Diese behördliche Kampagne muß erfolgreich gewesen sein, denn ein Jahr später brach im Sherryhandel ein verbaler Streit aus. Die Interessen der Hamburger Seite wurden von Firmen wie Southard & Co. und Edward Chaplin vertreten. Wie Southard & Co. in einem Rundschreiben mitteilte, hatten »die Händler mit den Zollbeamten viel Ärger, weil diese in letzter Zeit fast alle Lieferungen aufhielten und nicht als Wein zur Einfuhr freigaben, sondern sie nur als aromatisierte Spirituosen und Wasser anerkannten, so daß sie als Spirituosen einge-

führt werden mußten. Ein solches Vorgehen mag angebracht sein, wenn Spirituosen als Weine eingeschmuggelt werden; aber diese Lieferungen aufzuhalten, die ohne Zweifel Wein enthalten, was auch ohne weiteres nachweisbar ist, scheint uns nicht nur willkürlich, sondern auch ungerecht. Man darf nicht vergessen, daß Hamburg nebst London der wichtigste Weinimporteur und in Europa der größte Lagerplatz für ausländische Weine ist; fast alle Lieferungen aus Hamburg beinhalten Weine derselben Qualität wie die Lieferungen aus Portugal oder Spanien, die Weine sind also genau gleich manipuliert und angereichert wie andere Weine auch, und eine Analyse würde fast immer bei all diesen Weinen dasselbe Resultat ergeben.«

Edward Chaplin fuhr im selben Stil fort. »Port ist eine Mischung von verschiedenen Weinen und Branntwein; das trifft auch auf den Sherry zu, und es trifft ebenso auf den Hambro' Wein zu. Der einzige Unterschied besteht darin, daß letzteres eine Mischung aus Weinen verschiedener Länder ist, während die beiden ersteren nur Mischungen aus portugiesischen oder spanischen Weinen sind oder zumindest sein sollten... Das Geschäft mit Wein aus Hamburg blieb bis jetzt fast vollständig auf Weine schlechter Qualität beschränkt, vor allem, weil der Handel sich noch nicht so weit etablieren konnte, um dem Händler hier genügend Sicherheit zu geben, daß er auch Lagerbestände mit alten Weinen erstellt... Ich kann mit gutem Gewissen bezeugen, daß meine Lieferungen ausschließlich aus authentischen Weinen bestehen, die mit den besten Branntweinen aufgespritet wurden, und man kann nicht oft genug wiederholen, daß es sich bei den Lieferungen von Hambro' Weinen wie bei den Sherrys, Ports und all den andern um echte Weine handelt, die ganz einfach mit mehr oder weniger Geschick verschnitten wurden.«

Aber Mr. Chaplin mochte die Authentizität und Ehrlichkeit seiner eigenen Weine noch so rühmen, das Branchenblatt *Ridley's* beschrieb die Hambro' Sherrys anders: »Unserer Meinung nach haben solche Getränke keinerlei Anspruch auf einen Vergleich mit Wein, denn offensichtlich sind sie ein Gemisch aus Weingeist, *Aqua pura*, aromatisiertem Sirup und Geschmackssubstanzen, das nach dem Mischen eventuell für kurze Zeit in den großen Fässern bei Hambro' auf einer Schicht Weinbeeren ruhen darf.« Der Autor äußerte zudem den Verdacht, daß es sich beim Branntwein um Kartoffelschnaps handle, und daß das Wasser aus der Elbe stamme, die bei vielen Weinfabriken so enorm praktisch vor der Tür vorbeifloß. Dr. Druitt schrieb feinfühlig und ironisch: »Laßt uns hoffen, daß ein paar Menschenfreunde eingreifen, um hilflose Frauen und Kinder an Weihnachtsessen und Jugendpartys vor dem billigen Hambro' Port und Sherry zu beschützen.«

Hamburg hatte natürlich auch Konkurrenz in der Produktion von sogenanntem Sherry, aber es hatte einen entschiedenen Vorteil darin, daß es so praktisch lag, um die Produkte nach London zu verschiffen. Denn es lohnte sich ja kaum, Elbewasser zu weit zu transportieren. Etwas weiter entfernt, aber auch erfahrener mit der Weinproduktion war der französische Mittelmeerhafen Cette oder Sète, wie es heute heißt. Sogar dem Weinliebhaber Thomas Jefferson waren die mißbräuchlichen Praktiken dort aufgefallen, als er das Städtchen 1787 besuchte. Fünfzig Jahre später bemerkte auch Stendhal interessiert: »Heute habe ich so etwas wie eine Touristentour gemacht. Ich besuchte eine Seifenfabrik und anschließend eine *Chai* oder Weinfabrik. Dort wird aus Wein, Zucker, Eisenspänen und einigen Blütenessenzen Wein jeglicher Provenienz imitiert. Irgendein hohes Tier der Fabrikleitung informierte mich darüber, daß in ihrem Betrieb weder Bleioxyd noch sonstige schädliche Substanzen verwendet würden. Ich nahm es mit einiger Skepsis zur Kenntnis.«

Nicht faul, nahmen die Händler aus Cette alsbald ihre Chance aus der Niederlage ihrer Konkurrenz in Norddeutschland wahr, und im *Moniteur Industriel* vom September 1866 steht zu lesen: »Unter den französischen Weißweinen, die England importiert, befinden sich auch Sherry- und Madeira-Imitate aus Cette und Marseille, wo das echte ›Nußaroma‹ geschickt mit chemischen Substanzen nachgemacht wird. Wahrscheinlich finden Weine aus der Picardie einen gewissen Absatz in England, wo sie zu Sherry ›verarbeitet‹ werden.«

Die Weine aus der Picardie hatten sich während Jahren einen guten Ruf aufgebaut. Jullien nennt sie während der Seeblockade besonders nützlich als Ersatz für spanische Weine. Er bezeichnet sie zwar nicht explizit als Sherry-Imitate, sagte aber: »Diese Trauben werden auch

gebraucht zur Herstellung von aufgespriteten Weinen, die denen aus Alicante, Rota und Málaga und vielen anderen ausländischen Weinbergen ähnlich sind. Sie werden unter der Vorgabe verkauft, aus diesen Weingebieten zu stammen, allerdings viel billiger als die echten Importweine. Diese Weine sind nicht gesundheitsschädlich, aber ihnen fehlen die Frische und das volle Aroma der Weine, die sie imitieren, weil diese Qualitäten noch nicht zufriedenstellend nachgemacht werden können.«
Eine Zeitlang scheint auch Korsika bei der »Sherry«-Produktion mitgemischt zu haben, wobei Wein aus der Region des Cap Corse unter der Bezeichnung Xerex in Deutschland regen Absatz fand. In Großbritannien und Italien war man etwas diskreter, und der korsische Wein wurde dort schlicht als »spanischer« Wein verkauft.
Den Händlern aus Cette kann man zumindest zugute halten, daß sie als Basis für ihre Sherryimitate Wein nahmen, obwohl dieser zu einem guten Teil mit verschiedensten künstlichen Geschmacksstoffen und Chemikalien »zubereitet« werden mußte. Die Herstellung von britischem Sherry hingegen hat mit dem, was wir normalerweise unter Wein verstehen, wenig zu tun, obschon dazu immerhin Trauben verwendet werden. Gemäß R.W.M. Keeling, der von Manuel M. Gonzalez in seinem Buch *Sherry* ausführlich zitiert wird, bestand vor allem im Norden Englands eine langjährige Tradition eines Produkts, das unter dem Namen »British Sherry« verkauft wurde und häufig irrtümlicherweise als alkoholfrei galt und deshalb von Abstinenzlern gerne getrunken wurde; das Getränk konnte aus Weinbeeren oder aber geradesogut aus Rhabarber gemacht werden. Das Nachschlagewerk *Law's Grocers' Manual* stellte um die Jahrhundertwende nüchtern fest: »Einige der billigen Produkte sind nichts anderes als gefärbtes Wasser und Zucker, mit gerade so viel Rückständen vom Brennen, daß das Zeug nicht sauer wird.«
Etwa zur selben Zeit setzte sich die Produktion von »britischem Sherry« auf kommerzieller Basis durch, und zwar mit Hilfe eines griechischen Immigranten namens Mitsotakis, der die glorreiche Idee hatte, unvergorenen Traubenmost aus seinem Heimatland in konzentrierter Form günstig nach England zu bringen und dort mit Wasser, Hefe und Zucker zu vermischen. Die Gärung

würde dann alsbald einsetzen, und man könnte ganz genießbare »Weine« herstellen und unter bekannten Namen wie Port und Sherry verkaufen. Zusätzlich zu den tiefen Produktionskosten kam ein weiterer finanzieller Anreiz in Form der vergünstigten Zolltarife, die auf sogenannten »Süßwaren« erhoben wurden. Das war doch die ideale Lösung für eine bestimmte Gesellschaftsschicht, die sich seit langem einen alkoholischen Ersatz für den schwer zollbelasteten Gin als Seelentröster wünschte! Man mag gegen dieses Produkt viele Einwände ins Feld führen, aber eins muß man ihm lassen – es konnte sich überaus lange unter dem Namen »British Sherry« behaupten und sein wahres Gesicht verhüllen. Die Produktionsmethode hat allerdings nicht die geringste Ähnlichkeit mit dem des spanischen Weins, unter dessen Name es sich anbietet.

In der Produktion von Sherry gibt es eine Phase, die zwar ganz auf die Anfangszeiten zurückgeht, die jedoch in Großbritannien im letzten Jahrhundert eine große Kontroverse ausgelöst hat. Es handelt sich dabei um das Gipsen, also das Mischen der Trauben mit Gips vor der Gärung. Das Komische daran ist, daß kein Mensch zu wissen scheint, weshalb sich diese Überlieferung überhaupt während Jahrhunderten halten konnte. Das Gipsen wurde schon von Klassikern wie Columella empfohlen, weil man damals dachte, der Wein würde sich dadurch schneller klären. Spätere Autoren behaupteten, der Gips würde den Säuregehalt im Wein reduzieren helfen. In Tat und Wahrheit steigert der Gips den Säuregehalt im Wein, so daß die Gärung harmonischer verläuft und sich die Weine länger lagern lassen. Wahrscheinlich geschah Gipsen ursprünglich von selbst durch Staubablagerungen auf den Trauben. Die Winzer merkten dann, daß dieser Wein besser wurde und begannen, zusätzlich Gips beizumischen.

Wie wir bereits gesehen haben, wurde in viktorianischen Zeiten in Großbritannien eine weite Palette von widerlichen Getränken unter dem Namen Sherry verkauft. Viele dieser Weine kamen aus Spanien selbst, wo sich in der Folge eine starke Bewegung für »puren« Wein bildete. Diese Bewegung bekam durch einen Bericht des britischen Konsuls A. Graham-Dunlop aus dem Jahre 1865 tatkräftige Unterstützung.

Es ist eigentlich ein wenig traurig, daß der wichtigste Kritiker von verfälschtem Sherry derselbe Dr. Thudichum war, den wir schon als Kämpfer für guten Portwein kennengelernt haben und der aus Deutschland nach London gekommen war. Unter seinen Experimenten war auch eins, das sich mit der chemischen Herstellung von Amontillado beschäftigte, das jedoch zum Scheitern verurteilt war. Als nächstes ritt er in einem Brief an die *Times* eine Attacke gegen das Gipsen von Wein und ganz besonders von Sherry. Obwohl er natürlich guten Grund für diesen Brief hatte, vermasselte er sich die Gunst der Fachwelt damit, daß er weit übertriebene Mengen für den beigemischten Gips angab, und daß seine Experimente in Jerez für ihn nicht eben erfolgreich verliefen. Vieles, was er in dem Leserbrief schrieb, war natürlich nicht eben dazu angetan, sich Freunde unter den Branchenkennern zu schaffen. »Ich möchte darauf hinweisen, daß das Geschilderte die Herstellung von ›Sherry‹ beschreibt und nicht etwa dessen Verfälschung. Man kann sich allerdings fragen, ob dieser Herstellungsprozeß noch viel Spielraum für das Verfälschen übrigläßt oder ob es sich etwa um einen Verfälschungsprozeß schlechthin handelt, mit anderen Worten, ob aller Sherry oder nicht ganz aller Sherry verfälscht wird. Um Ihren Lesern auf die Sprünge zu helfen, möchte ich noch einmal daran erinnern, daß Gesundheitsvertreter seit langem erkannt haben, daß aufgespritete und gegipste Sherrys dem Menschen nicht bekömmlich sind. Aber die Vertreiber solcher Sherrys lassen sich durch die Kontrollen infolge des Parlamentsbeschlusses bezüglich Weinbetrug nicht beirren... Sherry enthält zwischen 1,5 und 8 Gramm pro Liter schweflige Säure in Form von Kalisalzen, je älter und besser, desto mehr; die meisten »Soleras« bewegen sich nahe an der oberen Grenze.«

Noch nicht zufrieden mit dieser Salve, führte Dr. Thudichum anläßlich eines Vortrags in der Society of Arts weitere Kriterien ins Feld: »Ich lasse mich gerne hinsichtlich des Gipsens belehren, aber leider war niemand unter den großen Sherry-Importeuren oder -Produzenten dazu bereit. Zweifelsohne trägt das 20%-Alkoholvolumen im Sherry auch das Seine zu vielen Nierenleiden bei; aber etwa doppelt so häufig dürfte das Kalisalz an Nierenleiden schuld sein. Ich plädiere für Sherry ohne Gipssäure und mit weniger als 16% Alkohol; solcher Sherry würde weder Kamille noch Salpeter zur Geschmacksverstärkung benötigen. Ich plädiere des weiteren dafür, daß reifer Most nicht durch Entnahme der Weinsäure in unreifen Most verwandelt wird und nichts als saurer Apfelessig herausschaut. Ich trinke ein Glas Amontillado mit großem Genuß, manchmal auch ein Glas billigen ›Vino de Arenas‹, aber das Getränk aus Glaubersalz überlasse ich gerne den alten Herren, denen, wie man so schön sagt, ›nichts trocken genug‹ sein kann.«

Es überrascht eigentlich angesichts der Tatsache, daß *Vinum Xericum* als einziger Wein Eingang in der *British Pharmacopoeia* fand, daß Dr. Thudichum ausgerechnet von ärztlicher Seite große Unterstützung erhielt, und zwar in der Person von Dr. Dupré, einem Dozenten und Chemieprofessor am Westminster Hospital (und zusammen mit Dr. Thudichum Mitautor von *A treatise on the origin, nature and varieties of wine, being a complete manual of viticulture and oenology)*, von Dr. Robert Druitt MRCP und von John Postgate FRCS, Prüfungsexperte und Professor der medizinischen Jurisprudenz am Queen's College in Birmingham. Innerhalb der Branche wurde der Angriff auf die »unechten« Sherrys von James Denman geführt, der ja auch Schriftsteller war. (Offenbar konnte er geeignete Lieferantenquellen für unverfälschten Sherry finden, denn auf seiner Weinliste offerierte er eine Anzahl Sherry Arragonese, deren billigster Vertreter 18s das Dutzend kostete, gefolgt von Cadiz zu 24s das Dutzend. Als Alternative bot er einen trockenen Wein aus Griechenland, St. Elie, an, der mit zunehmendem Alter ein feines Amontillado-Aroma annehmen sollte und zum *unglaublichen* Preis von nur 24s pro Dutzend angeboten wurde.)

Die ganze Sherry-Geschichte wurde abermals vertrackter, als ein Dr. Hassall eine geniale Erfindung machte. Er hatte einen Prozeß entwickelt, mit dem alle Spuren von Gips im Sherry verwischt werden konnten, so daß der Wein weicher und schmeichelhafter erschien und seinen Geschmack und Wert voll zur Geltung bringen konnte. Der Werbetext von Dr. Hassall und seinem Kollegen Otto Hehner, einem Chemiker und Analytiker, lautete folgendermaßen:

Wein – Entgipsen und Verbessern – Sherry wird immer dem Prozeß des Gipsens unterzogen, also dem Beimischen von Gips, wobei ihm die Weinsäure entzogen und durch das laxativ wirkende Kaliumsulfat ersetzt wird. Es ist uns nun gelungen, eine zu patentierende Methode zur Wiederherstellung der ursprünglichen Weinsäure und zum Abbau des Kaliumsulfats zu entwickeln, und wir sind bereit zu Verkaufsverhandlungen über Patent und Tantiemen. Solchermaßen behandelter Wein erfährt in jeglicher Hinsicht eine beachtliche Verbesserung. – Anschrift: Medicus, St. Catherine's House, Ventnor.

Leider, leider bedingte der Gipsentzug den delikaten Einsatz eines Giftes – nämlich Bariumsalzen. Verständlicherweise fiel deshalb die Idee auf relativ wenig Gegenliebe; ein Journalist des *Sanitary Record* befaßte sich näher mit der Idee: »Die Erfindung an sich ist genial, aber leider fehl am Platz. Der Vorschlag, ein nicht toxisches Salz mit einem hochtoxischen Bariumsalz herauszulösen, ist zweifelsohne eine ganz neue Idee bei der Sherryproduktion. Man kann nur ahnen, welcher Behandlung sich dieser Wein schon in Spanien und England unterziehen muß, bevor er den Konsumenten erreicht. Das Gipsen, Schwefeln, Aromatisieren, Färben und Aufspriten sind ja Herstellungsmethoden, die der unzufriedene britische Konsument wohl oder übel akzeptieren muß. Diese zahlreichen ›Behandlungen‹ jetzt aber auch noch mit einem hochgiftigen Salz zu ergänzen, um den Wein zu ›entgipsen‹, führt uns definitiv über jegliche vernünftige Grenzen hinaus.«

Trotz der vielen Leute, die hinter der Anklage standen, konnte die Verteidigung einige wertvolle Mitstreiter aufbieten, obwohl die Branche selbst in ihrem Verbandsorgan *Ridley's Wine and Spirit Trade Circular* offenbar nicht viel dazu beigetragen hat, jedenfalls wenn man den folgenden Ausschnitt aus Ridley's als Gradmesser nehmen will: »Unsere Weinhändler sind zum größten Teil selbst verantwortlich für allfällige zu hohe Beigaben von Branntwein in den qualitativ besseren Sherrys. Uns wurde immer wieder gesagt, daß sie die Spediteure bedrängten, den Sherry noch mehr aufzuspriten, und die Spediteure, die sich selbst überlassen und absurderweise zur Verantwortung gezogen wurden für den Wein, der zwei Jahre später verschifft wird, versandten den Wein mit einigen Grad weniger Alkoholgehalt als verlangt. Der wirkliche Feind des Sherry ist sein übermäßiger Alkoholgehalt und nicht der Gips oder der Schwefel.«

Da waren die Angriffe von Henry Vizetelly schon giftiger. Vizetelly war ein Hansdampf-in-allen-Gassen, der sich mit seinen journalistischen Zeichnungen und einer illustrierten Tageszeitung einen Namen gemacht hatte. Er setzte sich in den Kopf, selbst nach Jerez zu gehen und die Wahrheit über den Sherry zu erfahren. Er scheute auch nicht davor zurück, Thudichums Sachverständnis in aller Offenheit zu bezweifeln: »Jedermann wird sich des kürzlichen Aufschreis der Empörung gegen den Sherry entsinnen, der hauptsächlich von Gutachten-süchtigen Ärzten ausgestoßen wurde, die ihre Ergüsse nur zu gerne auf Papier gedruckt sehen und meinen, sie müßten dauernd eine dümmliche Öffentlichkeit aufklären. Unter den hochtrabenden Aussagen war eine, die mit besonderer Verve vorgetragen wurde, nämlich die, daß über die Trauben für jedes Butt Sherry unweigerlich 30-40 Pfund Gips geschüttet werde, bevor sie gestampft und gekeltert würden; die Folge davon sei, daß die natürliche Weinsäure in Kaliumsulfat, ein abführend wirkendes Salz, verwandelt würde, von dem zwischen drei und vierzehn Pfund pro Butt in diesem beliebten Wein enthalten sein sollen.«

»Angesichts seiner gewohnten Offenheit hätte der Autor dieser unglaublichen Verdrehung von Tatsachen dem Publikum aber auch nicht verheimlichen dürfen, welche Qualifikationen er denn vorzuweisen habe, um solche Urteile zu fällen. Er hätte seinen Lesern mitteilen müssen, daß er unter den Auspizien bestimmter Spediteure in Jerez war, denen er versprochen hatte, zwar nicht gerade das Wunder von Kanaan zu wiederholen, aber doch zumindest Amontillado aus ausschließlich chemischen Substanzen herzustellen. Als Dank dafür erhielt er eine großzügige Summe Geld, um damit wissenschaftliche Instrumente anzuschaffen, die er aber nicht richtig anzuwenden wußte, so daß er schließlich drei Monate lang auf Kosten seines hauptsächlichen Gastgebers stilvoll in Jerez residierte und in dieser Zeit fast den ganzen Ertrag des Weinbergs seines Gastgebers mit sogenanntem Amontillado verschwendete, den er zu solch einem scheußlichen Gebräu zusammenfabrizierte, daß er gerade noch zum Ausspülen von Fässern zu gebrauchen war; bei einem weiteren Experiment, das er in der Bodega eines anderen Spediteurs machte, bestand der Gewinn darin, daß aus

dem Wein purer Essig wurde.«
Nachdem er auf diese Weise die Glaubwürdigkeit des Anführers der Opposition untergraben hatte, bestritt Vizetelly geradeheraus die Zahlen, die Thudichum für den Gipszusatz genannt hatte. So behauptete er, nicht 30–40 Pfund Gips pro Butt würden beigegeben, sondern oftmals überhaupt keiner oder allenfalls höchstens ein paar wenige Pfund pro Butt. Vielleicht im Bewußtsein, daß medizinische und chemische Aussagen bei seinen Lesern auf wenig Interesse stoßen würden, entschied sich Vizetelly für etwas Bodenständigeres und appellierte an den Nationalstolz. »Die Verunglimpfer des Sherrys werden sich wohl kaum bewußt sein, daß die qualitative Überlegenheit von dunklem Burton-Bier dem hohen Anteil von Gips zu verdanken ist, der im Wasser des Trent enthalten ist, und daß etwa gleich viel dieser harmlosen Substanz in eineinhalb Pint dieses herrlichen Getränks gelangt wie in eine x-beliebige Flasche Sherry.« Vom Standpunkt ihres täglichen Biers aus betrachtet war daraufhin für die Alkohol konsumierende Masse alles klar. Aber trotz der vielen Pros und Kontras auf beiden Seiten konnte man sich scheinbar auf keinen gemeinsamen Nenner bezüglich der Vorteile oder Nachteile von Sherry einigen. Vielleicht wurde die ganze Angelegenheit noch zusätzlich verwischt von der großen Menge verfälschten Weins, der auch sonst auf dem britischen Markt zu finden war. Nichtsdestoweniger verlangten aber offenbar die Vertreter der Medizin klare Richtlinien, und 1898 entsandte das anerkannte Fachblatt *The Lancet* eine Delegation von Ärzten und Analytikern nach Jerez, um dem Sherry endlich auf die Schliche zu kommen. Was die Fachleute dort herausfanden, ist höchst interessant: »Im Zusammenhang mit der Herstellung von Sherry gibt es zwei Faktoren, die man als Betrug auslegen kann. Der erste Faktor betrifft die Beigabe von Kalksulfat zu der Maische, also vor der Gärung, der zweite eine kleine Menge von zusätzlichem Branntwein zu dem Wein, der für den Export bestimmt ist. Gegen ersteres kann man unserer Meinung nach keine objektiven Einwände vorbringen, solange gewisse Grenzen nicht überschritten werden, was zum Glück nie vorzukommen scheint. Natürlich kann man einwenden, es handle sich dabei um einen künstlichen Zusatz, aber auch die Beigabe von Kandiszucker

zum Champagner, um ihn zum Perlen zu bringen, ist in diesem Sinn unnatürlich, oder die Zugabe von Gelatine oder Tonerde, um Wein oder Bier zu verfeinern, etc. Wir haben schon dargelegt, wie dasselbe bis zu einem gewissen Grad auf natürliche Weise vor sich gehen kann, wenn den Trauben besonders viel Staub aus dem Weinberg anhaftet, bevor sie gekeltert werden. Wir nehmen an, daß auf diese Weise auch das sogenannte »Gipsen« des Weins entstanden ist. Das Kalksulfat ist ein natürlicher Bestandteil des Bodens dieser Rebberge. Die Frage ist nur, ob man dies als Verfälschung oder Betrug betrachten will, obschon es ja dem Wein nicht vorsätzlich beigegeben wird und ihn auch nicht vergiftet. Im Gegenteil, es verfeinert den Wein und stärkt ihn so, daß er sein Aroma, sein Bukett und seinen angenehm stimulierenden Charakter um so besser entwickeln kann. Der Charakter eines Sherry kommt immer zu hundert Prozent aus den verwendeten Trauben und niemals aus ausländischen Zusätzen...«

»Aber wenden wir uns dem Aufspriten zu. Die Menge des beigemischten Alkohols ist in der Regel bescheiden, man darf aber die normale Alkoholentwicklung nicht vernachlässigen, die ja im Laufe der Jahre einsetzt. Es ist eine Tatsache, daß gelagerter Sherry nach einer gewissen Zeit mehr Alkohol aufweist als beim Abfüllen. Jeder Branntwein, der dem Sherry zusätzlich beigemischt wird, ist aber wirklich aus Wein hergestellt, denn Kornschnaps ist in Spanien eigentlich etwas Überflüssiges, da Weinbrand in so großen Mengen und so billig hergestellt werden kann. Außerdem wird die Einfuhr von deutschem Schnaps nach Spanien durch sehr strenge Zollbestimmungen fast unmöglich gemacht. Guter Branntwein – das heißt, zu Weingeist gebrannter Wein – wird in Spanien kommerziell hergestellt, so daß man erfolgreich mit sogenanntem Brandy oder Cognac konkurrieren kann, in dem meist nicht ein Tropfen Rebensaft steckt.«

»Das Resultat unserer Studie zeigt, daß man dem Sherry korrekterweise nicht unterstellen kann, er enthalte etwas, was seiner Zusammensetzung abkömmlich und fremd wäre. Wir möchten aber erneut betonen, daß wir diese Resultate ausdrücklich auf den *Vinum Xericum* oder Wein aus Xerez beziehen, das heißt, den Wein, den man in Spanien allgemein unter der Bezeichnung Sherry herstellt, und nicht auf diese Fantasiegetränke, die nur zu oft andernorts produziert oder besser fabriziert werden. In der Tat könnte Spanien angesichts der Fülle und Güte an Trauben wohl kaum künstliche Weine herstellen, die es in irgendeiner Weise mit dem echten Wein aufnehmen könnten.«

Nachdem nun also das Gipsen von dem medizinischen Fachgremium als unschädlich oder zumindest als so harmlos wie eine gutartige Krebsgeschwulst dargestellt worden war, könnte man annehmen, daß die Sache damit erledigt gewesen sei. Aber sogar ich mit meiner sehr kleinen Erfahrung mit Sherry bin schon Opfer des Gipses geworden. Vor einigen Jahren unterbreitete ich einem Weinprüfungsgremium in Kanada einige Proben Sherry und bekam sie prompt als unakzeptabel zurück, nicht etwa weil die Qualität oder der Preis nicht gestimmt hätten, im Gegenteil, da war alles in bester Ordnung – nein, die Chemiker hatten in meinem Wein Spuren von Gips gefunden. Was also seit 2000 Jahren in Spanien gang und gäbe ist, wurde von einem Labor in Toronto abgelehnt.

Man kann sich nicht des Gefühls erwehren, daß ein Gutteil der Probleme, die rund um den Betrug mit Sherry entstanden sind, die Folge eines Desinteresses derer sind, die den Sherry produzieren. Viel zu spät erst versuchten sie zu verhindern, daß der Name Sherry von Kreti und Pleti verwendet wurde, wo immer jemand einen Wein produzierte (ganz zu schweigen von denen, die gar nie etwas dagegen unternahmen). Es wurden keinerlei Anstrengungen unternommen, den Wein und den Namen vor allem in Großbritannien zu schützen. Erst in jüngerer Zeit hat man begonnen, in Spanien einen minimalen Qualitätsstandard zu verlangen, so daß heute der Sherry in der weltweiten Konkurrenz gut dasteht und seine Geschichte nach einer stürmischen Zeit jetzt endlich in ruhigeren Bahnen verläuft.

10. Ernte-Eskapaden

Grundsätzlich sind auf jedem Weinetikett zwei Daten verzeichnet: erstens, um was für eine Art Wein es sich handelt, und zweitens, wer ihn gemacht, abgefüllt oder verkauft hat. Auf diese Weise kann selbst der einfachste Wein einen Markennamen und den Namen des Lieferanten führen. Ein besserer Wein wird je nachdem auch noch die eigentliche Ursprungsquelle nennen, sei dies nun eine Region, wie zum Beispiel Bordeaux, ein Dorf, wie etwa St. Julien oder eine Lage wie Château Beychevelle. Auf dem Etikett werden aber noch andere Daten abzulesen sein. Bei gewöhnlichen Tafelweinen zum Beispiel das Alkoholvolumen, bei guten Weinen meist auch das Erntejahr oder das Jahr, in dem der Wein bereitet wurde. Je nach Land oder Region wird das Erntejahr für den Konsumenten wichtiger oder weniger wichtig sein. Als Faustregel gilt dabei, daß, je kühler das Klima, je wichtiger das Erntejahr. So ist es zum Beispiel bei einem Wein aus dem Burgund, wo das Klima von Jahr zu Jahr beachtlich schwanken kann, sehr wichtig, daß man den Jahrgang eines Weines kennt. Andererseits ist das Klima in der spanischen Region Valencia Jahr für Jahr so gleichbleibend gut, daß jedes Jahr mit Wein von gleichbleibender Qualität gerechnet werden kann.

Besonders wichtig werden solche Überlegungen in den Regionen, deren beste Weine eines Jahrgangs prämiert werden. Typische Beispiele dafür sind nebst dem Burgund das Bordeaux, die Champagne und die Port erzeugenden Regionen im portugiesischen Dourotal. Diese Regionen kann man in zwei verschiedene Gruppen aufteilen: diejenigen, die ihre Weine nur in ganz speziell guten Jahren mit Jahrgangsbezeichnung verkaufen, so wie beim Port und Champagner, und diejenigen, die jedes Jahr Spitzenweine machen, jedoch von potentiell unterschiedlicher Qualität, wie beim Bordeaux, beim Burgunder und bei deutschen Weinen. Im ersten Fall bekommt ein Wein sofort sein charakteristisches Gepräge und eine Auszeichnung, im zweiten Fall muß sich der Weinliebhaber bewußt sein, daß

das unterschiedliche Klima im einen Jahr einen Spitzenwein hervorbringen kann und im nächsten einen von eher enttäuschender Qualität.
In Portugal zum Beispiel werden nur zwei Prozent aller Portweine als Jahrgangswein verkauft, und dennoch hängt das Qualitätsimage des Port in erster Linie von diesen zwei Prozent ab. Um als Jahrgangswein erster Güteklasse eingestuft zu werden, muß ein Port »aus einer einzigen Lese stammen, in einem offiziell als gut eingestuften Jahr produziert worden sein, außergewöhnliche organoleptische Qualität aufweisen, dunkel und körperreich, von feinem Aroma und Geschmack sein und vom Instituto do Vinho do Porto als qualifiziert erachtet werden, die Bezeichnung ›Jahrgangswein‹ mit entsprechendem Datum zu erhalten«. Zudem müssen einige zusätzliche Vorschriften wie zum Beispiel die Zeit der Abfüllung und die Art des Etikettierens erfüllt sein. Im Instituto werden von diesen Weinen Proben aufbewahrt.
Nachdem man diese Vorschriften gelesen hat, sollte man meinen, daß Einigkeit herrsche darüber, welche Jahrgänge auserlesene Jahrgangsweine hervorzubringen geeignet sind. Dem ist aber nicht so, es herrscht im Gegenteil eine breite Palette an Meinungen, und manchmal kommen auch etwas merkwürdige Sonderfälle vor. So entschloß man sich zum Beispiel in den 70er Jahren, die Jahrgänge 1970, 1975 und 1977 als außergewöhnlich zu bezeichnen und die entsprechenden Weine zu prämieren. Die meisten Weinhandelsfirmen füllten daraufhin alle drei Jahrgänge ab, die anderen zum größten Teil zwei der drei Jahrgänge, nämlich jene zwei, die ihnen am vielversprechendsten schienen. Nur eine Firma füllte statt drei sogar vier Jahrgänge ab, nämlich zusätzlich den Jahrgang 1972. Weshalb Dow, Silva und Cosens ausgerechnet diesen Jahrgang ebenfalls als auszeichnungswürdig betrachteten, blieb unklar. Aber sie handelten nun mal so, und ihr Urteil wurde vom Instituto do Vinho ohne mit der Wimper zu zucken akzeptiert.
Auch ein Jahrgangschampagner muß gewisse Voraussetzungen erfüllen, die andere Weine der Region nicht haben. Naturgemäß wird er nur in den allerbesten Jahren erzeugt, und jeder Jahrgang hat seine eigene Prägung. Die Gesetzgebung schreibt vor, daß es sich dabei um einen Wein handeln muß, der zu hundert Prozent in dem auf

dem Etikett angegebenen Jahr produziert wurde, und daß er mindestens 11% Alkoholvolumen aufweisen muß, während für gewöhnlichen Champagner nur 9% vorgeschrieben sind. Der Wein darf nicht verkauft werden, bevor er mindestens drei Jahre alt ist, während die anderen Weine der Region nur zwölf Monate alt sein mussen. Außerdem muß der Jahrgang sowohl auf dem Korken wie auf dem Etikett angegeben sein. Champagner darf zwar jedes Jahr erzeugt werden, aber die Behörden haben Maßnahmen erlassen, daß auch ein gewöhnlicher Champagner nicht ausschließlich aus Weinen der schlechtesten Jahrgänge bestehen darf. Wenn ein Erzeuger Jahrgangschampagner macht, darf er höchstens 80% seiner Lagerbestände des betreffenden Spitzenjahres dazu verwenden; auf diese Weise wird sichergestellt, daß immer ein Teil des besten Jahrganges später noch für den Verschnitt von gewöhnlichem Champagner zur Verfügung steht.

Es gibt immer wieder Leute, die behaupten, daß ein normaler Champagner manchmal besser sei als ein Spitzenchampagner. Natürlich ist kein Jahrgang in jeder Hinsicht perfekt, und allfällige Mängel können durch den Verschnitt aus anderen Jahren ausgebessert werden. So finden zum Beispiel manche Kenner, die Grande Cuvée von Krug zum Beispiel sei der ideale Champagner, obwohl dieser Wein keine Jahrgangsbezeichnung auf dem Etikett trägt. Ein Jahrgangswein hingegen hat immer seinen ganz eigenen Charakter, der naturgemäß von Jahr zu Jahr etwas anders ist.

Man sieht also, daß die Produktion von Jahrgangsport und -champagner streng geregelt ist, um die Qualitätserwartungen, die von dieser Bezeichnung aus gehen, erfüllen zu können. Andernorts herrscht allerdings eine viel lockerere Beziehung zur Bezeichnung »Jahrgangswein«. In vielen Weinbauregionen ist es zum Beispiel gestattet, einem Jahrgangswein auch Weine aus einem oder mehreren anderen Jahrgängen beizumischen und das Produkt dennoch mit der begehrten Bezeichnung auf dem Etikett zu verkaufen. Die Idee dahinter ist – ähnlich wie beim normalen Champagner – daß allfällige kleine Mängel auf diese Weise ausgeglichen werden können. Sobald aber Weine anderer Jahrgänge unter dem »Jahrgangs«-Etikett gestattet werden, sind die Türen einem breitgefächerten Mißbrauch natürlich weit geöffnet. Gut laufende Jahrgänge können so gestreckt werden, und es entsteht die Gefahr, daß die Glaubwürdigkeit des ganzen Systems untergraben wird. Die Situation kann in der Tat nur allzu schnell außer Kontrolle geraten, wenn nicht strenge Kontrollen dazwischengreifen.

In anderen Weinbauregionen herrschen dafür fast paradiesische Zustände. Es wurden Anstrengungen unternommen, normale Qualitätsweine unter dem Kürzel VSR – für *Vin supérieur recommende* oder *Very specially recommended* – anzubieten. Die Idee dahinter wird im Buch *The Wines of Burgundy* von Pierre Poupon und Pierre Forgeot dargelegt: »Jahrgangsweine waren manchmal für die Konsumenten eine Art Falle, in die sie ahnungslos hineintappten, so daß die burgundischen Händler anfingen, wie in der Champagne nebst den Jahrgangsweinen Weine zu verkaufen, die sie ausdrücklich als Nicht-Jahrgangsweine deklarierten.«

»Diese Nicht-Jahrgangsweine sind im allgemeinen Weine, die sorgfältig aus Ernten zusammengestellt werden, die keinen besonderen Ruf genießen. Es kann sich auch um harmonische Verschnitte von Crus identischen Ursprungs, aber verschiedener Jahre handeln, woraus ausgewogene Weine von gleichbleibender Qualität entstehen.«

»Das *Comité professionel du Bourgogne* hat das Kürzel VSR kreiert, und die Händler unserer Region können ihre Weine nun unter dieser Bezeichnung verkaufen.«

»Viele Weinhändler und auch Winzer aus anderen Regionen Frankreichs, vor allem aus dem Bordeaux, haben um die Erlaubnis ersucht, diese Bezeichnung ebenfalls führen zu dürfen. Dies wird denn auch gewährt, sofern der Wein die nötige Qualität aufweist.«

In diesen letzten Worten liegt leider auch eine potentielle Gefahr des VSR-Systems. Nur zu oft dient es als praktischer Deckmantel für unbefriedigende Verschnitte aus Ernten, die in purer Form kaum verkauft werden könnten. Während ein guter Verschnitt besser sein kann als der beste Jahrgangswein, kann ein schlechter Verschnitt auch einiges schlimmer sein als man nach dem, was Poupon und Forgeot schrieben, annehmen könnte. Leider gibt es nur sehr unvollkommene oder überhaupt keine Kontrollen darüber, was in einen Verschnitt hineinkommt. Einmal mehr liegt die Verantwortung beim Lieferanten. Falls er einen guten Ruf genießt und diesen aufrechterhalten

möchte, wird er zusehen, daß der Wein, der unter seinem Namen verkauft wird, diesem Ruf gerecht wird. Leider gibt es aber auch viele Firmen, die sich einen Deut um Qualität scheren; meistens sind das Firmen, die Wein als eine Art Gebrauchsartikel entweder unter fremdem Namen oder unter einem ihrer zahlreichen Tochtergesellschaften verhökern.
Noch ein weiterer Nachteil trifft leider sogar auf den besten Nicht-Jahrgangswein zu. Da auf dem Etikett der Jahrgang nicht angegeben ist, hat man oft keine Möglichkeit, herauszufinden, wie alt der Wein ist, ob er trinkbereit ist oder ob er seinen Höhepunkt schon überschritten hat. Vor der Idee eines »Zu-konsumieren-bis«-Datums auf dem Etikett schrecken die meisten Erzeuger zurück, weil sie befürchten, daß ihnen dann noch und noch Wein zurückgesandt würde, der noch absolut gut wäre. Viele jahrgangslose Weine werden zwar dann verkauft, wenn sie das ideale Konsumationsalter erreicht haben, aber ihre Lagerfähigkeit ist beschränkt, und falls im Restaurant oder beim Weinhändler nicht systematische Lagerkontrolle betrieben wird, kann es dennoch passieren, daß Sie eine Flasche bekommen, die überalt ist. Das kann man leider nie zum voraus sagen. Auch wenn es dem Erzeuger das Leben schwerer macht, wäre ein Datum auf dem Etikett von solchen Weinen nicht zu viel verlangt, damit man zumindest wüßte, wann der Wein abgefüllt wurde, oder bis wann er konsumiert werden sollte. Dieses Problem besteht übrigens auch beim jahrgangslosen Champagner.
Jahrgangsweine sind dem Mißbrauch genauso ausgesetzt wie alle anderen Aspekte des Weinhandels. So wurde zum Beispiel im Burgund der Jahrgang 1968 von den meisten als katastrophal angesehen. Der Jahrgang 1969 hingegen war sehr gut und wies alle Qualitäten auf, die der vorherige Jahrgang vermissen ließ. Es braucht nun wohl kaum eine besonders lebhafte Fantasie, um auf die Idee zu kommen, daß man mit einem Teil des älteren Weins den jüngeren strecken konnte, der sich dann viel teurer verkaufen ließ. Das ist allerdings nur ein theoretisches Beispiel, und es ist vielleicht angebracht, zwei konkrete Jahrgangs-Beispiele für einen Schwindel zu nennen.
Einer der berühmtesten Jahrgänge überhaupt war der von 1811, dem »Jahr des Kometen«. Der Château Lafite aus

dieser Ernte wird als einer der größten Weine eingeschätzt, die je gemacht wurden, so jedenfalls sah es Maurice Healey, der den Wein 1926 kostete, der sich »noch immer sehr angenehm trank, mit höchstens einer Spur von nachlassender Qualität«. H. Warner Allen nannte 1811 das »sprichwörtliche Jahr des Kometen, das, wie manche sagten, den Fall Napoleons voraussagte und das größte Weinjahr aller Zeiten war«.
Obschon die ganze Thematik von Spitzenjahrgängen zu Beginn des 19. Jahrhunderts noch nicht so ernst genommen wurde, haben die Weine des Jahrgangs 1811 zweifelsohne die Fantasie des einen oder andern angeregt, so daß in der Folge die weniger gewissenhaften unter den Mitgliedern des Weinhandels sich diese Tatsache zunutze zu machen versuchten. Das meinte ein anonym gebliebener Autor 1829 dazu: »Die gefeierten Kometen-Weine, wie sie genannt werden, waren das Resultat der Ernte 1811, als der große Komet erschien. Das Wetter war während des größten Teils des Jahres bemerkenswert heiß, so daß die Weine, die in diesem Klima entstanden, hinsichtlich ihrer Qualität alles übersteigen sollten, was man seither produziert hat. Dadurch, daß die Qualität so einmalig und die Ernte relativ klein war (wie meistens bei den besten Jahrgängen), wurde der Wein sehr rasch von Liebhabern aufgekauft, die ihn nicht weiter in Umlauf brachten; es ist zu bezweifeln, ob selbst in den Weinkellern der Reichen heute noch erwähnenswerte Mengen von diesem Wein vorhanden sind, der schon durch die Bezeichnung »Vin de Comet« absolut einmalig war. Ein oder zwei Kometen sind allerdings meines Wissens in den letzten drei oder vier Jahren im Süden von Frankreich aufgetaucht, allerdings in so kleinen Mengen, daß sie kaum von bloßem Auge sichtbar waren; wir dürfen deshalb nicht voreilig die Glaubwürdigkeit der inserierenden Gentlemen anzweifeln, da sie sich wahrscheinlich nicht auf einen Kometen beziehen, der auf das Jahr 1811 zurückgeht.« Schade, daß ein Autor mit soviel Sarkasmus anonym blieb. Er selbst nennt sich schlicht »einen der alten Schule«. Seine Meinung über viele Aspekte des Weinhandels in seiner Zeit war jedenfalls alles andere als schmeichelhaft.
Das andere Beispiel für das systematische Strecken eines Jahrgangs stammt aus viel jüngerer Zeit und wird meines Erachtens bis zum heutigen Tag betrieben. Diesmal han-

delt es sich um den Jahrgang 1970 und die Riojaregion. In Spanien herrscht traditionsgemäß eine recht große Liberalität beim Etikettieren von Wein. So gilt zum Beispiel in manchen Regionen, die Jahr für Jahr gleichbleibend gute Weine produzieren, die Regelung, daß der Wein nicht nach dem Jahresdatum der Ernte vermerkt wird, sondern mit dem Datum der Flaschenfüllung, also im ersten, im dritten oder sonst einem beliebigen Jahr nach der Ernte. In Anlehnung daran meinen Bezeichnungen wie Viña so und so nicht eine bestimmte Lage, wie man vermuten möchte, sondern einen bestimmten Weinstil. In der Rioja läßt man von altersher den Wein – sowohl den roten wie den weißen – jahrelang in Eichenfässern oder Tonnen ruhen und füllt ihn erst kurz vor dem Konsumieren in Flaschen ab. Das hat über die Jahre natürlich dazu verführt, die Fässer mit jüngerem Wein aufzufüllen. Als Folge davon täuscht das Etikett, auf dem das Jahr des ursprünglichen Weins vermerkt ist, obwohl ein beachtlicher Anteil des Weins aus jüngeren Jahrgängen stammt. Im Zuge der Ausweitung des Verkaufsmarktes von spanischen Weinen auf ganz Europa und die Vereinigten Staaten in den frühen 70er Jahren wurde der Ruf nach strengeren Kontrollen laut, damit auf dem Etikett wirklich das stünde, was in der Flasche enthalten war. Gleichzeitig fand in der Rioja ein wirtschaftlicher Aufschwung statt, der nicht nur Neugründungen von Firmen zur Folge hatte, sondern auch alte, seit Generationen stillgelegte Betriebe wieder belebte. Der größte Teil des Geldes in der Rioja stammte aus großen Finanzgesellschaften wie zum Beispiel Rumasa. Diese Firma hatte seit ihrer Gründung 1961 enorm expandiert. Vor mir liegt gerade eine Schrift, die die Firma zu ihrem 15. Jubiläum herausgegeben hat; darin sind 228 firmeneigene Betriebe aufgelistet, einschließlich 14 Banken und 27 Weinhandelsfirmen. Innerhalb der Weinbranche hatte die Gesellschaft ursprünglich in Jerez ihren Siegeszug begonnen, wo sie sich in rascher Folge einige schlummernde Konzerne zu eigen gemacht hatte. Die zweite Attacke ritt der Firmenriese in der Rioja, wo er die Kapazitäten der aufgekauften Betriebe rasch ausbaute. Janis Robinson bemerkte in einem Artikel im Magazin *Wine and Spirit* nicht zu Unrecht, daß Rumasa in einer ihrer Bodegas mehr Wein lagern konnte als in der ganzen Region erzeugt wurde.

Der Rioja genießt als Rotwein in Spanien hohes Ansehen, auf internationaler Ebene ist er noch eher als Wein bekannt und beliebt, der ein sehr günstiges Preis/Leistungs-Verhältnis aufweist, vor allem, wenn man die Jahrgänge betrachtet, die auf den Etiketten vermerkt sind. José Peñin schreibt in seinem *Manual de los vinos de Rioja*: »Viele Erzeuger haben mir bestätigt, daß sie diese älteren Weine dreimal teurer verkaufen müßten, wenn sie einen Profit daraus schlagen wollten, und daß in Spanien kein Mensch bereit sei, einen solchen Preis zu bezahlen, auch nicht für einen echten alten Rioja.«

Wo immer Rumasa hinführte, fanden sich auch andere, die in ihren Fußstapfen zu folgen versuchten, und für sie war eine gesicherte Existenz nur möglich, wenn die liberalen Vorschriften bezüglich der Riojajahrgänge und die Einfuhr von Weinen aus anderen Regionen weiterhin gewährleistet waren.

Gemäß Señor Peñin geht diese Philosophie auf die Zeit der Renaissance der Riojaweine Ende des letzten Jahrhunderts zurück, als die Händler aus Bordeaux in der Rioja das Sagen hatten. Sie waren es, die die einzelnen Jahrgänge und ihre Herkunft nicht gebührend zu achten verstanden. Wenn statt der Händler die Erzeuger aus Bordeaux in die Rioja gekommen wären, hätte die Entwicklung dort wahrscheinlich ganz anders ausgesehen.

Die Tatsache, daß die Ernte 1970 einen derart guten Ruf genoß und scheinbar fast unbegrenzte Mengen Wein hervorbrachte, ist auf verschiedene Gründe zurückzuführen. Sicher war die Ernte hervorragend und brachte einige großartige Weine hervor, aber sie können nur einen kleinen Teil dessen ausmachen, was insgesamt unter dieser Jahrgangsbezeichnung verkauft wurde. Zuerst einmal war 1970 das Jahr, in dem einige der neuartigen Riojahäuser gegründet wurden, und da war es natürlich sehr vorteilhaft, wenn man im Gründungsjahr gleich einen großen Wein präsentieren konnte. Auch als *Reserva* war diese Ernte besonders bei denjenigen Betrieben sehr willkommen, die nach der Übernahme sehr rasch expandiert hatten. Diese Tendenz kam auch der plötzlich steigenden Nachfrage nach exklusiven Genußmitteln aus Spanien entgegen. Die letzten Jahre des Franco-Regimes und die Wiederherstellung der Monarchie fielen zeitlich mit einem neu empfundenen Stolz auf die Gastronomietradition des Landes zusammen. Der beste Rotwein des Landes spielte natürlich eine wichtige Rolle, und sein Aushängeschild war der Jahrgang 1970.

Was war die Folge von dem allem? Ganz sicher wurde dadurch das Selbstvertrauen in Spanien selbst nicht kleiner. Offenbar waren die vielen Mißbrauche den Behörden wohlbekannt, denn sie verboten schließlich die Ausfuhr von Jahrgangsrioja der Ernte 1970 in verschiedene Länder, darunter auch Großbritannien.

Wohin führte das langfristig gesehen? Als erstes führte es zu einer Bewegung, die hauptsächlich von Enrique Forner von Bodegas Marqués de Cáceras angeführt wurde und strengere Kontrollen bei der Produktion von Rioja verlangte, damit der Rioja wieder einen besseren Ruf bekäme. Später haben sich rund zwölf Bodegas zu einer Gruppe namens *Arbor* zusammengeschlossen, um sich eben solcher Anliegen anzunehmen. Mit dem Beitritt Spaniens zur Europäischen Gemeinschaft wurde eine rasche Angleichung an die Richtlinien der EG bei Fragen wie diesen notwendig. Manche Firmen begrüßten diese Entwicklung, andere wehrten sich vehement dagegen. Ganz sicher ist aber, daß die Preise für Rioja in den letzten Jahren rapide gestiegen sind, was teilweise auf die sehr kleinen Ernteerträge dreier aufeinanderfolgender Jahre zurückzuführen ist, teilweise auf die steigende Nachfrage aus der ganzen Welt und teilweise auch auf die Tatsache, daß heutzutage ein wahrheitsgetreues Etikett beim Rioja die Regel geworden ist.

Vielleicht überlasse ich das Schlußwort am besten José Peñín, obwohl er zugegebenermaßen schon 1982 darüber schrieb, also bevor viele der neuesten Veränderungen eingetreten waren: »Welchen Wert hat eine Tabelle der spanischen Jahrgangsweine? Praktisch keinen. Alle Tabellen für die Weine aus der Rioja basieren generell auf der Qualität des kurz zuvor vergorenen Mostes. Anerkannte Fachleute wie Antonio Larrea und Manuel Ruiz Hernández klassifizieren die Jahrgänge anhand von Kontrollen der Oenologischen Versuchsstation in Haro. Andererseits wurden diejenigen Weine, die nach der Vermischung mit anderen Jahrgängen gemacht und abgefüllt wurden, von keiner Behörde klassifiziert.«

Es gibt noch andere Gründe dafür, daß das Datum auf dem Etikett nicht dem angegebenen Jahr entspricht. Das vielleicht simpelste Beispiel für solche Angaben ist wohl das des Jahres der Firmengründung, obwohl ich glaube, daß in dieser Hinsicht eigentlich kaum Anlaß zu Verwechslungen gegeben ist. Vor allem beim Madeira und beim Sherry häufiger ist das Datum der Solera. Das Solera-System wurde zuerst in Jerez angewendet, damit ein gleichbleibender Weinstil beibehalten werden konnte. Julian Jeffs beschreibt das Solera-System als »Teilverschnitt«. In der Praxis sieht das etwa so aus: Der Spediteur hat in seinem Keller Reihen von aufgeschichteten Fässern stehen. Wenn er für einen Kunden Wein braucht, nimmt er ihn aus einem der untersten Fässer der ersten Reihe. Das Faß füllt er mit Wein aus der oberen Reihe wieder auf, und so weiter. Wenn nun ein Wein zum Beispiel das Datum Solera 1832 trägt, bedeutet das, daß der Solera in diesem Jahr begonnen hat, und daß theoretisch der Anteil des ursprünglichen Weins diesen Datums immer kleiner geworden ist, bis er ganz aufgebraucht war. Natürlich hängt die Menge des Originalweins von der Menge des Originalsoleras ab und davon, wieviel davon verkauft wurde. Mir sind aber keinerlei entsprechende Kontrollen bezüglich des Solera-Datums auf dem Etikett bekannt, so daß die Authentizität einmal mehr vor allem von der Ehrlichkeit des Spediteurs abhängt.

Beim Sherry sind Weine mit Jahrgangsbezeichnung praktisch unbekannt, bis auf einige wenige, ganz spezielle Tropfen. Auch das Solera-Datum ist immer seltener zu sehen. Dafür ist die Situation beim Madeira gerade umgekehrt, denn dort arbeiten das Solera-System und die Jahrgangsbezeichnung Hand in Hand, was immer wieder zu Verwirrungen Anlaß gibt. In einer Broschüre der Madeira Wine Company, einem Erzeugerkonsortium, heißt es dazu: »Datierte Madeiras bezeichnen ausgewählte Spitzenweine der besten Jahrgänge, die nicht mit anderen Jahrgängen verschnitten wurden. Diese Weine sind in unseren Lagerkellern mindestens zehn Jahre lang im Faß herangereift und erst dann in Flaschen gefüllt worden. Madeira ist außerordentlich langlebig, denn ein gesunder Wein kann ohne weiteres noch nach 150 Jahren genossen werden.« Daraus könnte man schließen, daß alle Madeiraweine mit einem Datum auf dem Etikett echte Jahrgangsweine sind. Das stimmt aber nicht, denn oft handelt es sich um ein Solera-Datum, und man sollte

unbedingt zwischen den beiden Daten unterscheiden, weil ja der Wert eines Jahrgangsweines viel höher ist als der eines Soleras mit demselben Datum.
Die ersten Weine, die ich in diesem Kapitel besprochen habe, waren die Jahrgangsportweine. Vielleicht sollte ich das Kapitel mit dem Hinweis auf andere Portweine schließen, die zwar keine Jahrgangsweine sind, dem Konsumenten aber unter Umständen diesen Eindruck vermitteln. In Großbritannien ist der wohl bekannteste dieser Sorten der sogenannte *Late bottled Vintage Port* oder *LBV*. Von Gesetzes wegen darf dieser Port anstatt mit zwei Jahren erst im Alter von vier bis sechs Jahren abgefüllt werden. Aber obwohl auf dem Etikett das Jahr und das Wort *Vintage* stehen, ist der Stil dieses Weins nie gleichbleibend. Der Wein hat auch die Tendenz zu weniger Aroma und Farbe als man bei einem Jahrgangsport erwarten würde, und außerdem ist er viel schneller ausgereift. 1987 fand im Magazin *Decanter* ein ausführlicher Briefwechsel darüber statt, ob der Konsument wohl die Begriffe *Vintage* (= Jahrgang) und *Late bottled Vintage Port* verwechseln würde oder nicht. Bis jetzt haben die Portfirmen nie LBV-Weine derselben Ernte wie die Jahrgangsweine offeriert, so daß sie nicht ganz zu Unrecht behaupten konnten, eine solche Verwechslung sei unmöglich. Diese Situation hat sich nun aber verändert, denn die Firma Taylor, eines der ersten Häuser, das einen 1980er Wein als Jahrgangswein verkaufte, hat jetzt auch einen *Late bottled Vintage Port 1980* auf den Markt gebracht. Als Antwort auf die Bemerkung, daß dies zu Verwechslungen führen könnte, schrieb Alistair Robertson von der Firma Taylor, Fladgate & Yeatman in *Decanter*: »Wenn Sie sich nebeneinander zwei Flaschen vorstellen (oder auch auf einem Prospekt) – eine ein Jahrgangswein 1983 und die andere ein LBV 1983 – dann machen schon der enorme Preisunterschied und die absolut andere Verpackung der beiden Produkte eine Verwechslung unmöglich. Man kann nicht zwei Flaschen desselben Jahrgangs mit einer unterschiedlichen Beschreibung haben, ohne automatisch zwischen den beiden zu unterscheiden... Unsere LBV-Weine – und bestimmt auch die LBV-Weine anderer Gesellschaften – werden aus den besten Weinen hergestellt, wobei aber kein Wein verwendet wird, der als *Vintage Port* vorgesehen ist.«

Man kann Mr. Robertson nur zustimmen. Trotzdem ist die Chance, zwei Weine in natura oder auf einer Liste nebeneinander zu sehen, für den Durchschnittskonsumenten sehr klein. Nur zu oft wird der Kunde seinen Wein in einem Restaurant flüchtig zu sehen bekommen, wo ihm ein LBV-Wein als Taylor's 1983 präsentiert wird, was einerseits ja stimmt, andererseits eben auch wieder nicht. Die ganze Situation wird noch verworrener durch Portweine, die sich unter der Bezeichnung *Vintage Character* anpreisen, das heißt, Weine, die einem bestimmten Jahrgang im Stil ähnlich sein sollen, jedoch weder zum *Vintage Port* noch zum *Late bottled Vintage Port* gehören. Tatsache ist, daß gemäß dem Gesetzesparagraphen eine breite Palette an Weinen mit einer Jahrgangsbezeichnung auf dem Etikett verkauft werden dürfen. Um den feinen Unterschied zu erkennen, muß man schon ein guter Kenner der Portweinbranche und der entsprechenden Gesetze sein. Wie bereits erwähnt, müssen Jahrgangsportweine und LBV-Portweine zu einem bestimmten Zeitpunkt abgefüllt werden, aber datierte Ports können von Gesetzes wegen zu einem beliebigen Zeitpunkt abgefüllt werden, vorausgesetzt, das Fülldatum erscheint auf dem Etikett. Auf diese Weise gibt es eine ganze Reihe von verschiedenen Portweinen, mitinbegriffen ein Port mit Kruste, der in gewisser Hinsicht einem sehr alten Jahrgangsport gleicht, *Fine old Tawnies*, den die Franzosen zu schätzen wissen, und Garrafeira-Weine, die man in Portugal trinkt, die alle datiert sind und viele Jahre vor dem Konsumieren abgefüllt werden. Jemand, der sich mit den Portweingesetzen gut auskennt und die betreffende Flasche zu sehen bekommt, kann sich ein sehr genaues Bild dessen machen, was er von einem Wein erwarten kann. Jemand, der jedoch aus dem einen oder andern Grund die Flasche nicht zu Gesicht bekommt, kann sein blaues Wunder erleben. Ich will damit nicht sagen, daß diese Weine nicht alles exzellente Weine sind, sondern nur, daß der jeweilige Stil von Wein zu Wein sehr variieren kann, genauso wie die jeweiligen Produktionskosten und der jeweilige Wert.

Es ist gar nicht so einfach, einen Einblick in die verwirrende Welt der Portweindatierung zu geben, aber der folgende traurige Leserbrief in *Decanter* eines Alrick L. Smith aus Berg in der Schweiz macht einiges klar: »Als

Portweinliebhaber kann ich ja noch mit knapper Not verzeihen, daß mir einmal in einem erstklassigen indischen Restaurant ein LBV-Port als ›authentischer‹ Jahrgangsport angeboten wurde. Dasselbe ist mir aber im April dieses Jahres in einem der besten Hotels in Porto passiert. Noch schlimmer – anläßlich dieses Besuches in Porto kaufte ich eine Flasche 1955er Jahrgangsport aus den Royal-Oporto-Kellereien, der sich heute beim Öffnen als (eventuell 1955er) lohfarbener Tawny mit Holzfaßgeschmack entpuppte. Ich fühle mich verpflichtet, gegen diesen vielleicht unwissend betriebenen, aber nichtsdestotrotz um sich greifenden Schwindel beim Portwein zu protestieren, der sicher teilweise auch auf die undurchsichtige Bezeichnungsart zurückzuführen ist.«
»Ich mußte die folgenden unerfreulichen Erfahrungen machen. Ein Hutcheson Jahrgangswein 1977, den ich in Luxemburg kaufte, entpuppte sich als LBV 1978; von 12 Flaschen Barros 1970 Jahrgangsport, den ich in Zürich kaufte, waren sechs Flaschen aus dem Jahr 1975. Die Flaschen und Korken, die zur Bezeugung dieser Behauptung dienen können, sind noch in meinem Besitz.«
»Zwei britische Spediteure verkauften mir kürzlich in Porto einige Flaschen Jahrgangsport 1970 in Mißachtung der Vorschriften des I.V.P. ohne das Siegel des Instituto do Vinho do Porto (I.V.P.). Ein Jahrgangsport 1970, den ich bei einem portugiesischen Spediteur kaufte (Name und entsprechende Unterlagen bei mir einzusehen), war, wie ich später bemerkte, fälschlicherweise dem I.V.P. als Jahrgangsport 1975 ausgegeben worden, damit er zur Ausfuhr freigegeben wurde.«
»Es ist betrüblich, daß der Konsument sich mit den feinen Nuancen zwischen Jahrgangsportweinen und Port mit Kruste herumschlagen muß. Noch betrüblicher ist es, daß die Spediteure jetzt LBV-Wein (ein kläglicher Vergleich mit einem 20jährigen Tawny und überhaupt kein Vergleich mit einem Jahrgansport) auf Kosten des echten Jahrgangsports anpreisen. Die Situation ist wirklich bedenklich. Die zunehmende Skrupellosigkeit wird den ganzen Portweinhandel verderben. Drakonische Maßnahmen in bezug auf die Portweinklassifizierung sind jetzt nötig, will man sichergehen, daß der Beitritt Portugals zur EG dem König der portugiesischen Weine zu Recht einen Platz in den Kellern der zukünftigen Weinliebhaber freihält.«

Wenn man Mr. Smith glauben will – und ich persönlich zweifle keine Sekunde an seinen Worten –, dann scheint bei gewissen Mitgliedern des Weinhandels in Portugal eine sehr lockere Auffassung der Gesetzesvorschriften bezüglich Produktion und Vertrieb von Portwein zu herrschen. Daß dies nichts Neues ist, haben wir ja bereits gesehen, aber es ist dennoch traurig, daß der Betrug in diesem Ausmaß weiterzugehen scheint. Ein grundsätzliches Problem beim Portwein ist das Phänomen, daß der Engländer, der Franzose und der Portugiese unter Port jeder etwas anderes verstehen. Jeder hätte gern das Datum der Ernte auf dem Etikett, aber jeder aus einem anderen Grund.

In vielerlei Hinsicht ist die falsche Angabe des Jahrgangs auf dem Etikett der einfachste Schwindel. Es handelt sich dabei schlichtweg um Betrug, aber um einen, den viele Leute aus Bequemlichkeit nicht wahrnehmen wollen. Die einfachste Form des Betrugs ist die, daß man einen anderen Jahrgangswein vorgesetzt bekommt als auf der Weinliste angegeben. Und es ist sicher nicht nur Zufall, daß der angebotene Jahrgang fast unweigerlich schlechter ist als der angegebene. Wir werden nie mit Sicherheit sagen können, wie weit entfernt die angespriesene Qualität eines Jahrgangs von der tatsächlichen Qualität des Jahrgangs ist. Kann sein, daß im Zuge der verfeinerten Produktionstechniken auch die feinen Nuancen zwischen den einzelnen Jahrgängen immer mehr verschwimmen. Der Tag, an dem es so weit ist, wird als trauriger Tag in die Weingeschichte eingehen! Andererseits wäre es vielleicht das kleinere Übel, wenn wir nur die Wahl zwischen dieser Zukunft und dem heute betriebenen Schwindel mit Jahrgängen hätten.

11. Erlaubte Zusätze?

Im Paradies, so nehme ich an, würde Wein ausschließlich aus organisch gereiften Trauben bestehen. Die Trauben würde man lesen und dann stampfen, wobei die natürlichen Hefen auf der Beerenhaut die Gärung in Gang setzen würden. Zum Schluß hätten wir dann einen rundherum perfekten Wein. Leider sind das nur Traumgespinste, denn über die Jahrhunderte hinweg wurden die verschiedensten Behandlungsmethoden sowohl für gärenden Most als auch für Wein an sich entwickelt. Einige dieser Behandlungs- und Bereitungsmethoden sind für den Konsumenten (falls er überhaupt davon Kenntnis hat) und den Gesetzgeber noch akzeptabel, während andere die Toleranzgrenze eindeutig überschreiten.

Wenn man sich näher damit beschäftigt, erstaunt es einen nicht mehr, daß die ersten Weinmacher mit ihren geringen Kenntnissen der Oenologie auf die verschiedensten, den Konsumenten noch zumutbaren Substanzen bei der Weinbereitung zurückgreifen mußten. Damals wurde der Wein meistens im Jahr nach der Ernte konsumiert, und im Spätsommer des übernächsten Jahres waren die alten Weine wahrscheinlich bereits in einer recht jämmerlichen Verfassung. Die neue Ernte wurde damals sicher mit viel mehr echter Erleichterung und Freude erwartet als jeder Beaujolais Nouveau in unserer Zeit. Die Weinhändler waren auch bemüht, das ganze Jahr über Wein anbieten zu können, was angesichts der damals noch unbekannten oder dann aber kaum erhältlichen Flaschen gar nicht so einfach war.

Die Aufgabe des Weinhändlers wurde in einer Botschaft an die Royal Society definiert, die 1692 im »Cresham College zusammengekommen« war, und zwar unter dem gewundenen Titel *The Mistery of Vintners: or, a Brief Discourse Concerning the various Sicknesses of Wines, and their respective remedies, at this day commonly used.* Der anonyme Autor teilt diese Aufgabe in vier Stufen ein:

Erstens, die natürliche Klärung des Weins, wobei er von sich aus aus dem Zustand der Unreife und Turbulenz in

den der Reife übergeht und dabei schrittweise klarer, feiner und trinkbarer wird.
Zweitens, die unverhältnismäßigen Bewegungen, Gärungen und Krankheiten, denen der Wein danach aus innerem oder äußerem Anlaß unterworfen ist.
Drittens, der Zerfall, wobei der Wein in seiner Güte und Bekömmlichkeit nachläßt und bleich oder essigartig wird.
Und viertens die verschiedenen Behandlungen, die dem Wein in jedem dieser Zustände zuteil werden können.
In vielerlei Hinsicht hat sich die Situation bis heute nur wenig verändert. Die wichtigste Aufgabe des Weinerzeugers ist nach wie vor, dafür zu sorgen, daß der Wein oder die Weine, für die er verantwortlich ist, dem Gaumen, dem Auge und der Nase angenehm erscheinen. Er muß auch heute noch darauf achten, daß der Wein klar ist, wenn er abgefüllt wird, zuerst mittels Schönung, später mittels Filtration. In gewissen Ländern, vor allem in den Vereinigten Staaten und Japan, ist es besonders wichtig, daß der Wein glasklar bleibt, daß er zum Beispiel bei kalter Witterung keinen Weinstein bildet, wie es eigentlich natürlich wäre. Weinstein beeinträchtigt zwar die Qualität oder den Geschmack eines Weines nicht in geringster Weise, aber offenbar stört er das ästhetische Empfinden gewisser Leute, also muß der Weinstein weg.
Der Weinerzeuger muß auch dafür sorgen, daß der Wein nach der Flaschenfüllung stabil bleibt und keine Nachgärung einsetzt. Er muß des weiteren für eine schöne Farbe und ein schönes Bukett besorgt sein. All das kann unter günstigen Umständen auf natürliche Art erreicht werden, aber das Gesetz erlaubt auch bestimmte Behandlungsmethoden und Zusätze. Mit etwas Großzügigkeit kann man einige dieser Behandlungsmethoden noch als natürlich betrachten. So werden zum Beispiel heute fast alle Weißweine vor der Flaschenfüllung gekühlt, damit der Weinstein sich dann bildet und nicht erst später, wenn der Wein in der Flasche ist. Dieser Vorgang setzte übrigens bei Weinen, die im Keller gelagert wurden, in den kalten Wintermonaten von selbst ein. In ähnlicher Weise wurde auch Milch schon lange als nützliches Hilfsmittel zur Klärung des Weines erkannt. Heute wird allerdings das mit Milch eng verwandte Kasein häufiger zu diesem Zweck eingesetzt.
Die meisten Länder haben strenge Regelungen hinsicht-

lich dessen, was erlaubt ist und was nicht, und diese Regelungen variieren beträchtlich von Land zu Land. So gibt es zum Beispiel in der Europäischen Gemeinschaft Gruppen von erlaubten Hilfsmitteln, die unter der Bezeichnung ansäuernde und entsäuernde Substanzen, Klärsubstanzen, Stabilisatoren, Konservierungsmittel, Antioxidantien, Hefe und Hefenährstoffe und schließlich das allumfassende »andere Substanzen« aufgezeichnet sind.

Unter diesen Bezeichnungen scheint es viele zu haben, die zu keinerlei Besorgnis Anlaß geben. So wird es zum Beispiel heute als gesunde Methode anerkannt, vor der Kelterung die wilden Hefen auf den Trauben abzutöten, so daß eine unkontrollierte, vorzeitige Gärung nicht eintreten kann. Danach wird der Most mit Hilfe von beigegebenen Reinzuchthefen vergoren. Das scheint eigentlich ganz vernünftig. Ähnlich verhält es sich mit dem erlaubten Tannin, das dem Most oder Wein beigegeben wird. Das hilft nicht nur bei der Klärung des Weins, sondern ersetzt auch fehlenden Körper und erhält die vorhandenen Qualitäten. Tannin kommt auch in der Natur in den Traubenbeeren und -Stielen vor und nimmt oft bei der Alterung des Weins in Eichenfässern noch zu. Etwas traurig finde ich daran nur, daß das vom Hersteller zusätzlich beigegebene Tannin nicht aus seiner natürlichen Quelle, den Reben oder Rebenprodukten stammt, sondern aus Kastanien oder Eichenblättergallen. Aber wahrscheinlich ist die Verwendung von Eichengallen genauso natürlich wie die Verwendung von Eichenfässern.

Zur Klärung des Weins wurden seit altersher verschiedene Methoden angewendet, so zum Beispiel Glimmer, Eiweiß, Milch und Gelatine und sogar getrocknetes, zu Pulver zerriebenes Blut. Ochsenblut galt während langer Zeit als bewährte Klärsubstanz bei gewissen Sherrys. Heute werden eher Kieselgur und Kaolin eingesetzt, die die feinsten Partikel, die sogenannten Trübstoffe, am Faßboden absetzen. Eigentlich machen mir aber die diversen Klärsubstanzen am wenigsten Sorgen, denn naturgemäß sind sie im Endprodukt nicht mehr vorhanden.

Da mache ich mir um die Stabilisatoren schon bedeutend mehr Gedanken. Am meisten Kopfzerbrechen bereitet mir das unter der Bezeichnung »Blauschönung« verwendete Kaliumhexacyanoferrat, das eventuell vorhandene

Eisen- oder Kupferspuren im Wein ausfällen soll. Im Büchlein der *English Vineyards Association* lese ich, daß es »nur unter der Aufsicht eines Oenologen oder anderen Fachmanns« verwendet werden soll und daß »Kaliumhexacyanoferrat nicht dieselbe Substanz wie Zyankali ist und nicht dessen toxische Wirkung aufweist«. Das ist ja tröstlich, aber persönlich sähe ich es schon lieber, wenn dem Wein, den ich später trinke, zu keiner Zeit ein Cyanid in irgendwelcher Form beigegeben würde...
Die Blauschönung wird vor allem in Deutschland gerne angewandt; in Ländern, die »traditionsgemäß diese Methode anwenden«, ist allerdings noch ein weiteres Cyanid-Produkt erlaubt. Die Tradition dieser Länder will es, daß der Wein in Tanks gelagert wird, ohne daß er mit Luft in Kontakt kommt; zu diesem Zweck wird er mit Paraffinscheiben abgedeckt, die mit Allyl-Isoschwefelcyanat imprägniert sind, einem Derivat von Senfsamenöl. Ich bin zwar ganz dafür, daß man schöne Traditionen bei der Weinbereitung beibehält, aber diese spezielle könnte man meines Erachtens ohne großen Verlust für die Winzer aufgeben; das käme auch dem Weintrinker zugute, der dann geruhsamer seinen italienischen Wein genießen könnte, ohne befürchten zu müssen, der gute Tropfen sei mit einem solchen Produkt in Kontakt gekommen. In beiden »Cyanid«-Fällen gäbe es absolut brauchbare Alternativen.
Wie schon im ersten Kapitel erwähnt, war es seit dem klassischen Zeitalter üblich, den Wein mit anderen Substanzen zu mischen. In vielen Fällen handelte es sich dabei einfach darum, den Wein erst genießbar zu machen. Ziemlich sicher ist der griechische Retsina das Produkt einer solchen Notwendigkeit. Ich bin sicher, daß viele der verwendeten Grundweine schlichtweg ungenießbar wären, würde man ihnen nicht den Harz der Aleppokiefer beigeben. Während man sich an Retsina gewöhnen kann, kann man sich wohl kaum an gleichbleibend schlecht schmeckenden Wein gewöhnen.
Ein anderer moderner Wein, der von dieser Tradition zumindest teilweise profitiert, ist der Vermouth. Das ist aus zwei Gründen so: Man fand heraus, daß Kräuter, die dem Wein beigegeben wurden, stabilisierend wirkten, und daß es sich außerdem aus medizinischer Sicht günstig auswirkte, wenn man ein Kraut oder verschiedene ausge-

wählte Kräuter einem Wein in konzentrierter Form beigeben konnte. Im Mittelalter machte man in den Klöstern nicht nur Wein, sondern auch medizinische Heilmittel. Im Vermouth konnte man beides ideal verbinden.
Nicht nur die Europäische Gemeinschaft gibt eine Liste von erlaubten Zusätzen heraus, auch die Vereinigten Staaten kennen eine solche Aufstellung, aber die beiden Verzeichnisse unterscheiden sich in vielerlei Hinsicht. Offenbar stehen auf der amerikanischen Liste 74 (chemische) Substanzen in alphabetischer Reihenfolge, beginnend mit *Acetic Acid* – also Essigsäure. Ich habe einige Mühe, mir vorzustellen, daß Essig in irgendeiner Form einen Wein verbessern kann. Weiter geht's mit so appetitanregenden Substanzen wie Diäthylpyrokarbonat zur Vernichtung von Mikroben über Polyvinylpolypyrrolidon als Hilfsmittel bei der Klärung bis zu Yeastex 61, das nichts anderes als ein Gärungsstarter sein kann.
Gegen viele dieser erlaubten Zusätze gab es in Amerika gewisse Bedenken. Einer der Anführer dieser Bewegung war der eigenwillige New Yorker Winzer Walter Taylor, der viele der von den größten Weinhandelsfirmen des Staates New York angewandten Praktiken an den Pranger stellte. Im Staat New York sind nicht nur alle diese Hilfsmittel erlaubt, sondern auch noch der Zusatz von Wasser und von einem ansehnlichen Anteil Wein, der von außerhalb des Bundesstaates oder gar des Landes kommt. Um für die »Reinheit« seiner eigenen Weine zu werben, schreckte Walter Taylor nicht davor zurück, die negativen Aspekte der Weine anderer Firmen beim Namen zu nennen. »Um die Sedimente im Wein zu reduzieren, gibt es zwei Methoden: entweder man braucht dazu Kochsalz (Natriumchlorid) oder Salzsäure (Chlorwasserstoff). Die Firma Bully Hill Wine Company hingegen wendet weder das eine noch das andere an, weshalb es durchaus möglich ist, daß der Wein etwelche Sedimente aufweist. Das bedeutet, daß unsere Weine sehr wenig Salz enthalten, was für Menschen, die aus medizinischen Gründen eine Salzdiät halten müssen, sicher nicht ganz unwichtig ist.«
Meines Wissens hat noch nie jemand einen Menschen, der salzlos essen muß, vor dem Weintrinken gewarnt – außer Walter Taylor. Und außerdem mag man von Salzsäure denken, was man will, aber zur Filtration des Weins wird sie kaum jemals verwendet. Auch wenn sie in den Verei-

nigten Staaten ein erlaubtes Hilfsmittel ist – und ich habe keinen Grund, Mr. Taylor's Aussage in dieser Hinsicht zu bezweifeln –, so ist sie doch bei der Klärung des Weins kein weitverbreitetes Hilfsmittel, denn es gibt für diesen Zweck unzählige bewährte Alternativmethoden.
Ein Nebeneffekt von Walter Taylor's Kampagne ist die Deklaration der Zutaten auf dem Flaschenetikett. Diese Forderung taucht regelmäßig sowohl in den Vereinigten Staaten als auch in Brüssel auf. In Amerika mag es tatsächlich angebracht sein, daß der Kunde erfährt, ob auch »fremder« Wein zum Verschnitt gebraucht wurde. In der Europäischen Gemeinschaft ist diese Frage nicht von gleicher Bedeutung, da keine Weine von außerhalb der EG zum Verschneiden von EG-Wein verwendet werden dürfen. Bei einem Verschnitt, der Weine aus verschiedenen Ländern enthält, muß dies auf dem Etikett vermerkt sein, allerdings besteht keine Verpflichtung zur Nennung der betreffenden Länder oder des Anteils an ausländischem Wein.
Wenn man nun tatsächlich alle einzelnen chemischen Zutaten auf dem Etikett deklarieren möchte, verkommt das Ganze schon fast zur Farce angesichts der Tatsache, daß die meisten Weine, die auf den Markt kommen, Verschnitte aus den verschiedensten Quellen darstellen. Im Burgund wird es sich dabei um benachbarte Weinberge handeln, aber bei einem französischen Tafelwein zum Beispiel können die Zutaten aus ganz verschiedenen Regionen Frankreichs kommen. 1975 errechnete das kalifornische Weininstitut, daß es die kalifornischen Weinerzeuger 100 Millionen Dollars pro Jahr kosten würde, wenn sie die Deklaration auf dem Flaschenetikett einführen wollten. Diese Zahl mag uns aus dem Blauen gegriffen erscheinen, aber der damalige Institutsdirektor Harry G. Sterlis wies noch auf einen viel wichtigeren Punkt hin. Die enormen Kosten für eine solche Deklaration würden nämlich von den Produzenten auf die Konsumenten abgewälzt. Wer aber wäre bereit, für diese Zusatzinformationen die ganzen Kosten zu tragen? Walter Taylor wahrscheinlich schon, aber ich persönlich und mit mir wohl eine ganze Menge Leute sicher nicht.
Ganz ähnlich verhält es sich mit der Thematik um biologischen Wein. Bei diesem Problem scheint die Logik allerdings eine wichtige Rolle zu spielen. Wenn der Konsu-

ment biologische Nahrungsmittel oder biologischen Wein kaufen will, ist er sich im allgemeinen bewußt, daß er für die höheren Produktionskosten auch tiefer in die Tasche greifen muß. Diese Einstellung respektiere ich voll und ganz. Ich weiß zwar nicht, ob solcher Wein und solche Nahrung wirklich besser schmecken, aber die Tatsache, daß diese Genußmittel biologisch erzeugt wurden, ist natürlich an sich ein Plus. Aber hier liegt auch der Hase im Pfeffer. Offenbar ist beim biologischen Wein der Zusatz von Schwefel erlaubt, da es sich dabei um eine natürliche Substanz handelt. (Ich könnte hier anfügen, daß noch viel üblere Dinge, die Wein auch beigegeben werden, in der Natur vorkommen. Ich hoffe nur, daß sie beim biologischen Wein nicht erlaubt sind.) Schwefel wird ja seit langem als Antiseptikum bei der Weinbereitung verwendet, aber er gehört zu jenen Substanzen, die oft ungeschickt gehandhabt und in zu großen Mengen verwendet werden, so daß der Wein nicht mehr schmackhaft ist. Ich habe selbst nur wenig Erfahrung mit biologischem Wein, aber man hat mir gesagt, daß viele biologischen Weine überschwefelt sind. Ich könnte mir vorstellen, daß der Grund darin liegt, daß man von den wenigen erlaubten Zusätzen zu großzügig Gebrauch macht, sozusagen, um die vielen unerlaubten Zusätze wieder wettzumachen. Seit frühester Zeit war es Tradition, die Weine mit der Zugabe von etwas Honig schmackhafter zu machen oder ein *Bouquet Garni* in die Tonne zu hängen; im 17. und 18. Jahrhundert entstanden dann reguläre Bereitungsvorschriften. Diese wurden meistens in schriftlicher Form festgehalten, entweder in speziellen Sachbüchern oder als Teil von Haushaltsenzyklopädien, die gerade in Großbritannien im 18. Jahrhundert so populär waren und Titel trugen wie *Valuable secrets in arts and trades,* oder *The Laboratory* oder *School of arts* und *Arcana curiosa: or modern curiosities of art and nature.* Mit Hilfe solcher Werke konnte man lernen, wie man ein Feuerwerk machte, wie man erfolgreich Fische fing, wie man seinen Hund von Staupe heilte oder sich selbst von Pocken, wie man lombardische Würste machte, oder wie man sauer gewordenen Wein behandelte. Es wäre interessant, aus diesen Nachschlagewerken eine Liste mit allen erwähnten Weinpflegemethoden zu erstellen. Ich habe statt dessen eine Auswahl von Zutaten und Hilfsmitteln zusammengestellt, die vom 17. Jahrhundert bis heute empfohlen und verwendet wurden. Einige davon werden an anderer Stelle in diesem Buch eingehend behandelt, andere erscheinen nur hier unter der stichwortartigen Aufstellung.

Wahrscheinlich wurde fast alles Tierische, Pflanzliche oder Mineralische ausprobiert, bis man auf diese Substanzen mit ihren verschiedenen Auswirkungen kam, und man kann sich lebhaft ausmalen, wie die entsprechenden Rezepte teilweise ausgingen. In der Tat entpuppte sich das Hilfsmittel wahrscheinlich in mehr als einem Fall als einiges heimtückischer als das ursprüngliche Problem mit dem Wein. In der Folge nun also eine kleine Auswahl der Substanzen, die man damals in seinem Wein vermuten konnte.

– *Agave*. Die Beeren dieses chilenischen Strauches dienten als Alternative zu den Holunderbeeren, vor allem in den schweren Zeiten nach der Reblausplage. Gemäß George Ordish nahm der Import nach Europa von 26 Tonnen im Jahr 1884 auf 431 Tonnen im Jahr 1887 sprunghaft zu. Davon gingen fast zwei Drittel nach Frankreich, vermutlich, um damit die Weinbeerenweine zu färben, die damals immer beliebter wurden.

– *Apfelwein*. Damit streckte man regelmäßig den Bordeaux. Ein Zentrum dieses Mißbrauchs war jahrelang die Kanalinsel Guernsey. Der Wein kam von Frankreich auf die Insel, wurde dort »behandelt« und dann weiter nach England verschifft.

– *Arsen*. Im 18. Jahrhundert wurde arsenhaltiger Schwefel gebraucht, um Blei aus dem Wein auszufällen. Ein französischer zeitgenössischer Autor schrieb dazu lakonisch: »Letztere Behandlung... verlangt höchste Aufmerksamkeit.«

– *Austernschalen*. Nachdem man sie ins Feuer gelegt hatte, bis sie glühend rot waren, zerrieb man sie zu Pulver, das man dem Sherry beigab, oft gemischt mit Kalk, um »das Ganze zu binden und konzentrierter zu machen«.

– *Beifuß*. In seinen *Notes on a cellar book* schreibt Professor Saintsbury, einer seiner Freunde behaupte, daß der Manzanilla seinen besonderen Geschmack vom Beifuß erhalte, der darin eingelegt werde. Merkwürdigerweise wird diese Geschichte sonst meines Wissens nirgends in

der Literatur erwähnt und scheint absolut unbelegt zu sein, aber vielleicht hat sie einen Zusammenhang mit der Geschichte, die Frank Hedges Butler über den Earl of Derby erzählt, der »furchtbar an Gicht litt. Sein Arzt riet ihm, beim Weinhändler Manzanilla zu kaufen, und das tat der Earl denn auch. Nachdem er den Wein versucht hatte, ließ er ihn mit den besten Wünschen an den Händler zurückgehen und beschied seinem Arzt, daß er die Gicht dem Gebräu vorziehe.«
– *Blaubeeren*. Aus deutschen Blaubeeren wurde der Saft gewonnen und im viktorianischen England regelmäßig dem an Ort und Stelle verschnittenen Wein beigegeben.
– *Blauholz*. Es herrschte die weitverbreitete Meinung, der Farbstoff aus diesem zentralamerikanischen Baum werde als Färbemittel beim Portwein verwendet. Ob das stimmt oder nicht, ist kaum sicher festzustellen, aber Henry Vizetelly scheint seine Zweifel gehabt zu haben, denn in *Facts about Port* schreibt er: »Man hat oft angenommen, daß Blauholz verwendet wurde, um dem Portwein Farbe zu verleihen, und die Autoren des umfangreichen *Treatise upon Port* bekräftigten diesen voreiligen Trugschluß aufgrund ihrer Autorität.«
– *Blei*. Gewöhnliches geschmolzenes Blei, »ins Wasser geworfen« und in ein Faß mit Wein gelegt, sollte den Wein vor dem Sauerwerden bewahren. Üblicher und gefährlicher war allerdings die Verwendung von
– *Bleiglätte* oder Bleioxid. Heute braucht man das offenbar in der Produktion von Farben und Autobatterien, aber für den Weinerzeuger des 17. und 18. Jahrhunderts hatte diese Substanz fast magische Kräfte und war auch unter der Bezeichnung Wasser des Saturn bekannt. Es wurde entweder gebraucht, um den Wein zu beruhigen oder um seine Farbe zu intensivieren.
Daß Bleiglätte gefährlich war, realisierte man schon sehr früh, denn sein Gebrauch wurde 1696 in Frankreich verboten, nachdem mehrere Menschen nach dem Konsum von mit Bleiglätte behandeltem Wein an einer Bleivergiftung gestorben waren. Wie auch immer das Gesetz gelautet haben mag, es wurde großzügig umgangen, wie die folgende Geschichte eines zeitgenössischen französischen Autors belegt: »Um das Jahr 1750 herum zeigten sich die Behörden erstaunt ob der großen Mengen verdorbenen Weins, die nach Paris gelangten, und zwar unter dem

Vorwand, der Wein würde zur Herstellung von Essig gebraucht. In der Folge ordneten die Behörden eine Untersuchung der Angelegenheit an und mußten feststellen, daß in diesem Geschäft tatsächlich eine rasante Zunahme zu verzeichnen war. In den drei Jahren vor Beginn der Untersuchung waren jährlich fast 30000 Tonnen verdorbenen Weins in die Stadt gekommen, während es 1710, 1711 und in den darauf folgenden Jahren lediglich zwischen 1000 und 1200 Tonnen gewesen waren. Die behördliche Kontrolle hatte Erfolg. Man entdeckte, daß eine ganze Reihe von Weinhändlern unter dem Decknamen ›Essigmacher-Meister‹ arbeitete, um verdorbenen und bitteren Wein einführen zu können. Wenn dieser Wein in Paris angekommen war, wurde er drei Tage lang im Hotel de Bretonvilliers behalten, wo ihm pro Tonne sechs Pints guten Essigs beigegeben wurden. Ungeachtet dieser Manipulationen fanden die Weinhändler eine Methode, dem Wein seine Säure zu entziehen und ihn trinkbar zu machen.

Die Behörden verfolgten verschiedentlich solche Weinhändler, die den Wein auf diese Weise verdarben. Sie sprachen gegen den einen oder andern Händler, der Wein ohne eine einzige Traube produzierte, auch eine Strafe aus, und ebenso gegen diejenigen Händler, die Apfelwein oder Birnenwein als Wein verkauften, nachdem sie ihn rot gefärbt hatten.

Das Geheimnis der Weinhändler, um den verdorbenen, bitteren Wein, den sie als ›Essigmacher-Meister‹ eingeführt hatten, wieder trinkbar zu machen, hieß Bleiglätte. Diese gefährliche Methode wird trotz der Aufmerksamkeit der Polizei noch viel zu häufig angewandt, und zwar nicht nur bei verdorbenen, bitteren oder mittelmäßigen Weinen, sondern auch, um dem Wein ganz allgemein eine süßere Note zu geben. Solchermaßen gepanschter Wein verändert die, die ihn trinken, so daß sie immer mehr Wein trinken wollen. Dies wiederum schädigt ihre Gesundheit und kann, wie wir gesehen haben, sogar tödliche Folgen haben.«

Der Grund, weshalb der Wein als Essig deklariert wurde, war in der Umgehung der Steuerpflicht zu suchen.

Die Behörden müssen bei der Unterdrückung der Methode erfolgreich gewesen sein, denn 1833 schrieb Cyrus Redding. »Es scheint, daß Blei in irgendeiner Form

zur Veränderung oder Produktion von Wein nicht gebraucht wurde, im Gegensatz zu Deutschland, wo man es offenbar vor hundert Jahren entdeckte. Am 13. März 1824 schlug ein Mitglied der Abgeordnetenkammer vor, daß man diese Methode unter Strafandrohung verbiete. Der Antrag wurde abgewiesen, was absolut gerechtfertigt war, denn weder Bleiglätte noch sonst ein Bleiderivat waren offenbar jemals verwendet worden, und es war auch kein Fall im Zusammenhang mit Blei bekannt; allerdings gibt es eine Verordnung aus dem Jahre 1696, die den Einsatz von Blei verbot. Wein, der in Frankreich von den Gesundheitsbehörden beschlagnahmt und analysiert wurde, weil er schlecht war, enthielt nie Spuren von Blei. Gemäß Monsieur Cadet Gassicourt, dessen Aufgabe es war, den Wein zu kontrollieren, tauchte bei den Weinen, die nach Paris gebracht wurden, zwischen 1770 und 1825 nie ein Fall der gefährlichen Bleizugabe auf.«
Offenbar hat Mr. Redding nicht mitbekommen, was in der ersten Hälfte des vorhergehenden Jahrhunderts in Paris gang und gäbe war. In Paris mag der Bleigebrauch erfolgreich unterdrückt worden sein, aber in London war der Einsatz von Bleiglätte noch immer eine übliche Methode im Weinhandel. Die branchenüblichen Handbücher empfahlen sogar ausdrücklich seinen Gebrauch und setzten viel daran, seine Gefährlichkeit zu bagatellisieren.
»Man mische zerriebenes Bleipulver von der Größenmenge einer Walnuß mit einem Eßlöffel Sal-Enixum und gebe es in vierzig Gallonen trüben Weins, um ihn zu klären; da sich dann das Bleipulver zersetzt und in unlösliches Bleisulfat verwandelt, das sich auf dem Boden des Gefäßes absetzt, ist diese Methode gar nicht mehr so gefährlich, wie sie dargestellt wurde«, so tönt es im *The vintners' and licensed victuallers' guide*.
– *Blutegel*. Die würde man wahrscheinlich in einem Weinrezept am wenigsten vermuten, aber lustigerweise sind gerade sie es, die von den damaligen Rezepten am meisten Erfolg versprechen. Das folgende Zitat stammt zwar aus einem Buch des 18. Jahrhunderts, aber die Egel wurden mindestens 200 Jahre früher empfohlen.
»Zum Kurieren derjenigen, die zu gerne ins Glas schauen. Man lege drei oder vier große Blutegel in genügend Wein ein und lasse sie dort, bis sie tot sind. Dann gibt man diesen Wein der Person zu trinken, die

man zu kurieren gedenkt, und die Person wird in Zukunft einen solchen Ekel vor Wein verspüren, daß sie ungeachtet ihrer bisherigen Vorliebe für Wein eine große Abneigung dagegen entwickelt.«
– *Branntwein*. In vielen nordeuropäischen Ländern empfand man normalen Wein nicht als wärmend genug, und so erfreuten sich die aufgespriteten Weine wie Port, Sherry, Madeira und Marsala großer Beliebtheit. Daß man sie mit Branntwein aufspritete, wurde nie kritisiert. Im 18. Jahrhundert wurde es allerdings Mode, fast alle Weine, die nach Großbritannien verschifft wurden, aufzuspriten, auch Bordeaux und Burgunder. Cyrus Redding schrieb darüber vor 150 Jahren: »Aufgespritete und gepanschte Weine sind Britanniens Verderben.« In der zweiten Hälfte des letzten Jahrhunderts begann man sich gegen solche Weine aufzulehnen, und die Weinhändler begannen ihre Weine als »frei von Sprit« anzupreisen. Wahrscheinlich kaum bekannt ist die Tatsache, daß es bis vor kurzem noch absolut legal war, auch dem Burgunder einen Teil Branntwein beizumischen, falls er für die Ausfuhr nach Großbritannien oder Skandinavien bestimmt war. Die französische Bezeichnung für diese Praktik ist »viner«, was nun wirklich ein lupenreiner Euphemismus ist. Schließlich wird der Wein nicht »geweint«, sondern »gebranntweint«.
– *Buchenspäne*. Sie wurden ganz allgemein zur Klärung des Weins gebraucht.
Manche Autoren befanden Eichenspäne als genauso geeignet.
– *Diäthylen-Glykol*. Wurde in Österreich und anderswo zum künstlichen Süßen von Wein gebraucht. Mehr darüber findet sich in Kapitel 7 dieses Buches.
– *Essig*. »Um sauren Wein zu versüßen. Man füge einem Oxhoft solchen Weins eine Viertelpint Essig bei, der mit Bleiglätte gesättigt wurde, und bald wird der Wein seine Säure verlieren.«
– *Gips*. Wurde oft vor allem in den Mittelmeerländern verwendet. Zuerst dachte man, daß er den Säuregehalt reduzieren und die Farbe verbessern würde, wenn man ihn dem gärenden Most beigab. In Tat und Wahrheit erhöht sich aber der Säuregehalt durch den Gips in den Mosten, die sonst kaum Säure aufweisen, und verhilft so zu mehr Ausgeglichenheit. In Kapitel 9 bin ich in bezug auf den Sherry schon näher auf den Gips eingegangen.

- *Heringrogen.* Wurde gebraucht, um Gärwein zu lagern. Mit Gärwein setzte man die zweite Gärung anderer Weine in Gang, das heißt, ein Gärwein hatte seine eigene Gärung noch nicht abgeschlossen, so daß er als Bestandteil von anderem Wein dessen Gärung in Gang setzte.
- *Himbeergeist.* Er wurde schon im 17. Jahrhundert empfohlen. Ein Autor riet, einen Tropfen zuunterst in die Flasche zu geben, bevor man den Wein aus dem Faß zur baldigen Konsumation in die Flasche füllte. Zweihundert Jahre später griff man in London auf Himbeergeist zurück, um den schweren Rotweinen, die unter der Bezeichnung Bordeaux eingeführt wurden, etwas Finesse zu verleihen.
- *Holunder.* Von allen Bäumen in Europa war der Holunder sicher derjenige, der den Winzern am meisten zugute kam. Die Blüten wurden dem Weißwein beigegeben, damit er der Nase mehr schmeichle. Die Beeren wurden vielerorts zum Färben des Weins gebraucht. Dieser Mißbrauch war in Portugal so weit verbreitet, daß der Marquess von Pombal anordnete, es müßten alle Holunderbäume im Dourotal gefällt werden. Aber auch die Rinde des Holunderbaumes wurde verwendet:
»Um Wein bis zum letzten Tropfen gut zu erhalten. Man nehme eine Pint des besten Weingeistes und gebe ihm zwei Handvoll der zweiten, grünen Rinde des Holunderbaumes bei. Nachdem man sie etwa drei Tage lang eingelegt hat, siebt man die Flüssigkeit durch ein Tuch und gießt sie in ein Oxhoft voll Wein. Dieser Wein wird zehn Jahre lang haltbar sein, wenn man das wünscht.«
- *Koschenille.* Auch dies brauchte man zum Färben des Weins.
- *Lackmus.* Ein purpurner Farbstoff, der früher oft und gerne zum Färben von Wein, aber auch von Lebensmitteln und Materialien gebraucht wurde. Offenbar herrscht einige Verwirrung über den Ursprung dieses Farbstoffs, weil seine französische und englische Bezeichnung »tournesol«, respektive »turnsole« auch Sonnenblume bedeutet. Es gibt auch Fachleute, die glauben, der Farbstoff sei aus einer Pflanze der Gattung *Heliotropium* gemacht worden, aber in Tat und Wahrheit stammt er aus dem Lackmuskraut (Crozophora tinctoria), das in Südfrankreich kultiviert wurde. Manchmal wurde der Farbstoff aber auch aus Flechten gewonnen.

– *Magenta.* Gemäß dem Buch *The great wine blight* von George Ordish, das die Geschichte der Reblaus und ihrer Auswirkungen aufzeigt, handelt es sich dabei um einen Anilinfarbstoff, der im Midi dazu verwendet wurde, um die künstlichen Weinbeerenweine zu färben, die infolge Traubenmangels gemacht wurden. Magenta ist nach dem Sieg der Franzosen über die Österreicher im Jahre 1859 so benannt. Im darauffolgenden Jahr wurde unter dieser Bezeichnung in London ein Patent angemeldet.

Die Hauptgefahr dieser Substanz ging davon aus, daß sie Arsen enthielt. Um sicher zu gehen, mußte das Magenta über 4% Arsen enthalten, wenn man es im empfohlenen Verhältnis von einem Liter pro 40 000 Liter Wein einsetzen wollte. Die französische Zeitung *Le Temps* berichtet, daß jährlich in der Weinproduktion zehn bis zwölf Tonnen Magenta verbraucht würden. Falls diese Menge so angewandt wurde wie auf der Verpackung beschrieben, würde das bedeuten, daß mit Magenta etwas über 500 000 000 Flaschen pro Jahr gefärbt wurden.

– *Meerrettich.* Wenn man Säcklein mit wildem, in Stücke geschnittenem Meerrettich zwei Tage lang in den Wein legte und diese Prozedur so lange wiederholte, bis der gewünschte Effekt erzielt war, konnte man den Wein vor »schlechtem Geschmack und Säure« retten.

– *Methanol.* Dabei handelt es sich um den hochgiftigen Methylalkohol, der auch bei der Destillation von Holz entsteht. Methanol ist ein wichtiges Großindustrieprodukt als Lösungsmittel, Brennstoff und Bestandteil von Gefrierschutzmitteln. Es wurde zeitweise verwendet, um Weine »aufzuspriten« und war verantwortlich für die über zwanzig Toten im italienischen Weinskandal.

– *Mispeln.* »Um dem Wein seine Schalheit zu nehmen, nimmt man Mispeln, schneidet sie in vier Stücke, und hängt sie so ins Faß, daß sie den Wein nicht berühren.«

– *Ochsenzunge.* Diese Pflanze zog man früher wegen ihrer Wurzeln in Südfrankreich, denn in Branntwein gegeben, verfärbte sie diesen leuchtend rot. Damit verhalf man billigem Wein zu etwas mehr Farbe und färbte außerdem das Ende der Portweinkorken, um ihnen das Ansehen von Echtheit zu geben, das sie wahrscheinlich nicht verdienten.

– *Petersilie.* »Um einen schlechten Geschmack im Wein zu korrigieren, legt man eine Handvoll Garten-Petersi-

lie in einen Sack und läßt ihn während mindestens einer Woche durch den Spund ins Faß hängen, dann nimmt man ihn wieder heraus.«
– *Rote Beete.* Vor allem in England sehr beliebt zum Färben von cher billigem Wein, vor allem Portwein.
– *Rotes Sandelholz.* Ein Farbstoff, den man aus dem gleichnamigen Baum gewann, der in Ostindien wächst. Es wurde oft gebraucht, um Süßigkeiten zu färben, in Großbritannien aber auch, um Portwein und Rotwein zu färben.
– *Ruß.* Als Beigabe zu Malvasier und Bastardo würde es diese schön frisch halten.
– *Salz.* Salz wurde bei der Weinbehandlung oft gebraucht und wird, wie wir gesehen haben, in den Vereinigten Staaten noch heute zum Klären des Weins verwendet. Schon im Altertum nahm man an, daß eine Handvoll Meersalz, die man jedem Faß Wein beigab, den Wein verbessere. Der französische Oenologe Puvis, der vor 140 Jahren seine Weinbücher herausgab, glaubte tatsächlich, daß etwas an dieser Methode dran sein müsse, weil sie so lange Zeit mit geradezu frommem Eifer betrieben worden war. Seine eigenen Erfahrungen bestätigten aber diese Vermutung nicht. Die Beigabe von Salz zum Wein ist in Frankreich seit etwa hundert Jahren verboten.
– *Schwalbenschnäbel.* »Um einen vor dem Betrunkenwerden zu bewahren. Man nehme einige Schwalbenschnäbel und verbrenne sie in einem Schmelztiegel. Wenn sie gut durchgeröstet sind, zermahlt man sie auf einem Stein, schüttet etwas von dem Pulver in ein Glas Wein und trinkt das Ganze. Welchen Wein auch immer man später im Übermaß trinkt, man wird davon nicht mehr betrunken. Der ganze Körper der Schwalbe, den man auf diese Art zubereitet, hat übrigens dieselbe Wirkung.«
– *Schwarzdorn.* Zum Färben von Rotwein wurde ein Sirup aus Schlehen und Zucker empfohlen. Diesen Sirup sollte man dem Wein im Maßstab eine Pint auf ein Oxhoft beigeben. Das oenologische Handbuch, das diesen nützlichen Tip verbreitete, fand auch, daß eine Reihe von Portweinen nur davon profitieren könne.
– *Senfsamen.* Eine eher unwahrscheinliche Zutat, um Wein süßer zu machen. Ein halbes Pfund davon auf dem Faßgrund sollte garantiert einen »*Vin-Doux*« ergeben.

– *Speck-Fett.* »Man nehme das aus ausgelassenem Speck gewonnene Fett, gieße es ins Loch des Weinfasses, so daß es nur mit der Oberfläche des Weins in Berührung kommt, und der Wein wird sich schön ruhig entwickeln.« Vermutlich erstarrte das Fett auf dem Wein zu einem festen Deckel, so daß kein Sauerstoff an den Wein gelangte.
– *Stachelbeeren.* Die Hauptsubstanz für künstlichen Champagner, der in viktorianischer Zeit in Großbritannien gemacht und verkauft wurde.
– *Zaunrübe.* Dies scheint die Lösung für alle Weinbaugebiete zu sein, die in der letzten Zeit ein Ungleichgewicht zwischen roten und weißen Weinen aufwiesen. So könnten das Burgund, Australien und Kalifornien nur von den folgenden Instruktionen profitieren:

»Um Weißwein rot und Rotwein weiß zu machen nimmt man die Asche von der weißen Zaunrübe, um Rotwein weiß zu machen und die Asche von der schwarzen Zaunrübe, um Weißwein rot zu machen. *Probatum.*«

Ich habe meine Zweifel an diesem Wunderkraut; offenbar wurden die Zaunrübenwurzeln auch gerne fälschlicherweise als Alraun feilgeboten, die Zauberkräfte haben soll. Ich persönlich finde, daß hier wohl so oder so eine Enttäuschung vorprogrammiert war.
– *Zitwerwurzel.* Diese Wurzel konnte man einem Faß Wein beigeben, »um stinkenden Wein zu kurieren«.

Wie man sieht, war die Liste von möglichen Zutaten in der Weinproduktion lang. Kein Mensch wird bestreiten, daß manche davon an sich absolut harmlos waren. Einige kommen auch nicht mit dem Wein in direkten Kontakt oder werden mit den anderen Ablagerungen wieder entfernt, aber einige der Zutaten sind gefährlich und viele davon werden, besser gesagt, wurden, bewußt zur Täuschung des Konsumenten eingesetzt. Cyrus Redding schrieb mit einiger Wut: »Die Vegetation und das Erdinnere wurden geplündert, um den Mist für diese Quacksalberei zu ermöglichen.« Ein absolut natürlicher Wein, in dem nichts anderes ist als Traubensaft, muß nicht der beste sein. Es ist nicht einfach, die Grenze zu ziehen zwischen dem, was akzeptabel ist und was zu weit geht. Auf der anderen Seite ist es leider nicht schwer zu sehen, daß eine große Menge von dem Wein, der dem Konsumenten offeriert wurde und wird, ganz eindeutig die Grenzen des guten Geschmacks überschreitet.

12. Man nehme ein Pfund Bananen...

Schon in frühester Zeit galt die Regel, daß derjenige, der einen gewünschten Wein nicht finden konnte, ihn eben selbst fabrizierte. Die bekanntesten dieser Self-made-Weine des Altertums wurden überall kopiert, und es gab sogar Bücher, die beschrieben, wie man erfolgreich seinen eigenen Wein zusammenstellte. Gründe für das Nachahmen der Rezepte über die Jahrhunderte hinweg gab es genug. So war es zum Beispiel nicht einfach, französischen Wein zu bekommen, wenn man gerade mit Frankreich im Krieg war, es sei denn, über Schmuggler oder Handelsschiffe, die auf hoher See gekapert worden waren. Außerdem waren vielleicht aus wirtschaftlichen Gründen Weine aus einem bestimmten Land mit enorm hohen Zollsteuern belastet.
Die Tatsache, daß Großbritannien eine wichtige Seemacht war, bedeutete natürlich, daß auch bestimmte Weine eine wichtige historische Rolle auf dem britischen Markt spielten. Ursprünglich waren vor allem die Weine beliebt, die man ohne weiteres vom Kontinent einführen konnte: Rotweine aus Bordeaux, Rheinweine aus Amsterdam und Auxerre-Weine aus Rouen. Später, zu Kriegszeiten, waren es die Inselweine aus Madeira, den Kanarischen Inseln, den Azoren und aus Sizilien, die besondere Popularität genossen, zum Teil sicher auch ohne vernünftigen Grund hinsichtlich ihrer Qualität. Weil diese Inseln auf dem Seeweg gut erreichbar waren, konnten die entsprechenden Weine mühelos mit anderen Gütern durch die mächtige britische Marine beschafft werden. Sie transportierte nicht nur für die eifrigen britischen Konsumenten Wein, sondern auch für andere Orte wie Südafrika, Westindien und sogar Island.
Auch variierten die Zollgebühren zu jener Zeit ganz beträchtlich, je nachdem, durch welchen Hafen der Wein importiert wurde. Ein gutes Beispiel dafür ist die Stadt Chepstow in Monmouthshire. Etwa Mitte des 16. Jahrhunderts transportierte ein gewisser Thomas Pope 90 Tonnen Wein in diesen Hafen und verteilte ihn dort auf

verschiedene kleinere Schiffe im West Country. John White, in seiner Rolle als stellvertretender Kellermeister königlicher Gesandte, verlangte den königlichen Schiffszoll (das heißt, das Recht auf eine bestimmte Anzahl Fässer aus jeder Ladung Wein) auf der Ladung, die in den Hafen von Bridgwater in Somerset verschifft worden war. Pope schlug diese Forderung aus, mit der Begründung, daß »alle Zollgebühren im Hafen von Chepstow dem Markgrafen Earl of Worcester gehören. Ihm und seinen Vorfahren und allen andern, deren Gut in Chepstow liegt, sind immer alle Zollgebühren auf dem Wein und anderen Gütern zugestanden, die als Handelsware auf dem Seeweg in diesen Hafen kamen«. Ein paar Jahre später sandte Königin Elisabeth einen Boten in dieselbe Stadt, um herauszufinden, weshalb ihr keine Zollgebühren auf einigen Fässern Wein aus der Gasconne zugekommen waren. Nach einem nicht eben freundlichen Empfang brachte man den armen Boten vor den Verwalter von Chepstow, der drohte, ihn an den Ohren an den Schandpfahl zu nageln und dann in den Kerker zu werfen. Erst nach langem Hin und Her wurde der Bote freigelassen und nach Hause geschickt.

Zollgebühren spielten bei der Entscheidung, seinen eigenen Wein zu Hause zu machen, eine wichtige Rolle; auch die Einführung von Gladstone's geplanter Reform bezüglich der Weinzölle im Jahr 1859, als auf allen Weinen eine allgemeine Zollgebühr von 3/- pro Gallone erhoben wurde, verminderte den Handel mit gepanschtem Wein nicht und die Produktion von eigenem Wein nur in geringem Maße. Eine unmittelbare Folge davon betraf die großen Mengen von schlechtem Wein, der im Hafen von London am Kai stand, weil niemand die Zollgebühren dafür bezahlen wollte, denn kein Kaufmann konnte mehr einen Profit aus diesem Wein schlagen, wenn er die Zollgebühren bezahlte; dieser unerwünschte Wein also bekam plötzlich ein günstiges Kosten/Nutzen-Verhältnis, auch wenn man die Zollgebühren miteinrechnete. Jetzt gab es genügend Händler, die den Wein nur zu gern kauften, um ihn als Rohmaterial für ihre fantasievoll benannten Sherrys und Ports zu brauchen.

Im folgenden Jahr führte Gladstone eine separate Zollpflicht für hochgradige Weine und solche mit weniger Alkohol ein, was bei den Händlern prompt die bis heute

praktizierte Methode auslöste, den Wein in zwei unterschiedlichen Stärken einzuführen und sie erst im Land zusammen zu mischen, um nicht auf der ganzen Fracht die höheren Gebühren für hochgradigen Wein bezahlen zu müssen. Jede Art von Zollgebühren, die das Vermischen der Weine erst nach der Einfuhr auslösen, führt schließlich zu betrügerischen Mißbräuchen.
Man kann wohl nicht behaupten, daß im Weinhandel mehr betrogen wird als anderswo, aber es gab immer die Ruchlosen, die die Ahnungslosigkeit des Käufers auszunutzen wußten. Bestimmte Weinbauregionen haben in der Vergangenheit einen guten Teil ihres Handels sogar darauf abgestützt, daß ein wichtiger Anteil von dem, was sie produzieren, so gestaltet ist, daß sich das Produkt mühelos als falsches Imitat verkaufen läßt. Tarragona zum Beispiel machte Wein, der im Stil dem Portwein glich, und ein Großteil davon wurde dann auch als Port verkauft. Manchmal war es auch eine Stadt, die ihre Existenz auf der Fabrikation von Wein aufgebaut hatte. Wie wir gesehen haben, waren Hamburg und Sète solche Orte. Weil beide Städte Seehäfen hatten, konnten sie das benötigte Rohmaterial von überall her einführen und die fertigen Produkte den Kunden zuschicken, die begierig darauf warteten. Dieses Geschäft betrieben sie völlig skrupellos und zögerten auch nicht, jedem, der Interesse hatte, die entsprechenden Rezepte auszuhändigen.
Die Produktion von Sète und Hamburg verleitet dazu, Vergleiche zu ziehen, aber im Grunde genommen unterschied sich der Handel der beiden Städte grundsätzlich voneinander. In Sète war Wein, oftmals alter Wein, die Basis zu allen anderen Zutaten. Die Weine von Sète hatten wahrscheinlich sogar ihre Bewunderer und Verteidiger. In meiner Ausgabe von Charles Toveys *Wine and wine countries* aus dem Jahr 1877 steht an einer Stelle, wo der Autor über das Verschneiden spricht, die handgeschriebene Fußnote »Warum schon wieder Cette verteufeln? Dieses Buch erwähnt ohne Unterlaß das Verschneiden von Produkten aus verschiedenen Weinbergen beim Port, Sherry etc.« Vielleicht waren dem Schreiber dieser Anmerkung die anderen Zutaten nicht bekannt, die ebenfalls in den Verschnitten auftauchten, welchen Sète seinen zweifelhaften Ruf zu verdanken hatte!
Ein gewisser Mr. Prestwich sprach auch mit einiger

Bewunderung von den Hambor' Weinen, und zwar in einem Bericht über die Weine an der internationalen Ausstellung von 1862. Dieser Bericht wurde in der Folge von der Society of Arts veröffentlicht. Über die »Weine« Norddeutschlands heißt es in dem Bericht: »Sie sind Zeugnis einer deutlich verbesserten Chemie, hinsichtlich des Geschmacks dieses Landes aber keineswegs ermutigend. Diese nordischen Weinmacher scheinen bei der Herstellung sowohl von Weinen wie Branntweinen von einem Fachwissen Gebrauch zu machen und auch von einem profunden Wissen über die neuen geschmacksverstärkenden Äthyläther, die für unsere Produzenten und Brenner eine gefährliche Konkurrenz darstellen, sowie auch für die gewöhnlicheren ausländischen Weißweine, trotz den Transport- und Zollkosten.« Es war offensichtlich, daß es Leute gab, die in einem Anfall von Nationalstolz glücklich waren, den Hamburger Weinmachern Konkurrenz zu machen und in Großbritannien ähnliche Ware herzustellen. Geldmangel scheint jedenfalls das einzige Problem des Inserenten gewesen zu sein, der folgende Anzeige in der *Times* vom 15. Oktober 1864 erscheinen ließ:

An alle Weinhändler. – Gesucht, von Geschäftsmann mit Erfahrung in der Herstellung von Hambro' Sherrys etc. (entsprechende Infrastruktur vorhanden), der Betrag von £ 1000. Adresse: R. S., c/o Mr. W. Abbott, 7, Little Tower Street, E. C.

Es ist gar nicht so einfach, eine klare Meinung über selbst gebraute Weine zu haben. Vor allem in Großbritannien können die »Heimbrauer« auf eine lange Tradition zurückschauen, denn man trank Wein nicht nur zum Vergnügen, sondern auch bei medizinischer Indikation. Rezepte zum Herstellen alkoholischer Getränke spielten in einem der ersten englischen Kochbücher, dem 1669 erschienenen *Closet of the eminently learned Sir Kenelm Digby Kt. opened,* eine wichtige Rolle. Sir Kenelm Digby selbst hatte eine merkwürdige Karriere gemacht. Sein Vater war wegen seiner Rolle, die er im »Gunpowder Plot« gespielt hatte, hingerichtet worden. Er heiratete die Geliebte von Sir Edward Sackville, dem späteren Earl of Dorset, und wurde zum Piraten, der im Mittelmeer heimlich den flämischen und französischen Schiffen auflauerte. Im Civil War von 1642 bis 1652 fungierte er scheinbar als eine Art Doppelagent, war aber nach der Restauration am königlichen Hof wieder gern gesehen. Er scheint nebst kulinarischen auch medizinische Ambitionen gehabt zu haben, obwohl sein Rezept gegen den Brand, das aus einem »Sympathetic Powder« bestand, welches noch aus einer Entfernung von mehreren Meilen eine heilende Wirkung gehabt haben soll, auf einige Skepsis stieß. Trotzdem war er einer der Mitbegründer der Royal Society und scharte eine beachtliche Anhängerschaft um sich. Sein Assistent George Hartman schrieb *The familiy Physitian* und gab im Abschnitt, der mit »The true English Wine Cellar« übertitelt war, ein Rezept zur Herstellung von künstlichem Champagner preis, das »mit dem besten Champagner, der in der Provinz gemacht wird, zu vergleichen« war. Auch die beiden Erfinder, die 1662 eine Glasflasche patentieren ließen, entstammten Sir Kenelms auserlesenem Zirkel, und ihre Erfindung bedeutete für die Fabrikation von Weinflaschen eine grundlegende Wende.

Kurz danach kam ein Konkurrenzwerk unter dem Titel *The Queen-Like closet* unter dem Namen von Hannah Wolley heraus, und auch in diesem Buch finden sich Rezepte zur Herstellung von Obstweinen, unter anderem eines für Cordial Cherry Water, das besonders »bei Ohnmachtsanfällen, bei Frauen in den Geburtswehen und bei allgemeiner Übelkeit« gut tun sollte. Ein anonym gebliebener französischer Autor schreibt im 1654 erschienenen *Les delices de la Campagne*, daß Hypocras »im Handumdrehen aus Zimtessenzen, Wein und Zucker gemacht« werden kann; »man kann auch je nach Wunsch weitere Geschmacksstoffe wie Anis, Fenchel, Zimt, Nelken und ähnliches beigeben«.

Wie wir gesehen haben, dauerte es in Großbritannien jeweils nicht lange, bis man die Namen der großen Markenweine für Weine mißbrauchte, die aus allem anderen als aus Trauben gemacht waren. Bei den Hausbrauern herrschte Uneinigkeit darüber, ob man zum Beispiel ein Getränk, das aus Schlüsselblumen, Zucker und Hefe zusammengebraut ist, als »Wein« oder eher als »Sherry« bezeichnen sollte. Letzteres wurde bis vor kurzem dadurch unterstützt, daß man im Handel ohne weiteres Fabrikationszubehör zur Herstellung vom »Typ Beaujolais«, »Typ Sherry« und »Typ Hochheimer« fand. Dieses

Zubehör ist jetzt vom Markt abgezogen worden, aber die entsprechende Literatur ist immer noch erhältlich.

Lassen Sie mich noch aus einem neueren Bestseller etwas über das Thema hausgemachte Weine zitieren. Im ersten Kapitel von *Making wines like those you buy* von Bryan Acton und Peter Duncan, heißt es: »Es ist ein merkwürdiges Phänomen, daß hausgemachte Kuchen viel mehr geschätzt werden als gekaufte, während beim Wein gerade das Gegenteil der Fall ist.« Die Autoren finden, daß die moderne Wissenschaft uns so weit gebracht hat, daß wir diese Meinung sofort revidieren müßten. Was die Autoren natürlich *nicht* erwähnen, ist, daß hausgemachte Kuchen genau wie industriell hergestellte Weine zum größten Teil aus natürlichen Zutaten gebacken werden, während industriell hergestellte Kuchen auf eben diese »moderne Wissenschaft« zurückgreifen müssen, um eine Chance auf dem Markt zu haben. Ich möchte hierzu die hoffentlich rhetorische Frage stellen: »Was ist vorzuziehen: ein Chablis, der im Département Yonne aus Chardonnaytrauben erzeugt wird, oder das, was die Herren Acton und Duncan aus Stachelbeeren, Weißweinkonzentrat, Holunderblüten, Wasser, Zucker, Pektin, Nährstoffen und Chablis-Gärhilfe zusammenbrauen?« Was die Autoren damit fabrizieren, mag ganz angenehm schmecken, aber was immer es ist, Chablis darf man es nicht nennen. Oder möchten Sie in Ihrem Chianti Kirschen, Weinbeeren, Bananen und rotes Traubenkonzentrat haben? Traurige Tatsache ist, daß manche dieser Ingredienzen denen, die im italienischen Weinskandal eine Rolle spielten, nur allzu ähnlich sind.

»Wie gut werden diese hausgemachten Weine sein?« fragen die Autoren weiter. »Falls Sie die Anleitungen in diesem Buch sorgfältig befolgen, lautet die ehrliche Antwort auf diese Frage: Etwa 80% der Weine werden so gut sein wie die billigeren Weine, die Sie kaufen können, und etwa 10% der Weine werden so gut sein, daß sie keinen Vergleich mit den besseren käuflichen Weinen scheuen müssen. Etwa weitere 10% werden wahrscheinlich enttäuschend ausfallen; zu dieser Zahl können wir ohne weiteres stehen. Wir haben nie behauptet, mit den Zutaten, die wir verwenden und mit den entsprechenden Mengen könnten wir unsere Weine mit den besten kommerziell hergestellten Weinen messen. Weine wie ein Chambertin aus dem

Burgund, ein Jahrgangsport, ein Château d'Yquem aus der Sauternes, ein Château Latour aus dem Bordeaux und die besten Hochheimer und Moselweine werden immer eine Klasse für sich bleiben.« Wie beruhigend, daß mindestens der Marquis de Lur-Saluces in Yquem unbesorgt bleiben kann!

Der Mißbrauch von Markenweinnamen zur Benennung solcher hausgemachter Produkte ist an sich ein Betrug, insbesondere, wenn es sich um Namen handelt, die mit einer bestimmten geografischen Region assoziiert werden. Sicher kann man Vergleiche anstellen, manche Leute mögen das Produkt X vorziehen, andere das Produkt Y, aber unter keinen Umständen darf man solche Produkte mit Namen versehen, wie es in diesem Buch geschieht.

Man vergleiche einmal die Äußerungen der Autoren mit jenen des Autors Moritz Jagendorf in dem Buch *Folk Wines, Cordials and Brandies*, das ein ähnliches Thema anschneidet: »So kreieren Sie aus den Früchten der Erde, den Blättern der Bäume, aus Wind und Wetter ein Getränk, das für seine Geschichte, seine Legende und oft auch seinen Geschmack berühmt ist. Sie kreieren ein Getränk, das die Menschen inspiriert hat zu Gesang, Lyrik und großer Kunst. Sie haben die einmalige Gelegenheit, Ihrer Fantasie bei der Wahl von Mitteln, Farbe, Geschmack, Aroma und Bukett freien Lauf zu lassen. Es ist ein Hobby, in dem Sie sich absolut frei entfalten können.«

»Auch wenn Sie Ihren Wein in der Enge einer Stadtwohnung herstellen, empfinden Sie dank Ihrer Fantasie ein unmittelbares Vergnügen, so, als würden Sie mit Ihren Händen etwas Eigenständiges schaffen.«

»Dazu kommen noch jede Menge neuer Geschmackserlebnisse. Ich vergesse nie mehr, was ich empfunden habe, als ich zum ersten Mal den opulenten, braunen Málaga-ähnlichen Holunderwein kostete. Es erinnerte mich an eine Tischrunde wohlbestallter Herren zu Johnsons Zeiten, die mit sonorer Stimme ihre Reden zum besten geben. Dem Rosenblatt- oder Rosengeraniumwein haftet etwas Mystisch-Persisches an. Und beim ersten Glas Petersilienwein hatte ich das prickelnde, exotische Gefühl, in eine ganz neue Geschmackswelt eingetaucht zu sein.«

Moritz Jagendorf zögert nicht, zur Herstellung seines

Weins auch Bananen zu verwenden – aber er nennt das Produkt Bananenwein; er zögert nicht, seinen Holunderwein mit Málaga zu vergleichen – aber er nennt ihn nicht Málaga. Ob seine Rezepte besseren Wein ergeben als die von Acton und Duncan, weiß ich nicht, aber jedenfalls lese ich sie eindeutig lieber.

In der Folge zitiere ich eine Reihe von Rezepten aus den letzten drei Jahrhunderten, die etwas vorzustellen versuchten, was sie nicht waren. Die Liste ist nicht vollständig, aber doch repräsentativ, denn es befinden sich sowohl »Weine« darunter, die man zu Hause fabrizieren kann, wie auch »Weine«, die nur auf kommerzieller Basis produziert werden können. Ich habe die Rezepte nach ihren Benennungen geordnet, die oftmals mehr als fantasiereich sind. Ein wunderbares Beispiel dafür ist gerade das erste Rezept.

Geheimrezept zur Herstellung von künstlichem Wein
Man nehme einen Laib Brot, so, wie er aus dem Ofen kommt, tränke ihn mit kräftigem Essig und lege ihn dann zur Seite; wenn man nun sofort etwas Wein will, taucht man einfach ein Stück dieses Brotes in ein Glas Wasser, und das Wasser nimmt sofort die Farbe und den Geschmack von Wein an.
Arcana Curiosa (1711)

Wie man Rheinischen Wein macht
Man nehme eine Handvoll Zitronenschalen und gebe sie in 10 oder 12 Gallonen Weißwein, dazu gibt man eine Pint Rosenwasser von der Damaszenerrose; dann rollt man das Ganze hin und her, stellt es danach aufrecht und öffnet den Spund; man nimmt einen kleinen Zweig Salbei und legt ihn 24 Stunden in die Flüssigkeit, dann nimmt man ihn heraus; das Getränk wird sehr gut schmecken.
The Art and Mystery of Vintners and Wine Coopers (1692)

Wie man Rheinwein macht
Man nehme ein Faß mit 252 Pints weißem Rochelle-Wein oder Cognac-Wein oder Nantes-Wein; dann zieht man den Wein ab und gießt ihn in ein frisch parfümiertes Faß, verfeinert den Wein mit der richtigen Mixtur für Weißwein, von der wir schon gesprochen haben, das heißt mit Glimmer; dazu gebe man 25–30 Pfund abgeschöpften Honig und vier Pfund feuchten, braunen Zucker, verrühre alles gut miteinander und lasse die Mixtur so lange

stehen, bis sie sich geklärt hat. Um dem Getränk mehr Bukett zu verleihen, gibt man noch einen Absud aus Mohnsamen bei, die dem Wein einen Geschmack geben, der dem des Rheinweins sehr ähnelt.
Le Parfait Vigneron (1783)
Britischer Rheinwein
Auf eine Gallone frischen Apfelsafts gibt man zwei Pfund Hutzucker. Dieses Gemisch kocht man und schäumt es auf, bis es schön klar ist, dann wird es gesiebt. Danach läßt man es vergären wie anderen Wein; wenn sich der Wein beruhigt hat, zieht man ihn ab und lagert ihn in einem Bottich. Im nächsten Jahr zieht man den Wein wieder ab und gibt auf drei Gallonen eine Pint Branntwein dazu. Bem.: Dies ist ein Wein, der einen sehr guten Ruf genießt, aber wir haben selbst keine Erfahrung mit seiner Qualität.
Cook and Housewife's Manual (1829)
Künstlicher Rotwein
Man nehme ein Teil Salbeisaft oder das Wasser aus gebrannter Salbei; ein halbes Teil Apfelwein aus der Sorte Rotstreifling oder aus Pippinäpfeln; sechs Pfund Málaga-Weinbeeren, gestampft in einem Mörser; ein Pfund Mutterlauge aus Rotwein; ein halbes Pfund Weinsteinkristalle. Das Ganze deckt man gut zu und läßt es zwei Wochen lang gären, dann zieht man die klare Flüssigkeit in ein Faß ab. Auf jede Gallone gibt man sodann eine halbe Pint Brombeer- oder Stachelbeersaft dazu und auf die ganze Menge eine Pint Salbeischnaps. Dann nimmt man drei Löffel voll Mehl, zwei frische Eiweiß, ein Dram Glimmer, schlägt alles gut zusammen, gibt es dem Faß zusammen mit zwei Pfund Salbeisirup bei, und es wird nach der Klärung ein wunderbar reichhaltiger Wein entstehen.
English Wines (1691)
Englischer Rotwein
Ein wunderbarer Wein, der dem echten Bordeaux sehr ähnlich ist und sogar stärker ist als gewöhnlicher Rotwein; er wird folgendermaßen hergestellt: Man nehme so viel Málaga-Weinbeeren wie gewünscht, hacke sie sehr klein, füge auf jedes Pfund Beeren ein Quart Wasser bei und lasse dies eine Woche oder neun Tage in einem offenen, mit einem Tuch zugedeckten Gefäß stehen und rühre die Flüssigkeit täglich auf. Dann zieht man soviel wie möglich von der Flüssigkeit ab und siebt den Rest der Beeren; das

Ganze gibt man in ein gewürztes Faß und auf jede Gallone fügt man eine Pint kalten Saft von reifen Holunderbeeren bei, der vorher gekocht und aufgeschäumt wurde. Man lasse die Flüssigkeit etwa sechs Wochen lang stehen und zieht dann den ziemlich klaren Teil davon in ein anderes Gefäß ab. Dem Ganzen gibt man pro Gallone ein halbes Pfund angefeuchteten Zucker bei; wenn die Flüssigkeit absolut klar geworden ist, füllt man sie in Flaschen ab.
The Family Receipt Book; or, Universal Repository (ca. 1817)

Englischer Champagner
Auf drei Gallonen Wasser nehme man neun Pfund Lissaboner-Zucker und koche beides während einer halben Stunde, wobei man gut darauf achten muß, daß die kochende Flüssigkeit schön schäumt. Dann nimmt man eine Gallone ganzer Korinthen und schüttet die kochende Flüssigkeit darüber. Wenn sie fast ganz erkaltet ist, gibt man etwas Bierhefe, läßt das Ganze zwei Tage lang arbeiten und siebt es dann durch ein Tuch oder Sieb. Jetzt gibt man die Flüssigkeit in ein Faß, das in der Größe so ist, daß es ganz voll wird, zusammen mit einer halben Unze gut zerbröseltem Glimmer. Wenn die Gärung abgeschlossen ist, läßt man den Wein einen Monat lang ruhen und füllt ihn dann in Flaschen ab; in jede Flasche gibt man ein ganz kleines Stück sehr fein raffinierten Zucker bei. Dieser Wein schmeckt vorzüglich und hat eine sehr schöne Farbe.
John Farley: The London Art of Cookery (1784)

Erstklassiger weißer Stachelbeer-Champagner
Auf jede schottische Pint reifer, zerstampfter Stachelbeeren gibt man eineinhalb Quart milchwarmen Wassers und zwölf Unzen guten Hutzuckers, der zerbröselt und aufgelöst wurde. Das Ganze rührt man in einem Faß oder einer Tonne gut durch und wirft dann ein Tuch über das Faß, was sich übrigens bei allen Weinen empfiehlt, es sei denn, man will den Gärprozeß verzögern. Man rührt alles von Zeit zu Zeit durch und zieht die Flüssigkeit nach drei Tagen in kleinere Fässer ab. Das Faß muß immer schön voll sein, und wenn die Gärung abgeschlossen ist, fügt man auf jede Gallone Wein eine halbe Pint Brandy oder guten Whisky bei und dieselbe Menge Sherry oder Madeira. Dann wird der Faßspund gut verschlossen, der Spund zusätzlich mit Lehm verklebt. Wenn sich der Wein geklärt hat, was in drei bis sechs Monaten der Fall sein

wird, zieht man ihn sorgfältig ab, falls er nicht ganz klar ist, ein zweites Mal.

N.B. – Die Früchte sollten für dieses Rezept lieber etwas überreif sein. Nach demselben Rezept kann man einen exzellenten Wein aus weißen Johannisbeeren oder aus weißen Johannisbeeren und weißen Stachelbeeren machen.

Cook and Housewife's Manual (1829)
Künstlicher Champagner
Um diesen Wein nachzuahmen, brauchen wir erstklassige Grundweine, die absolut klar und angenehm im Geschmack sein müssen. Solche Weine kann man auf zwei verschiedene Arten behandeln: für die erste, die wir im folgenden beschreiben, brauchen wir eine Mineralwassermaschine wie zum Beispiel die in Abbildung 15 der Tafel. Der Wein wird sodann in den Gasometer dieser Maschine geschüttet, so daß er gesättigt wird, und sobald der Druck sieben oder acht Atmosphären erreicht hat, sollte man den Wein in Flaschen abfüllen, die stark genug sind, um dem Druck des Kohlensäuregases standzuhalten; die Korken müssen gut fixiert werden, zuerst mit Faden und dann zusätzlich noch mit Draht. Der Draht sollte zuerst erhitzt werden, damit er danach biegsam bleibt und gut wieder weggenommen werden kann.

Vorbereitungen
Weißwein   100 Liter
Hutzucker   5 Kilo
Vanilleextrakt   8 Gramm
Zitronenextrakt (Schale) 8 Gramm

Als erstes muß man den Zucker in Wasser auflösen.

Miguel V. Rodiguez: La Perla del Viticultor y Liquorista (1885)
Rezept für Wein, der so gut ist wie spanischer Wein
1. Man nehme einhundert Pfund getrocknete Weinbeeren, entferne die Stiele und öffne die Beeren mit einem Messer. Dann legt man sie in einen großen, sehr sauberen Holzbottich. Dann kocht man fünfzehn Gallonen Regenwasser ab und filtert es durch Filterpapier. Man schüttet das Wasser über die Weinbeeren und deckt das Ganze zu, damit das Wasser warm bleibt. Nach 24 Stunden nimmt man die Weinbeeren heraus, die jetzt aufgedunsen sind, und zerstampft sie in einem großen Marmormörser, danach legt man sie in den Bottich zurück. Man macht

sodann nochmals fünfzehn Gallonen Wasser heiß und schüttet es zum ersten Wasser und den Weinbeeren, zusammen mit fünfundzwanzig Pfund grobem Zucker. Man verrühre alles gut zusammen und decke dann den Bottich mit zwei Tüchern zu. Nach drei Tagen läßt man durch einen Hahn am Bottichboden alle Flüssigkeit ablaufen und füllt sie in Fässer ab, wobei man dem Ganzen sechs Quarts Brandy beigibt. Danach preßt man den Satz mit einer Apothekerpresse und füllt den Saft ins Weinfaß, zusammen mit zwei Pfund weißem Weinstein, der zu einem feinen Pulver zerrieben wurde, damit die Gärung schneller einsetzt. Hinzu kommen weiter ein Zweig Gartenkresse-Samen vom Gewicht von ca. 16 bis 18 Unzen, sowie ein Zweig Erlenblüten. Diese Zweige hängt man mit einem Faden ins Faß.
2. Wenn der Wein zu gelb aussieht, siebt man ihn durch ein Tuch, in das man ein Pfund süße Mandeln gibt, die zusammen mit Milch zerrieben wurden. Je älter der Wein, desto besser.
3. Um den Wein rot zu machen, löst man etwas Koschenille in einer bestimmten Menge Brandy auf, zusammen mit etwas Alaunpuder, um den Farbstoff besser aus der Koschenille zu lösen, und läßt das Ganze auf einem Sandbad ruhen. Wenn der Brandy die gewünschte Farbe hat, gibt man ihn dem Wein bei, bis er rot genug ist.
4. Noch besser ist es, wenn man den Zucker gut setzen läßt und ihn statt dem Bottich dem Faß beigibt.
Valuable Secrets in Arts and Trades (ca. 1795)
Die Kunst, in jedem Land österreichischen Wein zu machen
Das folgende kuriose Rezept stammt von einem berühmten deutschen Wirtschaftsautor: Man entferne von roten oder purpurnen Trauben die Stiele und lege sie in einen Eimer; dann gibt man sie in ein großes Faß und streut auf zehn Gallonen etwa eine halbe Pint weiße Senfsamen darüber. Nachdem man die Traubenbeeren mit einer hölzernen Quetsche zerstampft hat, muß das Faß gut zugedeckt und die Maische jeden Tag umgerührt werden. Nach acht oder zehn Tagen kann man sie pressen und die ausgedrückte Maische oder den Most zusammen mit der Flüssigkeit in ein Faß geben, wobei das Faß oben eine Handbreit leer bleiben soll. Jetzt muß der Wein oft mit einem geeigneten Stock Tag und Nacht umgerührt wer-

den, damit er nicht weiter gärt. Wenn sich der Wein beruhigt hat, füllt man das Faß mit Most nach, niemals mit altem Wein, da der Most notwendig ist. Wenn man von diesem Wein eine große Menge machen will, sollte man mehrere Fässer zur Verfügung haben, in denen die Maische nie mehr als zwei Fuß hoch liegen sollte. Das deutsche Rezept verrät keine weiteren Einzelheiten, aber das Faß muß natürlich abgeschlossen und die Flüssigkeit wie immer innert nützlicher Frist abgezogen und abgefüllt werden.

The Family Receipt Book; or, Universal Repository (ca. 1817)

Konstantia

Um 100 Liter zu machen:

sehr alter Banyuls-Wein	88 Liter
Absud aus Iriswurzeln	1 Liter
Himbeergeist	2,25 Liter
Weinsteingeist	15 Gramm
Traubensirup 35%	5 Liter
Alkohol 85%	4 Liter

Man mischt alles sorgfältig untereinander und läßt es zwei Monate lang ruhen, dann klärt man es mit Gelatine (15 Gramm in einem halben Liter Wasser auflösen) und zieht den Wein nach einer Woche ab.

Beachte: Alle Weine werden mit zunehmendem Alter besser, vor allem die Dessertweine; sie sollte man erst zur Konsumation freigeben, wenn man sicher ist, daß sie auf dem geschmacklichen Höhepunkt sind. Auch müssen sie unbedingt ganz klar sein.

Ein Cette-Rezept, angeführt von Bertall in La Vigne (1878) (Er führt noch andere ähnliche Rezepte für verschiedene süße Weine an, bei denen die Zutaten variieren, so zum Beispiel für Tokaier, Port, Sherry, Madeira und Málaga.)

Weißer Holunderwein, dem Frontiniac sehr ähnlich

Man koche achtzehn Pfund weißen, raffinierten Zucker mit sechs Gallonen Wasser und zwei gut zerschlagenen Eiweiß auf, dann läßt man die Flüssigkeit aufschäumen und gibt ein Viertel Peck Holunderbeeren von einem Baum mit weißen Beeren bei; die Beeren darf man nicht auf dem Feuer stehen lassen. Wenn das Ganze fast erkaltet ist, rührt man es auf und gibt sechs Löffel Zitronensaft dazu, vier oder fünf Löffel Hefe und schlägt beides gut unter die Flüssigkeit. Diese rührt man jeden Tag um, dann legt man sechs Pfund der besten Weinbeeren mit Kernen ins Faß und schüttet den Wein darüber. Nach spätestens sechs Monaten soll die Gärung abgeschlossen und der Wein abgefüllt sein. Wenn man diesen Wein gut lagert, kann man ihn als Frontiniac offerieren. Mrs. Rundell: Domestic Cookery for the Use of Private Families (ca. 1894)

Wie man Malvasier nachahmt
Man nehme von den besten Malangawurzeln, Nelken und Ingwer, von jedem ein Dram, zerstoße alles in grobe Stückchen und lege es 24 Stunden in einem gut geschlossenen Gefäß in Brandy ein. Dann nimmt man die Zutaten heraus und knüpft sie in ein leinernes Tuch; das Tuch läßt man durch den Spund ins Faß hängen. Nach drei oder vier Tagen schmeckt dieser Wein so gut und so kräftig wie echter Malvasier.
G. Smith: The Laboratory, or School of Arts (1799)

Zwei Arten, um Malvasier zu machen oder zu vermehren
Wenn Sie drei Butt Malvasier haben, können Sie daraus vier machen: wenn Sie zwei Butt haben, können sie daraus drei machen; wenn Sie ein Butt haben, können sie daraus eineinhalb machen, zusammen mit alten Lagern von Weißem, Rotem und Kanarienwein, mit zwei Gallonen Verschnitt auf jedes Butt, so daß es ein spanischer Verschnitt wird. Auf diese Weise werden Sie ihre alten Lagerweine und Kanarienweine los. Es folgt die Anleitung.
Auf jedes Butt nimmt man sechs Eier mit Eigelb und Eiweiß und eine Handvoll Salz und schlägt alles gut untereinander; darunter mischt man eine Pint alten Südwein und gibt es ins Butt, dann rührt man alles im Butt gut durcheinander, und wenn man etwas Farbe beigeben will, nimmt man zwei Gallonen Rotwein und ein Viertelpfund Koriandersamen, die man vorher gut zerkleinert hat. Man mische alles zusammen und gebe es ins Butt; dann schüttelt man es nochmals sechs bis achtmal gründlich durch und verschließt dann das Gefäß während drei oder vier Tagen; danach können Sie es öffnen, wann Sie wollen.
The Art and Mystery of Vintners and Wine Coopers (1692)

Englischer Sherry
Auf jedes Pfund guten, angefeuchteten Zucker gibt man

ein Quart Wasser. Man kocht es auf, bis die Flüssigkeit klar ist; wenn es erkaltet ist (das heißt, wenn es fast ganz, aber doch nicht ganz kalt ist), bearbeitet man die Flüssigkeit mit frischer Hefe und gibt auf dem Höhepunkt der Bearbeitung starkes Bier hinzu, und zwar im Verhältnis ein Quart Bier auf eine Gallone Flüssigkeit. Man deckt das Ganze zu und läßt es wie Bier arbeiten; wenn die Gärung ihrem Ende zugeht, gibt man den Wein ins Faß; wenn er zwei oder drei Wochen im Faß gelegen hat, gibt man auf eine Gallone ein halbes Pfund Weinbeeren, eine halbe Unze Kandiszucker und eine halbe Unze Bittermandeln dazu und auf neun Gallonen Wein eine halbe Pint des besten Branntweins. Über das Spundloch klebt man ein starkes, braunes Papierstück, das man bei Bedarf erneuert. Solch festgeklebtes braunes Papier über dem Spundloch empfiehlt sich für alle britischen Weine als ein simpler Korken. Nachdem der Wein ein Jahr lang im Faß gelegen hat, wird er bereit sein zur Flaschenfüllung, aber er wird noch besser, wenn man ihn länger ruhen läßt. Wenn man ihn drei Jahre lang im Faß und ein Jahr lang in der Flasche lagert, kann man ihn kaum von guten ausländischen Weinen unterscheiden, und er ist fast für jede Gelegenheit richtig.

The New London Cookery (ca. 1827)

Künstlicher trockener Sherry
Wenn das Glas Sherry, das Sie haben möchten, nichts Besonderes sein muß, ist es von Vorteil, wenn man es nach dem folgenden Rezept herstellt, denn dies hat den Vorteil, daß das Endprodukt im Vergleich zu seinem Preis sehr gut wird und rund die Hälfte vom üblichen Preis kostet.

Dazu braucht man:
Weißwein	50 Liter
Mandelfarbstoff	1,5 Liter
Brandy	2 Liter
Alkohol	1,5 Liter

Das mischt man alles zusammen und läßt es sechs bis acht Tage ruhen, filtert den Wein sodann und zieht ihn in saubere, geschwefelte Gefäße ab.

Wenn Sie lieber süßen Sherry haben, fügen Sie dem obigen Gemisch zwei Liter Traubensirup bei, oder, wenn Sie das nicht zur Verfügung haben, zwei Kilo Zucker, der vorher in einem Liter Wasser aufgelöst wurde.

Miguel V. Rodriguez: La Perla del Viticultor y Liquorista (1885)
Der Portwein war es jedoch, der die Fantasie der *Chefs de Cuisine* völlig aus dem Häuschen brachte.
Russischer Port
    Apfelwein   3 Kilo
    Brandy   1 Kilo
    Gummi Arabicum   0,008 Kilo
D. Nicholas de Bustamente: Arte de Hacer los Vinos (1875)
Wie man britischen Port macht
Auf sechs Gallonen Wasser nimmt man sechs Quart Holunderbeeren, wenn sie schön reif sind, und drei Quart Brombeeren und sechs Quart Damaszenerpflaumen; das alles kocht man zusammen drei Viertel Stunden lang auf; dann siebt man die Flüssigkeit durch ein Haarsieb und gibt zwölf Pfund Hutzucker bei und rührt das Gemisch um, bis sich der Zucker aufgelöst hat. Wenn die Flüssigkeit fast erkaltet ist, gibt man etwas frische Hefe bei und läßt sie dann bis zum nächsten Tag ruhen; dann füllt man sie ins Faß ab, zusammen mit 15 Pfund zerkleinerten Weinbeeren und einer Gallone Schwarzdorn; das Faß wird nun gut verschlossen und zwölf Monate lang stehen gelassen, dann kann man den Wein in Flaschen abfüllen.
N.B. Je länger man den Wein lagert, desto besser wird er.
Addison Ashburn (1807)
Ein perfektes Rezept zur Herstellung von gutem Port
Das Oxhoft schwefelt man zuerst, dann füllt man es mit den folgenden Zutaten:
    12 Gallonen kräftiger Portwein
    6 Gallonen rektifizierter Spiritus
    3 Gallonen Cognac
    42 Gallonen guter, herber Apfelwein
Kosten: etwa 18s. das Dutzend
Palmer's Publican's Directory (ca. 1825)
Imitierter Portwein
45 Gallonen guter Apfelwein, sechs Gallonen Brandy, acht Gallonen guter Portwein, zwei Gallonen reife Schwarzdornbeeren, die man in zwei Gallonen Wasser dämpft, die Flüssigkeit auspreßt und den anderen Zutaten beigibt; wenn die Farbe zu hell ist, fügt man noch Tinktur aus rotem Sandelholz oder Cudbear hinzu. Dieser Wein kann nach wenigen Tagen in Flaschen gefüllt werden;

geben Sie in jede Flasche einen Teelöffel Katschupulver und rühren Sie gut um; bald wird es eine feine Kruste bilden, wenn die Flaschen wie üblich auf einer Seite liegen: Die Korkenenden tränkt man in einem kräftigen Sud aus Brasilholz und etwas Alaun, das dem Wein zusammen mit der Kruste einen schönen Anstrich von Alter verleiht.

The Vintners' and Licensed Victuallers' Guide (ca. 1825)
Und hier noch eines meiner Lieblingsrezepte:

Künstlicher roter Portwein nach Lord Pembroke
Man vermischt zusammen: 48 Gallonen Rübensaft oder kräftigen, herben Apfelwein, acht Gallonen Malzspiritus oder Brandy und acht Gallonen echten Portwein. Dem gibt man eine ausreichende Menge Holunderbeersaft bei, um die Flüssigkeit zu färben. Geben Sie auch einige junge Zweige des Holunderbaumes dazu, um dem Wein die richtige Herbheit zu verleihen. Lagern Sie den Wein im Faß und in der Flasche etwa zwei Jahre lang, bevor Sie ihn konsumieren. Das ist das Rezept von Lord Pembroke, das vielleicht in bezug auf die Trockenheit verbessert werden kann, indem man Schwarzdornsaft oder -wein beigibt; und in bezug auf die Farbe, indem man eine entsprechende Färbetinktur herstellt, sei es aus Koschenille, Blauholz oder Brasilholz. Auch ist französischer Branntwein sicher besser als Malzspiritus, und je nach Qualität des Produkts mag manchmal auch ein guter, voller Weinbeerenwein oder sogar -zider dem herben Apfelwein oder dem Rübensaft vorzuziehen sein.

The Familiy Receipt Book; or, Universal Repository (ca. 1817)
Während der Autor, der dieses letzte Rezeptbuch zusammengestellt hat, offenbar einige Zweifel an den Zutaten zum Port hegte, hatte der ursprüngliche Rezepte-Schreiber offenbar überhaupt keine Zweifel daran. Lord Pembroke, der Großvater von Lord Palmerston, soll beim Dinner jeweils zu seinen Gästen gesagt haben: »Für die Qualität des Champagners und Rotweins bin ich nicht verantwortlich, denn dafür habe ich nur das Wort meines Weinlieferanten; für meinen Portwein jedoch stehe ich voll und ganz ein – ich habe ihn schließlich selbst gemacht.«

Wie aus der kleinen Auswahl von Weinrezepten ersichtlich wird, variierten ihre Ziele und – so ist anzunehmen –

auch ihre Güte beachtlich von Rezept zu Rezept. Einige sind eindeutig dazu angelegt, den Konsumenten zu beschwindeln, andere sind vor allem für den täglichen Hausgebrauch gedacht. Bei den betrügerischen Rezepten stimmt es bedenklich, daß es einige speziell auf den Weinhandel abgesehen hatten und in branchennahen Publikationen veröffentlicht wurden. Mit anderen Worten, die Herausgeber mancher Fachorgane forderten ihre Leser ausdrücklich auf, die Öffentlichkeit zum Narren zu halten und zensurierten auch ganz plumpe Verfälschungen nicht, wie etwa das Tränken der Korken, damit der Eindruck von Alter entstehe. Es ist zu bezweifeln, daß solche Praktiken heute in irgendeinem Land noch möglich wären, aber es schadet nichts, wenn wir uns heute die zweifelhaften Machenschaften der Vergangenheit von Zeit zu Zeit vor Augen halten und hoffen, daß solche Vorkommnisse wie der italienische Bananenschiff-Skandal, bei dem »Weine« mit Zutaten gemacht wurden, die sich mit jenen aus den alten Rezepten ohne weiteres vergleichen lassen, eine einmalige Entgleisung darstellen. Tatsächlich lohnt es sich heute, in einer Zeit des Weinproduktionsüberschusses nicht mehr, ausschließlich künstlichen Wein zu produzieren – aber auch da keine Regel ohne Ausnahme, wie der österreichische Weinskandal zeigt. Wahrscheinlicher ist heute das Umbenennen von Weinen, aber das schließt auch nicht aus, daß das Produkt vorher noch tüchtig gepanscht wurde.

Der wissenschaftliche spanische Weinautor Nicolas de Bustamente behandelt in seinem Buch *Arte de hacer los vinos* ziemlich ausführlich das Verfälschen von Wein und die vielen Rezepte, die in Spanien im letzten Viertel des 19. Jahrhunderts in Umlauf waren. Für ihn war ein absolut natürlich erzeugter Wein das Nonplusultra, aber er stellt auch eine Art Klassifizierung der nächstbesten Zutaten auf. Er ist der Meinung, daß alle Traubenprodukte, Wasser, reiner Zucker und bis zu einem gewissen Grad auch Alkohol einigermaßen akzeptabel sind, denn sie alle machen in jedem Fall einen Teil des Weins aus. Weniger empfehlenswert findet er Fruchtsäfte und Zider, denn obwohl es sich dabei um natürliche Produkte handelt, sind sie normalerweise nicht Bestandteil eines natürlichen Weins. Die letztgenannten Zutaten sind zwar nicht gefährlich, aber »sie sind schwer verdaubar, steigen schnell in den Kopf und machen sofort betrunken«. Noch weniger gut sind Färbemittel wie Holunderbeeren, Kirschen, Brombeeren und Blauholz, denn sie haben die Tendenz, den Geschmack des Weins zu verfälschen und ihn bitter zu machen. Dann doch lieber einen Wein, der etwas heller ist als er eigentlich sein sollte. Am schlimmsten sind die chemischen Zusätze wie Bleiglätte; sie sollte man unter allen Umständen vermeiden.

Es ist natürlich ein leichtes, die Weinmacher vergangener Zeiten zu kritisieren. Sie arbeiteten aber unter absolut anderen Bedingungen als heute. Kontrollen waren weniger häufig und effizient, und Weinnamen waren noch nicht so exklusiv wie heute. Trotzdem bleibt der Eindruck, daß die fehlenden Kontrollen vom einen oder andern absichtlich ausgenützt wurden. Die, die schlau genug dazu waren, lachten sich ins Fäustchen, wenn sie auf Kosten von unerfahrenen Weinkonsumenten auf ihre Kosten kamen. Aber das ist eigentlich heute auch nicht viel anders.

13. Weshalb bloß...

Wenn man sich ausgiebig mit der Thematik des Weinbetrugs befaßt, kommt man bald zum Schluß, daß dieses Phänomen weit tiefer reicht als man sich vorgestellt hatte. Seit ich mit den Recherchen zu diesem Buch begonnen habe, frage ich mich immer wieder, ob ich damit nicht die Büchse der Pandora geöffnet habe. Habe ich damit den Weinkonsumenten aus aller Welt nichts als eine Unzahl von Sorgen beschert? Oder gibt es am Ende eine Hoffnung darauf, daß man die unlauteren Machenschaften im Weingeschäft unter Kontrolle bringen kann? Ich hoffe, die Antwort auf die erste Frage sei ein eindeutiges »Nein«, aber bei der zweiten Frage bin ich realistisch genug, um zu wissen, daß es sich wirklich nur um eine vage Hoffnung handeln kann. Ich bin der Meinung, daß man jetzt vier Fragen stellen muß, und daß man auf jede eine Antwort haben sollte. Erstens: »Wieviel verfälschter Wein ist im Umlauf?« und zweitens, damit verbunden: »Weshalb wird so viel geschwindelt?« Drittens: »Wie kann man den Anteil von verfälschtem Wein senken?« und viertens, und das ist vielleicht die wichtigste Frage: »Wie erkennt der Konsument einen verfälschten Wein?«
Bevor ich dieses letzte Kapitel niederschrieb, habe ich mit dem Leiter der Getränkeabteilung einer großen Supermarktkette ein Gläschen getrunken. Als ich ihm von meinem Buch erzählte, war seine erste Reaktion die Sorge, daß ich den Weinhandel in Verruf bringen könnte. Als nächstes fragte er mich, ob ich diesen oder jenen Fall konkret erwähnt habe. Während mein Erinnerungsvermögen auf Hochtouren lief, wurde ich mir bewußt, daß ich ja nur einen Bruchteil aller Fälle von Weinbetrug erwähnt habe, die *überhaupt jemals aufgedeckt* wurden. Ich hebe diesen Satzteil hervor, weil es ja in der Natur der Sache liegt, daß man nie von jenen Betrugsfällen hört, die für die Betrüger erfolgreich waren, sondern nur von denen, die aufgedeckt wurden. Weil die Dunkelziffer so hoch ist, ist es gar nicht möglich, eine verläßliche Zahl von Betrugsfällen zu nennen. Und wenn die Zahlen schon so

relativ hoch scheinen mögen, dann nur, weil die Erzeuger bemüht waren, für ihre Produkte ein Qualitätsimage aufzubauen und deshalb die Kontrolle bei der Produktion verschärft haben. Allzu oft aber tragen diese Kontrollen nichts zur Qualitätssteigerung der Weine bei, höchstens zur Preissteigerung. Heute gibt es sogar mehr Betrug als früher, weil es auch mehr Kontrollen gibt, die man umgehen kann.

Außerdem wird die Verlockung zum Betrug zwangsläufig immer größer, weil heute die weltweite Expansion des Weinmarktes eine Nachfrage auslöst, die auf legalem Weg oft gar nicht mehr zu decken wäre. Eine mögliche Lösung ist sicher einmal die Ausdehnung der Weinanbauflächen. So wird heute zum Beispiel zehn Mal mehr Chablis produziert als vor 35 Jahren. Ein Großteil dieser Produktionssteigerung wird allein mit der verbesserten Verarbeitungstechnik erreicht, andererseits wurde die Freigabe für den Weinanbau auf weitere Gebiete ausgedehnt, so daß heute auch dort legal Chablis produziert werden kann, wo es vor 35 Jahren nur bei Mißachtung des Gesetzes möglich war. In diesem Fall hatten die Weinproduzenten Glück, denn es war Platz genug da für eine solche Erweiterung der Anbaufläche. In den meisten Fällen muß sich die legale Produktionssteigerung aber auf eine verfeinerte Produktions- und Verarbeitungstechnik abstützen.

Offensichtlich findet Weinbetrug auf zwei Ebenen statt. Einerseits bei der höchsten Preisklasse, weil dort die Marge besonders ergiebig ist, und andererseits bei der tiefsten Preisklasse, weil dort die Menge ausschlaggebend ist. Natürlich macht das zweite einen viel größeren Prozentsatz des Weinkonsums aus, und so trifft der Mißbrauch auf dieser Ebene viel mehr Konsumenten; es ist allerdings anzunehmen, daß diese Konsumenten sich nicht viele Gedanken über die Herkunft des Weins machen, den sie trinken, solange er trinkbar ist und ihnen schmeckt. Man braucht nur das Ausmaß an mißbräuchlicher Weinproduktion zum Beispiel in Österreich in Betracht zu ziehen, um daraus schließen zu können, daß sozusagen alle Weinkonsumenten in diesem Land regelmäßig illegal produzierten Wein getrunken haben müssen. Wie ich schon weiter vorn erwähnt habe, war zwar das öffentliche Interesse weltweit auf den Frostschutzskandal gerichtet, aber dieser Betrugsfall stellte nur einen Bruchteil des manipulierten Weins dar, der in Österreich in Umlauf war. Eigentlich ist es ein wenig traurig, daß die Journalisten die potentiellen Gefahren dieses Weins dermaßen aufbauschten, daß es in keinem Verhältnis mehr stand zu den minimalen medizinischen Folgen, die der Genuß von »Frostschutzwein« unter Umständen haben konnte, während der prekäre Gesamtzustand eines Großteils des österreichischen Weinhandels völlig außer acht gelassen wurde. Obschon Weinbetrug in diesem Land zu grassieren scheint, konzentrierte sich die ganze Aufmerksamkeit auf einen einzigen Fall. Obschon der österreichische Weinhandel an Leib und Seele krank war, betrieben die Spezialisten lediglich Symptombekämpfung und gingen der Sache nicht wirklich auf den Grund. Otto Nadrasky zum Beispiel produzierte wahrscheinlich viel mehr Wein, der überhaupt nie mit Trauben in Berührung gekommen war als Wein, der künstlich gesüßt war, und dennoch wird er als der Mann in die Weingeschichte eingehen, der dem Wein Gefrierschutzmittel beigab, obwohl das faktisch nicht den Tatsachen entspricht.

Auch in Deutschland hatte der Schwindel mit Weinen der unteren Preisklasse ein bedenkliches Ausmaß angenommen. Dem Naßzuckerskandal folgte das, was man als »Importweintaufe-Skandal« bezeichnen könnte. In beiden Fällen mußten die Behörden zugeben, daß Millionen von Weinflaschen betroffen waren, und es ist ziemlich wahrscheinlich, daß die Behörden nur von einem kleinen Teil der illegal verkauften Weine Kenntnis hatten, und dennoch zeigte die britische Presse in beiden Fällen nur sehr bescheidenes Interesse. Eher überraschend war, daß der Konsum von deutschem Wein am stärksten sank, als bekannt wurde, daß einige deutsche Weinfirmen Wein mit Diäthylenglykol verkauften; offenbar galten für die Konsumenten und die Journalisten nicht bei beiden Ländern die gleichen Regeln. Es ist nicht zu leugnen, daß die Öffentlichkeitsarbeit in Österreich in bezug auf den Frostschutzskandal katastrophal war, während Deutschland diese Geschichte in jeder Hinsicht besser im Griff hatte.

Und hier stoßen wir auf einen weiteren Punkt, der beim Betrachten des Ausmaßes eines Weinskandals bedacht werden muß. Wir wissen immer nur so viel, wie uns gesagt wird. Es ist gut möglich, daß es gigantische Weinbetrugsfälle gibt, von denen wir nie etwas erfahren. Ich habe zum

Beispiel das Gefühl, daß die Franzosen im Umgang mit solchen Fällen viel »geschickter« sind. Als ich in Frankreich arbeitete, hörte ich jedenfalls immer wieder von diesem oder jenem Schwindel in dieser oder jener Region, aber wie sehr ich auch die Zeitungen auf entsprechende Berichte durchwühlte, ich wurde kaum jemals fündig.
In anderen Ländern, zum Beispiel den Vereinigten Staaten, wo es viel weniger strenge Vorschriften in bezug auf die Produktionsmethoden und die Benennung von Weinen gibt, kommt naturgemäß auch weniger illegaler Wein auf den Markt. Es kam aber auch dort vor, daß große Weinhandelsfirmen sogar diese großzügigen Gesetzesregelungen mißachteten, vor allem auf dem Gebiet der Sortenweine. Im Zuge der immer rasanter wachsenden Nachfrage nach Cabernet Sauvignon oder Chardonnay wurde mehr als einmal Wein dieses Namens entdeckt, der weniger als das vorgeschriebene Minimum der entsprechenden Traubensorte enthielt. Interessanterweise beharren viele Weinproduzenten in Kalifornien und auch anderswo auf regionalen, oft sehr eng umgrenzten Herkunftsbezeichnungen, um ihren Weinen eine persönliche Note zu verleihen. Als Folge davon gibt es natürlich wieder mehr Gesetzesvorschriften – Vorschriften, die unter Umständen mißbraucht werden können.
Sowohl Spanien wie Portugal haben sich früher des Problems der Weinbezeichnung auf pragmatische Art und Weise angenommen. Diese Tradition mußten die beiden Länder aber bei ihrem Beitritt zur Europäischen Gemeinschaft ändern. Einerseits müssen die Herkunftsbezeichnungen und Jahrgänge dem von der EG festgelegten Standard entsprechen, andererseits müssen auch bei den Qualitätsstufen klare Regelungen ausgesprochen werden, damit sie mit dem Klassifizierungssystem und der Preispolitik der EG übereinstimmen. Zweifelsohne sind viele der mehr nach außen orientierten Weinproduzenten der Meinung, daß langfristig nur strengere Kontrollen eine Besserung bringen.
In Großbritannien bedeutet die Tendenz zu mehr Importwein in Flaschen zum Glück tatsächlich eine Tendenz zu weniger Illegalität. Wie wir gesehen haben, gibt es zwar immer noch die Möglichkeit, die Etiketten auf den Flaschen zu fälschen, aber dieses Geschäft kann nur im kleinen Rahmen betrieben werden, wenn man sich nicht

mit Problemen wie zum Beispiel dem Beschaffen von falsch angeschriebenen Pappkartons herumplagen will. Vor noch nicht allzu langer Zeit gab es in Großbritannien sogenannte »Suppenküchen-Abfüllbetriebe«, die fähig waren, Wein nach dem Geschmack der Kunden zu kreieren und auch den Papierkrieg mit den Behörden im Griff hatten. Zum Glück scheint diese Methode doch auch ihre Nachteile gehabt zu haben, denn heute gibt es so etwas offenbar – nach diversen Gerichtsprozessen – nicht mehr. Auch die Zahl derer, die sich selbst gerne Weinhandels-Traditionalisten nennen, ist im Sinken begriffen. Ich habe nichts gegen viele der guten, alten Weinhandelstraditionen, sondern bin im Gegenteil stolz auf sie, aber die entsprechenden Firmen schienen hauptsächlich Interesse an denjenigen Aspekten der Tradition zu haben, die ihnen das Leben leichter machten. Davon ist mir vor allem das Nichtakzeptieren der *Appellation Controlée* im Gedächtnis geblieben. Es ist erstaunlich, wie viele britische Anhänger der Weinzunft sich gegen eine Herkunftsgarantie sträubten. Während diese Leute zutiefst entsetzt gewesen wären, wenn man ihnen eine Imitation als Cartier-Uhr oder Parker-Füllfeder untergejubelt hätte, fanden sie nichts dabei, einen Wein als Nuits Saint Georges zu bezeichnen, obwohl sie genau wußten, daß der Wein nicht von dort stammte. Diese »Traditionalisten« hatten offenbar ein Janusgesicht!

Wie viel verfälschter Wein ist denn nun wirklich im Umlauf? Zuerst einmal muß gesagt werden, daß chemisch manipulierter Wein wahrscheinlich in recht großen Mengen im Umlauf ist, aber man muß dabei etwas differenzieren. Ich bin überzeugt, daß viele Weine überchaptalisiert oder überschwefelt sind oder mit einer harmlosen, aber illegalen Substanz (zum Beispiel Wasser) versetzt worden sind. Wissenschaftlich gesehen gehören sie zu den verfälschten Weinen, und ich wäre froh, wenn es sie nicht gäbe. Der Möglichkeiten für kleinere Gesetzesbrüche beim je nach Land variierenden Weingesetz sind jedoch unzählig viele, und man muß schon sehr naiv sein, wenn man behaupten will, daß weder die Produzenten noch die Händler diese Möglichkeiten auch ausschöpfen.

Auf der anderen Seite habe ich nicht das Gefühl, daß es einen weitverbreiteten und systematischen Mißbrauch von bestimmten Gesetzesvorschriften gibt, wie dies zum

Beispiel beim Naßzuckerskandal in Deutschland oder beim Frostschutzskandal in Österreich der Fall war. Die entsprechenden Regierungsdepartemente der verschiedenen Wein produzierenden und Wein importierenden Länder wissen heute viel besser, worauf sie achten müssen. Während das eine oder andere Erzeugerland in der Vergangenheit vielleicht noch bereit war, in bezug auf die Praktiken bei den Weinzusätzen ein Auge zu schließen, haben sie heute eine eindrückliche Lektion vom österreichischen Skandal und ähnlichen Fällen gelernt. Schließlich kann der Exportmarkt und die harte Währung, die er bringt, über Nacht verlorengehen. Um sich dann angesichts der fortwährend zunehmenden Opposition wieder zu etablieren, braucht es viel Geld und viel Zeit. Leider war beim österreichischen Weinskandal der Druck auf den Weinhandel in den zwei darauf folgenden Jahren viel zu klein, da in beiden Jahren die Ernte klein blieb und keine Überschüsse exportiert werden mußten. Erst jetzt werden die österreichischen Produzenten langsam mit der Realität konfrontiert und müssen ihre vormals mißbrauchten und mißachteten Kunden in mühseliger Kleinarbeit wieder gewinnen.

Auch wenn ich glaube, daß die Behörden heute viel besser wissen, wonach sie Ausschau halten müssen, darf man nicht vergessen, daß sie nur aufgrund ihrer Erfahrungen wirksam werden können. Ich bin ganz sicher, daß gerade in diesem Moment irgendwo jemand über einem Rezept nach dem perfekten Zusatz brütet, um billiger und mit schlechterem Rohmaterial besseren Wein herstellen zu können. Da dieser Zusatz den Behörden unbekannt sein wird, werden sie auch nicht danach suchen, bis ein weiterer Skandal die Weinwelt erschüttert. Würde man dasselbe mit Baked beans anstellen, könnte man das Ganze »Food technology« nennen; beim Wein hingegen ist und bleibt es Schwindel.

Was das Ausgeben von Wein für einen anderen Wein betrifft, so bin ich überzeugt, daß diese Praktik in bestimmten Ländern gang und gäbe war. Ich glaube, kein Mensch wird abstreiten, daß zum Beispiel bei der rapide zunehmenden Beliebtheit der spanischen Riojaweine gewisse spanische Weinhandelsfirmen dazu übergingen, Wein aus anderen Regionen zu importieren, um den echten Wein damit zu strecken. Ich bin nicht ganz sicher, daß dieses Problem heute aus der Welt geschafft ist, aber ich bin der Meinung, daß es zunehmend an Wichtigkeit verliert, denn die Expansion wurde zu schnell vorangetrieben, und die Lieferanten wurden unter zu großen Druck gesetzt. Heute geht man das Problem subtiler an. Trotzdem habe ich immer einige Zweifel an der Authentizität eines jeden Weins, dessen Herkunft auf dem Etikett garantiert wird und dessen Umsatz von heute auf morgen markant ansteigt. Wenn man bedenkt, daß es drei bis vier Jahre dauert, bis aus einem frisch gepflanzten Rebberg eine vernünftige Produktion herausschaut, ist es für viele Weinregionen oftmals einfach unmöglich, sich schnell genug dem Markt anzupassen. Und genau in dieser Übergangsphase entsteht ein ungeheurer Druck auf die betreffende Weinregion.

Trotz all dem bisher Gesagten wird nicht einmal der pessimistischste Kritiker behaupten, daß mehr als eine winzige Minderheit des im Umlauf befindlichen Weins auf diese oder jene Art nicht dem entspricht, was er zu sein vorgibt. Und doch ist natürlich auch diese winzige Minderheit, die durch die Maschen des Gesetzes schlüpft, ein Dorn im Auge des Weinliebhabers. Was kann man dagegen tun?

Ungeachtet dessen, wie streng die Vorschriften bezüglich Weinproduktion und -vertrieb in einem Land sind – sie werden immer erst dann wirksam, wenn sie in der Praxis auch wirklich beachtet werden. Kurz vor dem österreichischen Weinskandal hatte die Regierung dieses Landes angekündigt, sie werde das strengste Weingesetz Europas einführen. Jedermann, der die Situation in Österreich auch nur ein bißchen kannte, mußte dieses Behauptung einigermaßen lachhaft finden, denn die Weingesetzgebung, die Österreich bis dahin hatte, war absolut genügend, auch wenn es vielleicht nicht die strengste in Europa war. Wenn sie aber in der Praxis auch angewendet und kontrolliert worden wäre, hätte es diesen Skandal nie gegeben. All die Mißbräuche, die dort betrieben wurden, waren von Gesetzes wegen strengstens verboten, aber aus politischen Gründen sowohl auf nationaler wie regionaler Ebene drückten die Behörden lange Zeit beide Augen zu. Die wirklichen Weinschwindler waren längst den meisten bekannt, bevor sie mit der Frostschutzaffäre aufflogen. Als Folge des Skandals hätte man nicht nur die betreffenden Weinbetrüger hinter Gitter bringen sollen, sondern auch die österreichische Regierung.

Auch in Deutschland ist bewiesen, daß beim Naßzuckerskandal längst genügend Zahlenmaterial und Beweise durch die Weininspektoren erbracht worden waren, bevor man sich zu einer Reaktion bequemte. Vorerst mochten die Behörden ebenfalls aus politischen Interessen nicht eingreifen, und erst, als sie keine Wahl mehr hatten, wurden sie aktiv. Auch das französische »Bordeaux-Abkommen« oder das »Tunnelsystem« im Burgund waren eigentlich nur mit dem stillschweigenden Tolerieren von seiten der Behörden möglich. Vielleicht schickten sich die Beamten einfach in die Resignation, daß sie unfähig waren, das geschaffene System zu kontrollieren, denn eine wirksame Kontrolle hätte allein ihre personellen Möglichkeiten bei weitem überfordert. Auch heute noch bewirkt das obligatorische Prüfen aller *Appellation-Controlée*-Weine eigentlich nicht mehr, als die schlechten Weine auszuscheiden, während Weine, denen es am vorgegebenen Charakter fehlt, ungeschoren davonkommen. Dies wurde mir erst letzte Woche von einem französischen Beamten bestätigt. Wenn man sich diese Situation in ihrer ganzen Tragweite vor Augen hält, dann kommt man zum Schluß, daß mehr Kontrollen schließlich zu einer weniger effizienten Kontrolle führen können.

In dem Maße, wie mehr Konsumentenschutz gefordert wird, wird auch die Forderung nach strengeren oder regelmäßigeren Kontrollen zunehmen. Schon jetzt ist man daran, die 75 dl-Flasche vorzuschreiben. Damit bin ich voll und ganz einverstanden, denn viel zu lange wurde der Konsument hinsichtlich des Inhaltsvolumens einer Flasche Wein verunsichert. Das ist ja beileibe kein neues Problem. Schon 1802 schrieb James Walker, Weinhändler aus Leith, das Buch *Hints to consumers of wine on the abuses which enhance the price of that article: their nature and remedy*. Ein Großteil dieses Buches beschränkt sich zwar auf das jammern darüber, daß man von einem Weinhändler ja wohl kaum erwarten könne, daß er sein Kapital mit überalteten Weinlagern für seine Kunden einfriere, aber immerhin kritisiert der Autor auch die Unzahl von Flaschengrößen, die zu seiner Zeit geläufig waren, ohne daß für den Kunden in irgendeiner Form Licht ins Dunkel dieser Unübersichtlichkeit gebracht wor-

den wäre. Auf diese Weise sparten die schlaueren der Weinhändler nicht nur an Wein, indem sie möglichst kleine Flaschen verwendeten, sondern – und das ist in einem Land, das früher so hohe Zollgebühren hatte wie Großbritannien, ein wichtiger Faktor – eben auch ganz beachtlich an Zollgebühren.
Eine ganze Anzahl von Fachleuten möchte auch eine Gesundheitswarnung auf dem Flaschenetikett sehen, zudem eine Zutatendeklaration und, so hörte ich vor einer Woche zum ersten Mal, eine Nährwertdeklaration. Ich sehe zwar durchaus den Nutzen dieser drei Faktoren ein, aber vor allem die beiden letzten Begehren würden den Konsumenten so viel kosten, daß ich doch etwas skeptisch bin, ob dies wirklich nötig ist. So oder so: Falls diese drei Deklarationen eingeführt würden, müßten sie auch kontrolliert werden, aber ich kenne zur Zeit kein Land auf der ganzen Welt, dessen Weininspektorat auch nur die momentan gültigen Kontrollen effizient auszuführen vermag. Wenn man den Kontrollbehörden jetzt noch mehr Kontrollen aufbürdet, heißt das, daß entweder die Kontrollen im ganzen gesehen weniger effizient werden, oder, daß man viel mehr in das Kontrollsystem investieren muß. Ich finde, man sollte zuerst einmal das bestehende Kontrollsystem ausbauen und verbessern, bevor man sich an die Ausarbeitung von noch mehr Kontrollen macht.
Damit ein Gesetz griffig ist, muß es von wirksamen Strafen begleitet sein. In England haben sich diese Strafen über die Jahrhunderte hinweg immer wieder verändert. 1364 wurde der Weinhändler John Penrose vor den Bürgermeister von London, Adam de Bury, zitiert. Er wurde für schuldig befunden, schlechten Wein verkauft zu haben und mußte als Strafe »einen Zug von dem Wein trinken, während ihm der Rest über den Kopf gegossen wurde und er schwören mußte, daß er sich in der Stadt London nie mehr Weinhändler nennen werde«. Die erste Hälfte der Strafe macht einen nicht allzu ernstzunehmenden Eindruck, aber die zweite Hälfte stellt selbst nach heutigen Vorstellungen eine drastische Strafe dar. Wenn man all jenen, die schlechten Wein verkaufen, ihre Existenzgrundlage wegnehmen würde, sähe die Weinbranche jedenfalls ganz anders aus.
1426 hatte der damalige Londoner Bürgermeister Sir John Rainewell »die Kunde erhalten, daß die Weinhändler aus

der Lombardei ihre Weine verfälschen und nach näherer Untersuchung herausgefunden, daß die Beschuldigung zu Recht bestand, so daß er anordnete, 150 Butt des widerlichen Zeugs in den Abwasserkanal zu leeren«. Arme Ratten, die unter einer Überschwemmung zu leiden hatten, nur weil der italienische Wein so schlecht war!
Über die Jahre gab es zwar regelmäßige Weinkontrollen, aber es scheint, daß ungeachtet der Art des Weingesetzes immer wieder im großen Stil Mißbrauch betrieben wurde. Um dem Problem besser Herr zu werden, beschloß Charles II. extreme Maßnahmen und ließ ein Gesetz verabschieden, das rigoros das Mischen eines jeglichen Weins mit irgend etwas anderem verbot. Während eine solche Maßnahme sicher das Panschen von Wein unterband, verunmöglichte sie gleichzeitig aber auch das Verschneiden und so harmlose Praktiken wie das Klären. So oder so – wenn man Bücher über die Behandlung von Weinen liest, die kurz nach Charles Tod verfaßt wurden, merkt man schnell, daß diese Vorschrift wohl kaum häufig beachtet wurde.
Im 19. Jahrhundert ging ein allgemeiner Aufschrei der Entrüstung über die Mißbräuche in der Weinbranche durch die Öffentlichkeit, angeführt vor allem von Mitgliedern der medizinischen Zunft, teilweise aber auch von Leuten aus der Weinbranche selber. Aus dem viktorianischen Zeitalter gibt es allerdings wenig konkrete Hinweise auf juristische Verfolgungen von Weinbetrug, was nicht verwunderlich ist, da ja selbst in den Fachorganen für jedermann zugänglich Rezepte für Imitations-Port, -Sherry und -Madeira erschienen. Interessanterweise kam im November 1826 ein Fall vor das Finanzgericht, in dem ein Mr. Oldfield, der unter dem Namen Westminster Wine Company einen Weinhandel betrieb, beschuldigt wurde, eine Mixtur aus Sherry, Kapwein, bitteren und süßen Mandeln, pulverisierten Austernschalen und Kalk als echten Sherry verkauft zu haben. Außerdem wurde er für schuldig befunden, mit fiktiven Bewilligungen gearbeitet zu haben, damit er seine Buchhaltung dermaßen manipulieren konnte, daß der zusätzliche Weinumsatz nicht auffiel. Die Situation wurde noch vertrackter, weil Mr. Oldfield an seine Mitarbeiter Instruktionen zu diesem illegalen Weinpanschen gegeben hatte, während er im King's Bench Gefängnis saß. Zu guter Letzt wurden alle

Beschuldigungen außer derjenigen, daß eine falsche Bewilligung ausgestellt worden war, wieder fallengelassen. Interessant ist an der ganzen Sache, daß zum Beispiel für den illegalen Verschnitt von einer ansehnlichen Menge Wein eine Höchststrafe von 300 Pfund ausgesprochen wurde, während der Mißbrauch einer Bewilligung pro Bewilligung 500 Pfund kostete. Interessant ist außerdem, daß der ganze Fall aufflog, weil ein verärgerter Angestellter Alarm schlug und nicht etwa, weil die Behörden dahinter gekommen wären.

Wie schon im Kapitel über den Champagner erwähnt, verklagte ein anderer Weinhändler erfolgreich eine Zeitung auf Verleumdung, weil sie ihm mit offensichtlicher Berechtigung vorgeworfen hatte, er verkaufe einen Wein dubioser Herkunft als erstklassigen Champagner. Offenbar bestand eine weitere praktische Methode, verfälschten Wein leicht und rasch loszuwerden, darin, daß man eine Auktion veranstaltete, bei der »die Weine aus dem Weinkeller eines soeben verstorbenen Gentleman« versteigert wurden. Auf diese Weise verschwanden auch große Mengen des »1820er und 1834er Portweins, diesen scheinbar unendlich fließenden Jahrgängen«.

Während wegen verfälschten Weinen nur wenige Gerichtsverfahren stattfanden, versuchte die Finanzabteilung dafür die vielen Importe solcher Produkte aus dem Ausland unter Kontrolle zu bekommen, indem sie sie so belastete, als ob es sich um Spirituosen und nicht um Wein handelte, so daß sie für den Markt eindeutig zu teuer wurden. Trotz der negativen Stimmungsmache in der Öffentlichkeit und den Maßnahmen der Zollbehörden gehörten, wenn man dem an der Jahrhundertwende erschienenen *Law's Grocer's Manual* glauben will, illegale Weine immer noch zum Alltag. Obwohl von einigen Leuten der Einführung der Lebensmittelkonzession die Schuld an der Zunahme von verfälschtem Wein gegeben worden war, warnte der anonyme Autor des *Manual* seine Leser eindringlich vor verfälschtem Wein unter Namen wie Bordeaux, Port und Sherry. *Deutscher Champagner,* so schreibt der Autor weiter, »ist nichts anderes als ein süßes, schäumendes Getränk, das aus amerikanischen oder französischen Äpfeln und mit Hilfe von Wasser und bestimmten Chemikalien hergestellt wurde«. Der Hinweis, daß ein solches Getränk illegal ist, fehlt aber ganz.

In den letzten Jahren wurden zwar in Großbritannien einige Weinbetruge juristisch verfolgt, aber die Geldstrafen standen in keinem Verhältnis zum Profit, den der Schuldige unter Umständen mit dem illegalen Wein gemacht hatte. Wenn man bedenkt, daß im Umetikettieren von französischem Tafelwein zu Chablis eine Nettogewinnmarge von zwei Pfund pro Flasche – und erheblich mehr, wenn die Chablispreise gerade auf einem Höhepunkt sind – drinliegt, braucht es nicht viel Phantasie, um sich den Profit auszumalen, den diejenigen Firmen machten, die jahrelang systematisch entweder in Flaschen eingeführten Wein umetikettierten oder den Wein selbst abfüllten und unter falschem Etikett verkauften. Die Bußen werden oft auf Nominalbasis verrechnet, wobei eine bestimmte Quantität für eine viel größere Menge illegal verkauften Weins stehen kann. Vielleicht lassen sich die Richter vom wohlwollenden Benehmen der Schuldigen irreführen und betrachten eine solche Affäre als typisches Gentleman-Delikt. Es ist manchmal wirklich schwer, sich die »unbescholtenen« Gentlemen als miese Schwindler vorzustellen, die absichtlich Betrug betreiben. Wenn ein – allerdings sehr entfernter – Vetter der Queen offenbar über lange Jahre hinweg verfälschten Wein verkauft hat – ist er dann nicht einfach das Opfer von unglücklichen Umständen? Die Antwort lautet natürlich für uns »nein«, denn er hat bewußt jahrelang von solchem Betrug gelebt. Je rascher die Geldstrafe für Weinbetrug ein Ausmaß annehmen, das nicht nur den illegalen Profit widerspiegelt, sondern darüber hinaus einen echten Denkzettel in Form von Geldverlust enthält, desto schneller wird die Weinbranche von Betrügern gesunden. Wie das Beispiel aus Österreich zeigt, kann eine große Menge von künstlich gesüßtem Wein den Markt derart durcheinanderbringen, daß schließlich auch völlig unbescholtene Leute darunter leiden, weil sie nicht mehr konkurrenzfähig sind. Dies sind auch die Leute, die am ehesten Schiffbruch erleiden, während der Betrüger auch nach Zahlung der Geldstrafe sich immer noch ins Fäustchen lachen kann.

Leider schlüpft der Mißbrauch nicht nur in Großbritannien leicht durch die Maschen des Gesetzes. In Italien wurden die Männer, die ihren Weinen Methylalkohol beigemischt hatten und den Tod von über zwanzig Menschen verantworteten, aufgrund von fehlenden Beweisen wieder freigelassen. Vielleicht waren sie zum Teil wirklich unschuldig; vielleicht wird der Prozeß einmal wieder aufgenommen, und sie müssen sich erneut vor dem Richter verantworten, aber es scheint mir doch merkwürdig, daß man sie ins Gefängnis steckte, ohne sich mit genügend Beweismaterial für eine Verurteilung abzusichern. Beim »Winegate-Skandal« im Bordeaux mockierte sich der Hauptschuldige Pierre Bert sogar ganz öffentlich über die Gesetze und schrieb seine Erfahrungen als Weinbetrüger in einem Bestseller nieder. Man hat fast das Gefühl, daß sich im Weingeschäft Betrug bezahlt macht.

Bleibt zu guter Letzt die Frage, wie sich der Konsument vor verfälschtem Wein schützen kann. Leider gibt es auf diese Antwort kein simples Rezept, aber der Konsument kann immerhin einige Dinge beachten, um das Risiko zu schmälern. Als erstes sollten Sie zum Beispiel in einem Restaurant den Kellner darauf hinweisen, wenn er Ihnen einen Wein serviert, der nicht genau der Beschreibung auf der Karte entspricht. Die Abweichung kann zum Beispiel in der Herkunft des Weines, dem Jahrgang oder dem Erzeuger liegen. Alle drei Faktoren zusammen können die Qualität des Weines erheblich verändern. Vor dem Kosten sollte man Ihnen die verschlossene Flasche und den Korken zeigen. Auch wenn sich der Kellner – wie es leider manchmal geschieht – hochmütig verhält, so als ob er alles von Wein verstünde und Sie keine Ahnung hätten, zögern Sie nicht, ihm zu sgen, daß er Ihnen einen anderen als den vorher ausgewählten Wein gebracht hat, ohne es zu erwähnen. Weisen Sie auch darauf hin, daß schließlich *Sie* den Wein bezahlen und nicht er.

Ihre Beziehung zum Weinkellner sollte aber wenn möglich harmonisch sein. Schließlich ist er da, um Sie zu unterstützen, und nicht, um Sie zu hintergehen. Die Kompetenz des Servicepersonals wird zum Glück immer besser, aber es gibt auch immer noch einige wenige Angestellte, die einem jedes Festmahl vergällen können. Ich machte einmal die Bekanntschaft eines solchen Sommeliers in einem Guide-Michelin-erprobten Restaurant im Burgund. Er offerierte mir eine sündhaft teure Flasche Wein, die er mir bereits geöffnet ohne Korken und ohne Etikett auf der Flasche präsentierte. Als ich nach dem Woher und Wann des Weins fragte, versuchte er, meinen Fragen auszuweichen. In diesem Restaurant habe ich garantiert das erste und letzte Mal gespeist. Andererseits sollten Sie auch nicht zögern, Ihren Weinkellner um Rat zu fragen, wenn Sie nicht sicher sind, denn er kennt die Weine, die er anbietet.

Fragen Sie auch Ihren Weinhändler um Rat, und zögern Sie andererseits nicht, sich bei ihm zu beschweren, wenn Sie das Gefühl haben, er liefere Ihnen nicht den bestellten Wein. Wein ist kein Buch mit sieben Siegeln, aber viel zu oft scheuen sich die Leute, sich zu beschweren, weil sie fürchten, damit in eine unbekannte Welt einzutauchen, von der sie weniger wissen als andere. Angesichts der Popularität, die ein Weinskandal jeweils durch die Presse erfährt, ist es erstaunlich, wie wenig Beschwerden bei den zuständigen Behörden von seiten Privater eingehen.

Wie erkennt man einen verfälschten Wein? Zugegebenermaßen nur sehr selten am Etikett. Allerdings wurde ich ziemlich vorsichtig, als einmal Burgunder verkauft wurde, der scheinbar für den britischen Markt in Beaune abgefüllt worden war. Einer der Begriffe auf dem Etikett war nicht in Englisch, sondern in Holländisch geschrieben. Später stellte sich heraus, daß es sich dabei um einen französischen Tafelwein gehandelt hatte, der in Holland abgefüllt worden war – und Holland hat heute leider ungefähr denselben schlechten Ruf wie Hamburg oder Sète im 19. Jahrhundert. Natürlich gibt es auch in Holland viele absolut seriöse Weinhändler, aber daneben leider auch eine ganze Reihe von ausgekochten Schurken. Ich persönlich kaufe lieber keinen Wein, der in Holland abgefüllt wurde, es sei denn, der Flaschenabfüller sei mir namentlich als seriös bekannt.

Ich möchte Ihnen den Rat geben, sich normalerweise eher zurückzuhalten, wenn Ihnen ein ungewöhnlich günstiges Angebot gemacht wird. Natürlich gibt es immer wieder völlig legale Verkaufsaktionen, aber dennoch empfiehlt es sich, von einem Produkt verschiedene Preisofferten einzuholen. Wenn dann eines auffallend günstiger ist als alle anderen, dann wird der betreffende Verkäufer einen guten Grund dazu haben. Sicher, manchmal findet man auf diese Weise auch alte Lagerbestände aus bankrott gegangener edler Quelle; oder es wird ein guter Wein billig abgestoßen, weil sich ein harmloser, aber unschöner Satz gebildet hat; aber es besteht auch immer die Möglich-

keit, daß der Wein billig abgestoßen wird, weil etwas anderes in der Flasche ist als auf dem Etikett steht.
Nicht immer wird verfälschter Wein auch billig verkauft. Einer der Namen, die im Zusammenhang mit den deutschen Diäthylenglykol-Weinen fielen, war derjenige von Pieroth, dem mächtigen Weinkonzern in Schweizer Hand, dessen Spezialität es ist, direkt an den Konsumenten zu liefern. Obwohl sich also die Firma den Zwischenhändler erspart, sind ihre Weinpreise sehr happig. Ich habe schon in mehr als einem Zeitungsartikel auf die Praktiken dieser Firma hingewiesen, die ich zumindest zweifelhaft finde. Pieroth fand es nie nötig, darauf in irgendeiner Weise zu reagieren. Die Sache mit dem Glykolwein war aber nicht das erste Vorkommnis, das die Juristen auf diese Firma aufmerksam machte. Ich jedenfalls würde dort keinen Wein kaufen.
Es ist ziemlich aufwendig, eine Liste von seriösen Weinlieferanten herzustellen, und ich könnte auf keinen Fall eine vollständige solche Liste liefern, denn meine Trinkerfahrungen sind beschränkt. Trotzdem sollte jeder Weinkonsument eine Ahnung davon haben, welchen Lieferanten er trauen kann und welchen nicht. Dieses Wissen aber ergibt sich erst aus der Erfahrung. Von jedem Weinlieferanten, mit dem man seine Erfahrungen gemacht hat – seien es gute oder schlechte – sollte man sich zumindest im Gedächtnis eine Notiz machen. Wie schrieb doch Cyrus Redding: »Die beste Garantie gegen verfälschten Wein ist die Vertrautheit mit guten Weinen.« Was immer ich gesagt oder in diesem Buch geschrieben haben mag – es gibt heute auf der Welt viel mehr guten als schlechten Wein. Das hat mehrere Gründe: Die Produktionsmethoden für Trauben und die Techniken der Weinbereitung wurden verbessert; es gibt heute eine neue Generation von fachmännisch geschulten Weinproduzenten, die ihren Beruf nicht mehr wie ihre Väter auf die bloße Tradition abstützen müssen, und es herrscht große Konkurrenz auf dem Markt. All diese Faktoren haben zur Verbesserung der Situation beigetragen.
Seit dem 6. Jahrhundert vor Christus, als der Karthagische Landwirtschafts-Schriftsteller Mago detaillierte Anweisungen zur Herstellung von gutem Wein gab, und auch nicht zu erwähnen vergaß, mit welchen Zusätzen man einen weniger guten Wein verändern konnte, gab es,

und gibt es heute noch, dreierlei Arten von Wein. Zuerst einmal wären da die absolut authentischen und natürlichen Weine; als zweites diejenigen, die ein wenig »manipuliert« wurden, um sie zu verbessern; und schließlich diejenigen, die schlichtweg in einer, respektive verschiedener Hinsicht illegal, das heißt, verfälscht und/oder gepanscht sind. Wie wir gesehen haben, ist es in manchen Weinbauregionen, zum Beispiel dem Burgund, schwierig, nur genießbaren Wein der ersten Kategorie zu machen. Es bleibt aber zu hoffen, daß der Anteil des natürlichen Weins im Burgund zunimmt und daß im »Burgunder«-Weinhandel immer weniger auf die zweite Gruppe zurückgegriffen werden muß.

Hätten wir auf unserer Welt paradiesische Zustände, gäbe es keinen Grund für Weinbetrug; solange man damit aber Geld verdienen kann, wird es auch unlautere Geschäfte in der Weinbranche geben, und zwar so lange, wie die Strafen für diejenigen, die in solch düstere Geschäfte verwikkelt sind, zu mild ausfallen, um abschreckend zu wirken; so lange, wie gewisse Behörden bereit sind, für harte Devisen ein Auge zuzudrücken und den Ruf ihres Landes zu gefährden; so lange, wie die Konsumenten sich ohne zu mucksen schlechten Wein aufschwatzen lassen, sei es aus Unkenntnis oder aus Gleichgültigkeit. Vorläufig müssen wir weiterhin mit Weinbetrug leben und umgehen, aber daneben gibt es zum Glück so viel guten, authentischen Wein, daß ich immer noch auf meine Rechnung komme!

Register

Agave 204
Alkoholgehalt 108, 109, 116, 119, 120, 124, 158, 178
Amerika, s. USA
Anbaufläche, s. Rebberge
Apfelsaft 221
Apfelwein 204, 228, 229
Appellation Controlée A. C. 36, 37, 47, 50, 65, 67, 76, 79, 80, 83, 86, 87, 104, 236, 239
Arsen 204, 210
Athylen-Glykol 138
Aufspriten 158, 172, 178, 181, 208, 210
Austernschalen 170, 204

Banderole 144, 145
Bariumsalze 178
Beaujolais 12, 61, 74, 107
Beaune 12, 55, 69
Beerenauslese 123
Beifuss 204
Belloc, Hilaire 147
Benzoeharz 170
Bert, Pierre 49, 51, 52, 54, 55
Bier 227
Biologischer Wein 202, 203
Bittermandeln 171
Blaubeeren 153, 205
Blauholz 157, 158, 205, 229, 231
Blauschönung 199, 200
Blei 205, 207
Bleiglätte 205, 206, 208, 231
Bleioxyd 205
Blut 170, 199
Blutegel 207
Bordeaux 12, 38, 39, 40, 41, 42-59, 61, 62, 65, 105, 115, 116, 118, 159, 183, 186, 204, 209, 239, 244
»Bordeaux-Abkommen« 47
Botrytis cinerea, s. Edelfäule

»Bouillie Bordelaise« 38
Brandy 224, 227, 228, 229
Branntwein 125, 148, 149, 150, 151-154, 159-163, 170, 172, 173, 178, 180, 181, 208, 210, 221
Brombeeren 228, 231
Buchenspäne 208
Burgund, Burgunder 12, 26, 27, 61, 62-89, 110, 114, 118, 119, 183, 186, 187, 208, 239, 245, 247

»C 14-Affäre« 164
Cette, s. Sète
Champagne, Champagner 33, 34, 90-104, 183-185, 212, 217, 222, 223, 242
Chaptalisieren, s. Trockenzuckerung
Château 55-59
»Château Gloria« 56
»Château Ipswich« 81, 82
»Château Lagrange« 57
»Château Lascombes« 59
»Château Latour« 63
»Château Pétrus« 56, 57
Clos Vougeot 63, 108, 109
Cognac 228
Cudbear 157, 228

Denman, James 119, 125, 154, 162, 168, 177
Deutschland 119-127, 131, 136, 141, 142, 146, 200, 207, 234, 239
Diäthylen-Glykol 17, 125, 133-137, 140, 141, 208
Doutrelant, Pierre-Marie 70, 73, 74, 98

Edelfäule 123, 136
Eichenspäne 208
Enjalbert, Henri 40, 91
Erzeuger-Abfüllung 85
Essig 206, 208, 220
Essigsäure 201
Etikett 58, 59, 69, 72, 100, 102, 103, 144, 165, 166, 183, 185, 187, 189, 191, 192, 196, 202, 240, 243
Europäische Gemeinschaft EG 89, 122, 131, 168, 191, 195, 199, 202, 235
Farbe, Farbstoff 154-156, 161, 178, 208
Feigen 159, 162

Filtrieren 124, 198, 201
Flaschengärung 90, 91, 101
Flaschengröße 239
Frankreich 35, 207, 211, 235
»Frostschutz-Skandal«, s. Diäthylen-Glykol
Gallisieren, s. Nasszuckerung
Gamay 23, 26
Gärung 98, 175, 199
Geropiga 155
Gips, gipsen 175-179, 181, 182, 208
Grivelet, Bernhard-Noël 85-88
Großbritannien 147, 149, 151, 152, 154, 159, 162, 163, 169, 170, 175, 208, 211, 213, 214, 216, 217, 235, 236, 240- 243

Hallgarten, Fritz 106, 124, 128
Hamburg 29, 30, 215
Hanson, Anthony 89
Heringrogen 209
Himbeergeist 209, 225
Hochheimer 119
Holland 245
Holundersaft, Holunderbeeren 150-152, 155-158, 160, 204, 209, 222, 225, 228, 229, 231
Holzpläne 157
Honig 203

Imitationsprodukte 100
Import, Importeure 80, 84
Italien 143, 230, 243

Jahrgangswein, Jahrgangsbezeichnung 183, 184, 185, 187, 188, 189, 191, 192, 193, 196
Japan 142
Johannisbeeren 223

Kalisalze 176
Kaliumhexacyanoferrat 199, 200
Kaliumsulfat 178, 179
Kamille 177
Kanarienwein 226
Kapwein 170
Kartoffelschnaps 164, 173

Kermesbeeren 156
Kirschlorbeer 170, 171
Klärung 197, 198, 199
Klon 66, 67
Kochsalz 201
»Kometen-Wein« 188
Korken 144, 145, 185, 230
Korn 164, 181
Korsika 174
Koschenille 209, 224, 229
Kräuter 200, 201
Kunstwein 17, 29

Lackmus 209
Landwein 35
Late Bottled Vintage Port LBV 193, 194, 195
Lichine, Alexis 71, 72, 73
Liebfrauenmilch 120

Madeira 192, 208
Magenta 210
Malvasier 211, 226
Mandelextrakt 170
Mandeln 224
Mandelöl 171
Manzanilla 204, 205
Marsala 208
Médoc 41, 44, 48, 62, 115, 116
Meerrettich 210
Methanol 210
Methylalkohol 210, 243
Mispeln 210
Moët et Chandon 101
Moselwein 119, 125, 128
Mouton, Mouton Cadet 58, 59
Muscadet 13

Nadrasky, Otto 135, 137, 141
Naßzuckerung 124, 125, 128, 131
Naßzucker-Skandal 125, 126, 141
Natriumsulfat 171

Oesterreich 132-145, 224, 234, 238, 243

Panschen 128
Pauillac 56, 65
Peppercorn, David 116, 117
Petersilie 210
Pfirsichkerne 171
Pinot 66, 67
Portugal 148, 162, 164, 184, 195, 196, 235
Portwein 29, 147-167, 172, 175, 183-185, 193, 195, 208, 210, 211, 228, 229
Porrasche 171
Prädikatswein 144

Rebberge 61-66, 121, 238
Redding, Cyrus 95, 152, 159, 206-208, 212, 246
Retsina 200
Rioja 190, 191, 237
Rosé 104
Rosenwasser 220
Rote Beete 211
Rübensaft 229
Russ 211

Salpeter 177
Salz 211
Salzsäure 210
Sandelholz 157, 211, 228
Schaumwein 92, 93, 103
Schlehdorn 156
Schönung 198
Schwalbenschnäbel 211
Schwarzdorn 211, 228, 229
Schwefel, schwefeln 124, 178, 203, 204
Senfsamen 211
Sète 29, 154, 173, 174, 215, 225
Sherry 28, 29, 30, 168-182, 192, 204, 208, 226, 227
Solera 176, 192, 193
Spanien 154, 167, 168-170, 189, 190, 235
Speckfett 212
Spirituosen 171, 172
Stachelbeeren 212, 222
Süssreserve 124

Tafelwein 35, 122

Tannin 199
Thudichum, J. L. W. 157, 158, 162, 163, 176, 177, 180
Tovey, Charles 29, 31, 96, 97, 149, 215
Trockenbeerenauslese 123
Trockenzuckerung 16, 105-113, 115-118, 128

USA 103, 129, 130, 201, 202, 235

Verfalldatum 187
Vermouth 200
Vin de Pays, s. Landwein
Vin Supérieur Recommandé V. S. R. 186
Vin de Table, s. Tafelwein
Vins Délimités de Qualité Supérieure V. D. Q. S. 36
Vizetelly, Henry 109, 179, 180, 205

Wasser 172, 173, 174
Weinbeeren 159, 172, 204, 210, 221-224, 227, 228, 229
Weinberg, s. Rebberge
Weinbetrug 16-19, 232-237
Weingesetzgebung 20-25, 31, 34, 35, 40, 62, 82, 83, 134, 135, 143, 151, 165, 171, 237-241, 247
Weinhandel 40-49, 62, 64, 70, 71, 73, 74, 76-78, 82, 83, 86, 213, 214, 216
Weinrezepte 212, 216, 217, 218, 220, 222-230
Weinstein 198
Weinstil 88, 89, 120, 193
»Winegate-Skandal« 47, 49-55, 244

Zaunrübe 212
Ziderbranntwein 153
Zitwerwurzel 212
Zucker 105-118, 122, 125, 126, 129, 170, 174, 222, 224, 227